TRES

Asociación Publicadora Interamericana
2905 NW 87 Ave. Doral, Florida 33172 EE. UU.
tel. 305 599 0037 – fax 305 592 8999
mail@iadpa.org – www.iadpa.org

Presidente **Pablo Perla**
Director Editorial **Francesc X. Gelabert**
Vicepresidente de Producción **Daniel Medina**
Vicepresidenta de Atención al Cliente **Ana L. Rodríguez**
Vicepresidente de Finanzas **Saúl Ortiz**

Agencia de Publicaciones México Central, A.C.
Uxmal 431, Col. Narvarte, Del. Benito Juárez, México, D.F. 03020
tel. (55) 5687 2100 – fax (55) 5543 9446
ventas@gemaeditores.com.mx – www.gemaeditores.com.mx

Presidente **David Javier Pérez**
Vicepresidente de Finanzas **Fernando Quiroz O.**
Vicepresidente Editorial **Pablo Partida G.**
Vicepresidente de Producción **Abel Sánchez Á.**
Vicepresidente de Ventas **Hortencio Vázquez V.**

Portada: **Kathy Polanco**
Diagramación: **Jaime Gori**

Tres en uno juego
ISBN: 978-1-61161-302-5 Rústica
ISBN: 978-1-61161-306-3 eBook

Lecciones de la Escuela Sabática para adultos y maestros
ISBN: 978-1-61161-303-2

Las enseñanzas de Jesús (Libro complementario)
ISBN: 978-1-61161-304-9

Impresión y encuadernación
3 Dimension

Printed in USA

1ª edición: marzo 2014

DIVISIÓN EUROASIÁTICA

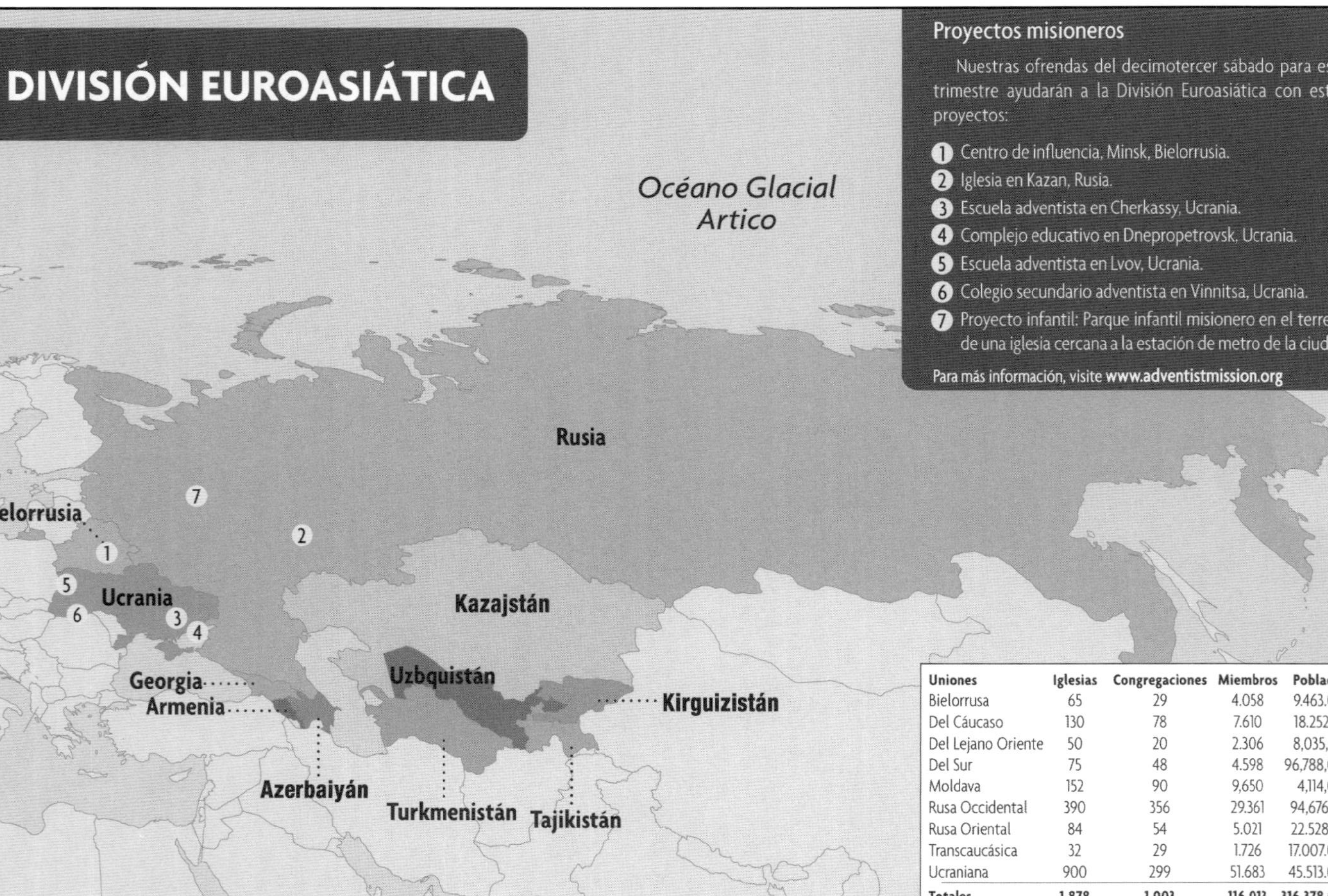

Proyectos misioneros

Nuestras ofrendas del decimotercer sábado para este trimestre ayudarán a la División Euroasiática con estos proyectos:

1. Centro de influencia, Minsk, Bielorrusia.
2. Iglesia en Kazan, Rusia.
3. Escuela adventista en Cherkassy, Ucrania.
4. Complejo educativo en Dnepropetrovsk, Ucrania.
5. Escuela adventista en Lvov, Ucrania.
6. Colegio secundario adventista en Vinnitsa, Ucrania.
7. Proyecto infantil: Parque infantil misionero en el terreno de una iglesia cercana a la estación de metro de la ciudad.

Para más información, visite **www.adventistmission.org**

Uniones	Iglesias	Congregaciones	Miembros	Población
Bielorrusa	65	29	4.058	9.463.000
Del Cáucaso	130	78	7.610	18.252.310
Del Lejano Oriente	50	20	2.306	8,035,608
Del Sur	75	48	4.598	96,788,000
Moldava	152	90	9,650	4,114,000
Rusa Occidental	390	356	29.361	94,676,681
Rusa Oriental	84	54	5.021	22.528.401
Transcaucásica	32	29	1.726	17.007.000
Ucraniana	900	299	51.683	45.513.000
Totales	**1.878**	**1.003**	**116.013**	**316.378.000**

Guía de Estudio de la Biblia

(Lecciones de la Escuela Sabática)

Edición para Adultos

Julio - Septiembre de 2014

Autor
Carlos A. Steger
Colaborador
Dan Solís
Director general
Clifford R. Goldstein
Dirección
Marcos G. Blanco
Traducción
Carlos A. Steger y Rolando A. Itin
Diseño
Andrea Olmedo Nissen
Ilustración
Lars Justinen

LAS ENSEÑANZAS DE JESÚS

Contenido

Colección Guía de Estudio de la Biblia

Publicada trimestralmente por APIA (Asociación Publicadora Interamericana)/IADPA (Inter-American Division Publishing Association)®, 2905 NW 87 Ave. Doral, Florida 33172, EE. UU.

Texto y diagramación: Casa Editora Sudamericana
Ilustraciones: Con permiso de la Pacific Press Publishing Association

INTRODUCCIÓN

EL MAESTRO DIVINO

Probablemente la mayoría de nosotros recuerde a un gran maestro que tuvo un impacto indeleble en su vida, a quien admiramos y apreciamos. Algunos trascienden su época y continúan influyendo en las siguientes generaciones. Los maestros más destacados han influido decisivamente en la vida y el pensamiento de la humanidad, y son reconocidos universalmente. Jesús, por supuesto, fue el mayor de todos ellos.

Sus contemporáneos lo reconocieron como maestro porque exhibió las características generales de un rabino del siglo I d.C. Como era la práctica, él acostumbraba sentarse para enseñar. A menudo citaba las Escrituras y luego las comentaba. Además, Jesús tenía un grupo de discípulos que escuchaban atentamente sus palabras, lo seguían y lo servían. Estos eran los atributos básicos de los maestros en aquella época y aquel lugar.

Sin embargo, hubo diferencias fundamentales entre Jesús y los maestros judíos. Mientras que estos se ocupaban mayormente de los aspectos intelectuales de un tema, Jesús se dirigía al ser entero de su audiencia y la invitaba a tomar una decisión en favor de Dios. Además, aquellos que escuchaban a Jesús "se admiraban de su doctrina; porque les enseñaba como quien tiene autoridad, y no como los escribas" (Mar. 1:22). La autoridad de Cristo estaba basada en el hecho de que él practicaba lo que enseñaba. Pero, sobre todo, la fuente de su autoridad era su propia persona. Él enseñó la verdad porque él era "la Verdad". Como Dios encarnado, él dijo "así dice el Señor" y, sin embargo, agregó "pero yo les digo".

Este trimestre estudiaremos algunas de las principales enseñanzas de Jesús, tal como fueron registradas en los evangelios. Nuestro Salvador enseñó muchas cosas relacionadas con nuestra vida espiritual y práctica. Presentó sus enseñanzas a diferentes audiencias y se esforzó por adaptar su método a cada persona. A veces, él predicó un sermón; otras veces, dialogó con individuos o con grupos de personas. En otras ocasiones, habló abiertamente; otras veces, tuvo que ocultar el significado de sus palabras. No obstante, en todos los casos enseñó la verdad acerca de Dios y la salvación.

Hay muchas maneras de organizar y exponer las enseñanzas de Jesús. Por ejemplo, se podrían estudiar sus parábolas o analizar sus sermones. Otro enfoque posible sería considerar sus diálogos con individuos o grupos, y sus discusiones con sus oponentes. También podría ser interesante enfocarse en sus acciones, sus actitudes y sus milagros, que fueron medios que utilizó para enseñar importantes lecciones. Cada uno de estos enfoques sería fructífero; pero, a fin de obtener un cuadro más completo de las enseñanzas de Jesús, el estudio de este trimestre combinará varios de ellos. Considerará sus enseñanzas en forma más sistemática, reuniendo lo que él enseñó en diferentes ocasiones y de distintas maneras acerca de cada tema. Esto nos permitirá conocer y entender lo máximo posible de sus enseñanzas, independientemente del método que usó para impartirlas.

Mientras abrimos las Escrituras este trimestre y leemos las palabras de Jesús, imaginemos que estamos entre sus atentos oyentes en la ladera de la montaña, junto al mar o en la sinagoga. Oremos pidiendo discernimiento espiritual para entender su mensaje y captar su insondable amor, manifestado en la cruz. Y, mientras escuchamos su tierna voz llamándonos a seguirlo, renovemos nuestra resolución de caminar con él diariamente, por fe y en obediencia. Cuanto más tiempo pasemos a sus pies, más diremos, como los dos discípulos de Emaús: "¿No ardía nuestro corazón en nosotros, mientras nos hablaba en el camino, y cuando nos abría las Escrituras?" (Luc. 24:32).

Carlos A. Steger, Doctor en Teología por la Universidad Andrews, ha trabajado como pastor, profesor, administrador y editor. Actualmente es el decano de la Facultad de Teología de la Universidad Adventista del Plata, Rep. Argentina. Él y su esposa, Ethel, tienen tres hijos adultos y tres nietos.

CLAVE DE ABREVIATURAS

ATO	*Alza tus ojos*
CC	*El camino a Cristo*
CS	*El conflicto de los siglos*
DTG	*El Deseado de todas las gentes*
ADJ	*Así dijo Jesús*
DNC	*Dios nos cuida*
ELC	*En los lugares celestiales*
Ev	*El evangelismo*
HAp	*Los hechos de los apóstoles*
MS	*Mensajes selectos,* 3 tomos
NVI	*La Biblia,* Nueva Versión Internacional
PP	*Patriarcas y profetas*
PVGM	*Palabras de vida del gran Maestro*
ST	*The Signs of the Times*
TI	*Testimonios para la iglesia,* 9 tomos

Lección 1: Para el 5 de julio de 2014

NUESTRO AMANTE **PADRE CELESTIAL**

Sábado 28 de junio

LEE PARA EL ESTUDIO DE ESTA SEMANA: Mateo 7:9-11; Juan 14:8-10; Lucas 15:11-24; Mateo 6:25-34; Hebreos 9:14.

PARA MEMORIZAR:
"Mirad cuál amor nos ha dado el Padre, para que seamos llamados hijos de Dios; por esto el mundo no nos conoce, porque no le conoció a él" (1 Juan 3:1).

A JESÚS LE GUSTABA MUCHO HABLAR DE DIOS como el Padre. Según los Evangelios, Jesús usó el nombre "Padre" más de 130 veces aplicado a Dios. En varias ocasiones, le agregó adjetivos: "Padre celestial" (Mat. 6:14), "Padre viviente" (Juan 6:57), "Padre santo" (Juan 17:11) y "Padre justo" (Juan 17:25). El nombre describe el vínculo íntimo que debería unirnos con Dios.

Tradicionalmente para una familia, el padre significa amor, protección, seguridad, sustento e identidad. Le da nombre a la familia y mantiene unidos a sus miembros. Podemos disfrutar estos y muchos otros beneficios cuando aceptamos a Dios como nuestro Padre celestial.

Aunque es esencial para nosotros que conozcamos al Padre, nuestro objetivo debería ser más que un conocimiento intelectual y teórico. En la Biblia, conocer a alguien significa tener una relación personal e íntima con esa persona. ¡Cuánto más con nuestro Padre celestial!

Esta semana exploraremos lo que Jesús enseñó acerca de nuestro Padre celestial y su infinito amor por nosotros. También veremos la relación cercana del Padre con el Hijo y el Espíritu Santo.

NUESTRO PADRE CELESTIAL

Padre no fue un nuevo nombre para Dios. El Antiguo Testamento lo había presentado algunas veces como nuestro Padre (Isa. 63:16; 64:8; Jer. 3:4, 19; Sal. 103:13). Sin embargo, no había sido el término más usado para referirse a Dios. Para Israel, el nombre personal de Dios era YHWH (posiblemente pronunciado *Yahweh*), que aparece más de 6.800 veces en el Antiguo Testamento. Jesús no vino para revelar un Dios diferente de YHWH. Más bien, su misión fue completar la revelación que Dios había hecho de sí mismo en el Antiguo Testamento. Al hacerlo, presentó a Dios como nuestro Padre celestial.

Jesús dejó en claro que el Padre está "en los cielos". Es importante recordar este hecho, a fin de tener la actitud correcta hacia Dios. Tenemos un Padre amante que se preocupa por las necesidades de sus hijos. Al mismo tiempo, reconocemos que este Padre amoroso está "en el cielo", donde millones de ángeles lo adoran porque él es el único Soberano del universo, santo y omnipotente. El hecho de que sea nuestro Padre nos invita a acercarnos a él con la confianza de un niño. Por otro lado, el hecho de que esté en el cielo nos recuerda su trascendencia y la necesidad de adorarlo con reverencia. Enfatizar uno de estos aspectos en detrimento del otro nos llevaría a un concepto completamente tergiversado de Dios, con graves consecuencias prácticas en nuestra vida cotidiana.

Lee Mateo 7:9 al 11. ¿De qué maneras un padre humano puede reflejar el carácter de nuestro Padre celestial?

No todos han tenido un padre amante y afectuoso. Por diferentes razones, algunos quizá ni siquiera conocieron a su padre. Para ellos, entonces, llamar a Dios *mi Padre* puede tener poco o ningún significado. Sin embargo, todos tenemos una idea de lo que sería un buen padre terrenal. Además, podemos haber conocido a alguna persona que tiene las características de un buen padre.

Sabemos que los padres humanos estamos lejos de ser perfectos; pero, también, sabemos que amamos a nuestros hijos y, a pesar de nuestros defectos, procuramos darles lo mejor que podemos. Imagina, entonces, lo que nuestro Padre celestial puede hacer por nosotros.

> ¿Qué significa para ti, personalmente, dirigirte a Dios como tu Padre celestial? ¿Qué debería significar para ti?

REVELADO POR EL HIJO

Refiriéndose al Padre, Juan dice que "a Dios nadie le vio jamás" (Juan 1:18). Desde la caída de Adán y Eva, el pecado ha impedido que conozcamos directamente a Dios. Moisés quiso ver a Dios, pero el Señor le explicó: "No podrás ver mi rostro; porque no me verá hombre, y vivirá" (Éxo. 33:20). No obstante, nuestra prioridad debería ser conocer a Dios, porque la vida eterna consiste en conocer al Padre (Juan 17:3).

¿Qué necesitamos conocer, especialmente, acerca de Dios? Lee Jeremías 9:23 y 24. ¿Por qué es importante que conozcamos esas cosas?

En el gran conflicto, Satanás dirigió su principal ataque contra el carácter de Dios. El diablo ha hecho todo esfuerzo posible para convencer a todos de que Dios es egoísta, severo y arbitrario. La mejor manera de refutar esta acusación fue vivir en esta Tierra, a fin de demostrar que era falsa. Jesús vino a representar la naturaleza y el carácter de Dios, y a corregir el concepto distorsionado que muchos se habían formado acerca de la Deidad. "El unigénito Hijo, que está en el seno del Padre, él le ha dado a conocer" (Juan 1:18).

Lee Juan 14:8 al 10. Nota cuán poco sabían los discípulos acerca del Padre después de estar con Jesús durante más de tres años. ¿Qué podemos aprender de su falta de comprensión?

Jesús quedó asombrado y triste al escuchar la pregunta de Felipe. Su tierno reproche en realidad revela su amor paciente hacia sus obtusos discípulos. La respuesta de Jesús implicaba algo así: *¿Es posible que, después de caminar conmigo, escuchar mis palabras, ver mis milagros de alimentar a las multitudes, sanar a los enfermos y resucitar a los muertos, no me conozcas? ¿Es posible que no reconozcas al Padre en las obras que él hace a través de mí?*

El fracaso de los discípulos en conocer al Padre a través de Jesús no significa que Jesús haya representado mal al Padre. Todo lo contrario, Jesús estaba seguro de que había cumplido su misión de revelar al Padre en una manera más plena de lo que jamás se había visto. Por lo tanto, pudo decir a los discípulos: "Si me conocieseis, también a mi Padre conoceríais [...]. El que me ha visto a mí, ha visto al Padre" (Juan 14:7, 9).

EL AMOR DE NUESTRO PADRE CELESTIAL

Jesús vino para enfatizar lo que el Antiguo Testamento ya había afirmado: el Padre nos ama con un amor incomparable (Jer. 31:3; Sal. 103:13).

"Mirad cuál amor nos ha dado el Padre, para que seamos llamados hijos de Dios" (1 Juan 3:1). Es asombroso que el Dios todopoderoso, que gobierna el inmenso universo, permita que nosotros, insignificantes y pobres pecadores que vivimos en un diminuto planeta en medio de billones de galaxias, lo llamemos *Padre*. Lo hace porque nos ama.

¿Qué evidencia suprema nos dio el Padre para demostrar su amor por nosotros? Juan 3:16, 17.

Cristo no fue clavado en la cruz para crear amor hacia el hombre en el corazón del Padre. La muerte expiatoria de Jesús no fue el medio para convencer al Padre de que nos ame; ocurrió *porque* el Padre ya nos había amado, incluso desde antes de la fundación del mundo. ¿Qué mayor evidencia de su amor podríamos tener que el sacrificio de Jesús en la cruz?

"No es que el Padre nos ame por causa de la gran propiciación, sino que proveyó la propiciación porque nos ama" (*CC* 12).

Algunos tienden a pensar que el Padre es reacio a amarnos. Sin embargo, el hecho de que Jesús sea nuestro Mediador no significa que tiene que persuadir al Padre para que nos ame. Cristo mismo disipó esta idea equivocada al asegurarnos: "el Padre mismo os ama" (Juan 16:27).

Lee Lucas 15:11 al 24 y medita en el amor del padre del hijo pródigo. Haz una lista de las muchas evidencias que el hijo tenía del amor de su padre.

> ¿En qué nos parecemos, cada uno de nosotros, al hijo pródigo? ¿De qué formas has experimentado algo similar a lo que él vivió?

EL CUIDADO COMPASIVO DE NUESTRO PADRE CELESTIAL

Es importante que sepamos que alguien se interesa por nosotros. Aunque algunas personas puedan parecer indiferentes y negligentes respecto de nosotros, Jesús enseñó que nuestro Padre celestial está siempre atento para atender nuestras necesidades por todos los medios posibles. Su misericordia y su ternura no están sujetas a los altibajos tan comunes de los temperamentos humanos; su amor es constante e invariable, sin importar las circunstancias.

Lee Mateo 6:25 al 34. ¿Qué palabras animadoras hay en estos textos? ¿De qué modo podemos aprender a confiar más en Dios, tal como se revela en estos versículos?

"No hay en nuestra experiencia ningún capítulo demasiado oscuro que él no pueda leer; ni perplejidad tan grande que él no pueda desenredar. Ninguna calamidad puede acaecer al más pequeño de sus hijos, ninguna ansiedad puede asaltar a la persona, ningún gozo alegrar, ninguna oración sincera escapar de los labios, sin que el Padre celestial esté al tanto de ello, sin que tome en ello un interés inmediato. Él 'sana a los quebrantados de corazón, y venda sus heridas' (Sal. 147:3). Las relaciones entre Dios y cada ser humano son tan claras y plenas como si no hubiese otra persona sobre la Tierra a quien brindar su cuidado, otro ser por el cual hubiera dado a su Hijo amado" (*CC* 100).

En medio de todas estas palabras animadoras, no podemos ignorar el hecho de que la tragedia y el sufrimiento nos golpean. Aun en los animadores textos que acabamos de leer, Jesús dijo que "basta a cada día su propio mal" (Mat. 6:34), dando a entender que no todo nos irá bien. Tenemos que vivir con el mal y sus tristes consecuencias. No obstante, incluso en este entorno, se nos asegura el amor del Padre celestial por nosotros, un amor que se nos revela de muchas formas y, por encima de todo, en la Cruz. Cuán crucial es, entonces, que constantemente tengamos presentes los dones y las bendiciones de nuestro Padre celestial; de otra manera, podríamos desanimarnos fácilmente cuando nos golpea el mal, cosa que ocurre inevitablemente.

> ¿De qué modo, en un momento de crisis, fuiste capaz de ver la realidad del amor de Dios por ti? ¿Qué aprendiste de esa experiencia que podrías compartir con alguien que quizás está pasando por un momento difícil y, en medio de sus luchas, cuestiona la realidad del amor de Dios?

EL PADRE, EL HIJO Y EL ESPÍRITU SANTO

De diferentes maneras, Jesús enseñó y demostró que la Deidad está constituida por tres Personas divinas: el Padre, el Hijo y el Espíritu Santo. Aunque no podemos explicar racionalmente esta verdad, la aceptamos por fe (así como todas las verdades reveladas en la Escritura) y, junto con Pablo, nos esforzamos por "conocer el misterio de Dios" (Col. 2:2). En otras palabras, aunque hay mucho que no entendemos, podemos esforzarnos por aprender más y más mediante la fe, la obediencia, la oración y el estudio.

Las tres Personas de la Deidad estuvieron activas en los momentos clave de la vida de Jesús. Sintetiza el rol de cada una de ellas en los siguientes eventos:

Nacimiento: Luc. 1:26-35 ______________________________

Bautismo: Luc. 3:21, 22 ______________________________

Crucifixión: Heb. 9:14 ______________________________

Cuando Jesús estaba por terminar su ministerio terrenal, prometió a sus angustiados discípulos que les enviaría al Espíritu Santo. Aquí vemos nuevamente a las tres Personas obrando en forma conjunta. "Y yo rogaré al Padre", les aseguró Cristo, "y os dará otro Consolador, para que esté con vosotros para siempre: el Espíritu de verdad [...]" (Juan 14:16, 17; ver también el vers. 26).

Jesús explicó que hay total armonía y cooperación entre las tres Personas divinas en el plan de salvación. Así como el Hijo glorificó al Padre demostrando su amor (Juan 17:4), el Espíritu Santo glorifica al Hijo revelando su gracia al mundo (Juan 16:14).

> Piensa en otras verdades reveladas que son difíciles de comprender mediante el pensamiento racional. Al mismo tiempo, piensa en muchas cosas del mundo natural que también son difíciles de comprender. ¿Qué nos deberían decir estos misterios acerca de los límites de nuestro pensamiento racional y de la necesidad de vivir por fe? Comparte con tu clase las respuestas el sábado.

PARA ESTUDIAR Y MEDITAR: Lee “Un Dios personal”, *Testimonios para la iglesia*, t. 8, pp. 275-292.

“Para fortalecer nuestra confianza en Dios, Cristo nos enseña a dirigirnos a él con un nuevo nombre, un nombre entretejido con las asociaciones más caras del corazón humano. Nos concede el privilegio de llamar al Dios infinito nuestro Padre. Este nombre, pronunciado cuando le hablamos a él y cuando hablamos de él, es una señal de nuestro amor y confianza hacia él, y una prenda de la forma en que él nos considera y se relaciona con nosotros. Pronunciado cuando pedimos un favor o una bendición, es una música para sus oídos. A fin de que no consideráramos una presunción el llamarlo por este nombre, lo repitió en renovadas ocasiones. El desea que lleguemos a familiarizarnos con este apelativo.

“Dios nos considera sus hijos. Nos ha redimido del mundo abandonado, y nos ha escogido para que lleguemos a ser miembros de la familia real, hijos e hijas del Rey del cielo. Nos invita a confiar en él con una confianza más profunda y más fuerte que aquella que un hijo deposita en un padre terrenal. Los padres aman a sus hijos, pero el amor de Dios es más grande, más amplio, más profundo de lo que al amor humano le es posible ser. Es inconmensurable” (*PVGM* 107, 108).

“Nuestro Padre celestial ha expresado su amor por nosotros individualmente en la cruz del Calvario. El Padre nos ama, él está lleno de compasión y tierna misericordia” (*ST*, 30 de septiembre, 1889).

PREGUNTAS PARA DIALOGAR:

1. Si alguien te dice que tiene dificultades para amar a Dios y confiar en él como su Padre celestial debido a que tuvo malas experiencias con su padre terrenal, ¿cómo podrías ayudar a que ame a Dios y confíe en él?
2. Sabemos que Dios nos ama. ¿Por qué, entonces, hay sufrimiento?
3. Como clase, repasen las respuestas que dieron a la pregunta final del jueves.
4. Piensa en el tamaño extraordinario del universo. Reflexiona en el hecho de que aquel que lo creó, Jesús, fue el mismo que murió por nosotros en la cruz. ¿De qué manera podemos abarcar con nuestra mente esta verdad tan alentadora? ¿De qué forma podemos aprender a gozarnos, día tras día, en esta revelación del inmensurable amor de Dios?

El sábado enseñaré...

Texto clave: 1 Juan 3:1.

Enseña a tu clase a:

Saber cómo era el carácter esencial de su Padre celestial, expresado en las enseñanzas de Jesús.
Sentir personalmente el cuidado amante y compasivo de Dios el Padre.
Hacer una entrega de la vida a este Padre amante, que ama tanto a sus hijos.

Bosquejo de la lección:

I. Saber: La esencia del carácter de nuestro Padre celestial es el amor.

A. ¿Cuán importante es llamar *Padre* a la primera persona de la Deidad?
B. ¿De qué maneras Jesús reveló al Padre durante su jornada terrenal?
C ¿Qué características de nuestro Dios se revelan mediante las enseñanzas de Jesús?

II. Sentir: Podemos experimentar personalmente el cuidado de nuestro Padre.

A. ¿Qué parábolas de Jesús te ayudaron a experimentar el tierno cuidado de Dios?
B. ¿Qué hechos de Jesús te ayudan más a sentir el amor del Padre celestial?
C. ¿Qué promesas hizo el Padre celestial que te hacen apreciar más su amor por ti?

III. Hacer: El amor de nuestro Padre celestial nos llama a comprometernos.

A. ¿Cómo puedes conectarte mejor con tu Padre celestial?
B. ¿De qué forma puedes ayudar a quienes tienen dificultades para confiar en Dios?
C. ¿De qué modo compartirías las buenas noticias de nuestro Padre celestial con quienes no lo conocen?

Resumen: Toda la Escritura testifica del amor de nuestro Padre celestial. Es la esencia de su carácter. El ministerio de Cristo lo expresa de la mejor manera.

Ciclo de aprendizaje

Texto destacado: Lucas 15:11-24.

Concepto clave para el crecimiento espiritual: Nada que hayamos hecho alguna vez, no importa cuán sórdido sea, puede impedir el amor eterno de Dios por la raza humana.

{ 1: ¡Motiva!}

- **Solo para los maestros:** La premisa básica del cristianismo es: "Dios es amor". El pasaje más citado de la Biblia comienza así: "Porque de tal manera amó Dios" (Juan 3:16). Mediante la provisión diaria y el mantenimiento que nos da, y mediante el sacrificio de Cristo en el Calvario, nuestro Padre celestial demostró su amor eterno. Sin embargo, a pesar de todos sus esfuerzos, la mayor parte de los seres humanos considera a Dios como severo y lejano, y cree que ofrece retribuciones irrazonables, y esto es un testimonio del éxito de Satanás para distorsionar la imagen de Dios.

Esta lección trata el tema del amor de Dios. Aunque una sola hora de estudio no alcanza para revertir los chascos que los miembros puedan tener en su relación con Dios, es suficiente para introducir una cuña de verdad sobre el carácter amante de Dios y eliminar la amargura que en algunos bloquea su capacidad de experimentar el amor de Dios. Quienes ya vivieron ese amor divino, pueden reforzar esa experiencia con su participación en el estudio de la clase.

Actividad inicial: Usa una fuente de luz con batería (linterna o farol de campamento). Si tu clase está sentada en círculo, pon la luz en el medio. Con cuatro trozos de plástico o papel de colores, bloquea esa luz. Pide a los alumnos que nombren el color que ven. Habrá cuatro respuestas diferentes, según dónde estén sentados los alumnos. Destaca que cada panel modifica el verdadero color de la luz. Aquí, la fuente de luz representa el amor de Dios, y los paneles de colores simbolizan las distorsiones que produce Satanás. (Si tu clase está sentada en dos o más filas, pon la luz delante de todos, y cambia los paneles sucesivamente.) Analiza cómo es realmente la lámpara (el amor de Dios) comparada con los filtros de colores (distorsiones de Satanás).

(También puedes pedir que se imaginen estar sentados alrededor de una fogata u otra fuente de luz, y que visualicen hojas de colores entre sus ojos y la fuente de luz. Sigue con la aplicación indicada en el párrafo anterior.)

{ 2: ¡Explora!}

- **Solo para los maestros:** Cuando el carácter amante de Dios se distorsiona, Satanás triunfa; y los que abandonan al Dios que fue así mal representado sufren las consecuencias de su deserción. Vivir separados de Dios estimula una conducta descuidada, amarga y autocentrada. La consecuencia solo puede ser la destrucción propia. ¿De qué manera una comprensión adecuada del gran amor divino, revelado por medio de las enseñanzas de Cristo, puede revertir este esquema destructivo? Esta pregunta constituye el contexto de nuestro estudio.

Comentario de la Biblia

I. Como el Padre, tal el Hijo

(Repasa, con tu clase, Isa. 63:1; 64:8; Juan 1:18.)

En todo el Antiguo Testamento, nuestro Dios se revela mediante declaraciones proféticas. Los profetas presentaron a un Dios multifacético, transmitido dentro de su cultura y a la luz de su experiencia personal. El Verbo eterno (Jesús) completó el retrato comenzado por los profetas, porque él mismo era esencialmente divino y uno con el Padre. (Leer Heb. 1:1-3) La vida y las enseñanzas de Cristo corporizaron el concepto invisible llamado "Dios". "Él es la imagen del Dios invisible" (Col. 1:15). Pero, aun los Doce fueron lentos en captar este concepto. "Dijo entonces Tomás: 'Señor, no sabemos a dónde vas, así que ¿cómo podemos conocer el camino?' 'Yo soy el camino, la verdad y la vida', le contestó Jesús [...] El que me ha visto a mí, ha visto al Padre. ¿Cómo puedes decirme: 'Muéstranos al Padre'? [...] Las palabras que yo les comunico, no las hablo como cosa mía, sino que es el Padre, que está en mí, el que realiza sus obras'" (Juan 14:5-10, NVI).

Todo lo que Jesús hizo y el modo en que vivió revelaban al Padre. Por medio de las parábolas y su ejemplo, Jesús enseñó acerca del amor del Padre. Narraciones como la del hijo pródigo, la oveja perdida y el buen samaritano revelan la profundidad del amor de Dios.

Considera: Jesús afirmó que verlo a él era ver al Padre. ¿Qué quiso decir Jesús con esto? ¿De qué forma Jesús nos revela hoy al Padre?

¿Por qué los padres cristianos deberían ser muy cuidadosos en representar bien el amor de su Padre celestial?

II. Compasión sin ataduras

(Repasa, con tu clase, Jer. 31:3; Sal. 103:13; 1 Juan 3:1.)

Jeremías, el salmista y Juan el Amado nos dan, juntos, un retrato del amor de Dios que nos revela quién es él y cuál es el anhelo de su corazón.

Y ¿qué anhela el corazón de Dios? Jeremías dice que Dios anhela derramar su amor sobre su pueblo. "Con amor eterno te he amado; por eso te sigo con fidelidad" (Jer. 31:3, NVI). Dios conoce nuestra necesidad de tener la certeza de su misericordia y ternura. Declara su amor por su pueblo y lo llama eterno, sin principio ni fin. Es indestructible e inmutable, y no puede ser revocado. Este amor incondicional nos da seguridad y certeza.

Además, Jeremías dice que Dios siempre nos atrae para que estemos más cerca de él. El amor de Dios es magnético y demostrativo; es el resultado de un principio reconciliador en acción. El propósito de su amor es atraernos de vuelta a un compañerismo inquebrantable con su Espíritu.

El salmista añade que el Señor está lleno de compasión por sus hijos que lo temen. El Salmo 103 muestra la conexión entre la compasión de Dios por sus hijos y nuestra obediencia. La obediencia no gana la compasión de Dios, sino que es el resultado del amor de Dios en nosotros. Comprende que somos efímeros, débiles y vacilantes.

A pesar de ello y de nuestras elecciones pecaminosas, la Escritura afirma que el amor divino es incondicional. En su epístola, Juan retoma la imagen de Dios como un Padre amante, y se siente abrumado por las implicaciones de tal conexión. Si Dios es nuestro Padre, entonces, por adopción mediante Cristo, somos sus hijos. Esta asombrosa comprensión no solo da confianza y seguridad, sino también nos anima a entregar el corazón a Dios. "Al considerar el inspirado apóstol Juan 'la altura, la profundidad, y la anchura' del amor del Padre hacia la raza que perecía, se llena de alabanzas y reverencia, y no pudiendo encontrar lenguaje conveniente con el cual expresar la grandeza y ternura de este amor, exhorta al mundo a contemplarlo. 'Mirad cuál amor nos ha dado el Padre, para que seamos llamados hijos de Dios' (1 Juan 3:1). ¡Qué valioso hace esto al hombre! [...]

"Tal amor es incomparable. [...] ¡El incomparable amor de Dios para con un mundo que no lo amaba! Este pensamiento tiene un poder subyugador y cautiva el entendimiento a la voluntad de Dios" (*CC* 13, 14).

Considera: Algo es incondicional porque no puede ser ganado o merecido, solo recibido; no está basado en el receptor, sino en la bondad del dador. ¿Qué significa para ti el don incondicional del amor? ¿Cómo pueden los creyentes mostrar amor incondicional por aquellos que les han hecho algún mal a ellos o a sus amados?

{ 3: ¡Aplica!}

- **Solo para los maestros:** La crueldad de Satanás nunca es más evidente que cuando personas desesperadas creen que no tienen otra salida que terminar con su vida. La culpa, la vergüenza, la ansiedad y otros factores convencen a las personas de su inutilidad y de la imposibilidad de ser perdonados, abrumándolos con la desesperación. Solo la intervención del amor de Dios puede revertir este camino. Lee 1 Juan 3:18 al 20. El amor de Dios excede nuestra autocondenación. Nada puede separarnos de la compasión divina. No hay nada peor que dudar de la bondad de Dios, de su perdón y de su compasión. Si los miembros de la clase quedan con la certeza de que Dios los ama incondicionalmente, el tiempo fue bien invertido. ¿De qué modo pueden tener esta certeza?

Preguntas:

1. ¿De qué forma deben contrarrestar los creyentes los sentimientos de inutilidad y desesperanza?
2. ¿Qué prácticas o estrategias pueden ayudarte a mantener tu experiencia del amor de Dios?
3. ¿Cómo pueden los creyentes desarrollar mayor sensibilidad hacia quienes se desesperan por no experimentar el amor de Dios?
4. ¿Qué ventajas puede haber en trabajar juntos, en vez de hacerlo en forma individual, en lo que respecta a compartir el amor de Dios?
5. Siendo que los suicidios van en aumento, especialmente entre los adolescentes, ¿qué debería hacer la iglesia de Dios para comunicar el amor incondicional del Señor a todos, incluyendo a las personas más jóvenes?
6. El compartir el amor de Dios con otros, ¿de qué manera nos capacita para experimentar ese amor más profundamente?
7. ¿Qué pueden hacer las iglesias para derribar las barreras levantadas por los que practican un amor *condicional*?

{ 4: ¡Crea!}

- **Solo para los maestros:** Juan 3:16 es tal vez el pasaje bíblico más conocido. Primera de Juan 3:16 debería seguir al anterior en forma directa. El primer pasaje destaca la iniciativa divina de sacrificar al Hijo para salvar a la humanidad. El segundo subraya nuestra respuesta apropiada a esa iniciativa de sacrificio. Lee 1 Juan 3:16 al 18. Practiquemos lo que predicamos de acuerdo con la amonestación de estos versículos.

Actividad: Explora tu comunidad, buscando grupos de personas no amadas o "con carencia de amor". Estos grupos pueden incluir madres solteras adolescentes, miembros de pandillas, personas ancianas, iletradas, con problemas financieros, o pobres sin hogar. Permite que la clase elija un grupo para comunicar el amor incondicional de Dios en formas concretas y positivas. Busquen medios creativos para 1) lograr su interés, 2) mantener con ellos un contacto que permita compartir con ellos el amor de Cristo, 3) establecer un puente entre la cultura de ustedes y la de ellos, 4) preparar el mensaje del evangelio de maneras que puedan comprender, y 5) involucrarlos en experiencias significativas mediante las cuales ellos puedan asimilar el amor de Dios.

Lección 2: Para el 12 de julio de 2014

EL **HIJO**

Sábado 5 de julio

LEE PARA EL ESTUDIO DE ESTA SEMANA: Mateo 24:30; Daniel 7:13, 14; Mateo 11:27; Lucas 5:17-26; Juan 8:58; Mateo 20:28.

PARA MEMORIZAR:
"Porque el Hijo del Hombre no vino para ser servido, sino para servir, y para dar su vida en rescate por muchos" (Mar. 10:45).

DESPUÉS DE MÁS DE DOS AÑOS DE MINISTERIO PÚBLICO, Jesús preguntó a sus discípulos: "¿Quién dicen los hombres que es el Hijo del Hombre?" (Mat. 16:13). Fue fácil para ellos informarle lo que habían escuchado que decía la gente acerca de él. Pero, más difícil fue responder la siguiente pregunta: "Y vosotros, ¿quién decís que soy yo?" (Mat. 16:15). Ahora era una pregunta personal. Jesús no les pidió sus opiniones acerca de su apariencia exterior ni de su carácter. En lugar de eso, su pregunta apuntó a la esencia del ser de Jesús. Tenían que expresar su convicción y su fe personales.

Todo ser humano, tarde o temprano, deberá responder la misma pregunta. Tenemos que decidir, individualmente, quién es Jesús para nosotros. No sirve repetir lo que otros han dicho o creído. La respuesta debe ser nuestra propia creencia personal. Y de esa respuesta depende el destino de cada ser humano.

Esta semana trataremos de encontrar la respuesta basándonos en lo que Jesús mismo dijo e hizo. Nuestro objetivo es llegar, por fe, a la misma respuesta que Pedro: "Tú eres el Cristo, el Hijo del Dios viviente" (vers. 16).

EL HIJO DEL HOMBRE

Este título, "el Hijo del Hombre", era el nombre favorito que Jesús se daba a sí mismo. Según los evangelios, él se refirió a sí mismo como el *Hijo del Hombre* más de ochenta veces. Las demás personas nunca se dirigieron a él usando este título. Jesús, sin duda, eligió este nombre especial con un propósito en mente.

Esta expresión idiomática era común en el Antiguo Testamento. Con una sola excepción: siempre fue usada en referencia a un ser humano.

La Biblia presenta a Jesús como un verdadero ser humano. Nació como un bebé, creció como un niño que se desarrolló "en sabiduría y en estatura" (Luc. 2:40, 52), y tuvo hermanas y hermanos (Mat. 13:55, 56). Comió (Mat. 9:11), durmió (Luc. 8:23), se cansó (Juan 4:6), y tuvo hambre y sed (Mat. 4:2; Juan 19:28). También sufrió de tristeza y angustia (Mat. 26:37).

Para el observador descuidado, Jesús parecía ser un hombre común que caminaba entre la gente como uno más en la multitud. Muchos de sus contemporáneos no reconocieron en él nada más que un hombre (Juan 7:46). La gente lo trató como a uno de ellos; se rieron de él (Luc. 8:53), lo criticaron (Mat. 11:19), se burlaron de él y lo ridiculizaron (Luc. 22:63). Para ellos, era simplemente otro ser humano.

Lamentablemente, no se dieron cuenta de que hay algo más en el título "Hijo del Hombre". Según Daniel 7:13 y 14, "uno como un hijo de hombre" fue con las nubes del cielo "hasta el Anciano de días", y recibió dominio, gloria y reino eternos. Los judíos identificaban a este Hijo del Hombre con el Mesías. De modo que, cuando Jesús usó este título, estaba revelando, que él era el Mesías prometido, el Cristo encarnado.

Lee Mateo 24:30; 25:31; y 26:64. ¿Qué elementos, en las palabras de Jesús registradas en estos textos, evocan Daniel 7:13 y 14?

¿Por qué es tan importante que sepamos que Jesús era plenamente un ser humano? ¿Qué repercusiones tiene su humanidad para nuestra salvación? ¿Qué implicaciones tiene en nuestra vida cristiana práctica, especialmente en nuestras batallas con la tentación y el pecado?

EL HIJO DE DIOS

El título "Hijo de Dios" fue usado por Gabriel (Luc. 1:35) y varias personas al dirigirse a Jesús (Mat. 14:33; Mar. 15:39; Juan 1:49; 11:27). Él aceptó ese título, pero evitó aplicárselo directamente a sí mismo para que no lo apedrearan. Sin embargo, la Biblia revela de diferentes maneras su relación especial con el Padre.

El Padre reconoció a Jesús como su Hijo en el bautismo (Mat 3:17) y en la transfiguración (Mat. 17:5).

Su relación Padre-Hijo es única. Cristo es el único ser en todo el universo que puede gozar ese tipo de relación. Solo él y el Espíritu Santo son de la misma naturaleza que el Padre. Como creyentes, hemos recibido el privilegio de llegar a ser hijos de Dios. Pero, Jesús siempre fue, es y será *el* Hijo de Dios.

¿Qué revelan los siguientes textos acerca de la perfecta unidad del Padre y el Hijo? Mateo 11:27; Juan 3:35; 5:17; 10:30.

La unidad completa de Jesús y el Padre incluye un perfecto conocimiento mutuo; una unidad de voluntad, propósito y objetivos. Es más, incluye una unidad de naturaleza. El Hijo y el Padre son dos personas ("Yo y el Padre"), pero de la misma naturaleza ("uno somos"), un hecho enfatizado por el pronombre neutro *uno* (comparar con 1 Cor. 3:8).

Sin embargo, debemos tener presente que Cristo, porque vino a vivir como un hombre, se subordinó voluntariamente al Padre mientras vivió aquí (Fil. 2:6-8). Esta autolimitación fue funcional, no esencial. Jesús se subordinó con un propósito específico, para lograr una meta específica.

Con este concepto en mente, podemos entender por qué Jesús dijo: "No puede el Hijo hacer nada por sí mismo, sino lo que ve hacer al Padre" (Juan 5:19); "porque no busco mi voluntad, sino la voluntad del que me envió, la del Padre" (Juan 5:30). Desde este punto de vista funcional, pudo decir: "el Padre mayor es que yo" (Juan 14:28).

Jesús fue totalmente Dios y totalmente hombre. ¿Qué nos dice esta verdad asombrosa acerca del estrecho lazo que une el cielo y la Tierra? ¿Qué consuelo podemos obtener de esta conexión tan cercana?

LA NATURALEZA DIVINA DE CRISTO: PARTE 1

La divinidad de Cristo es el fundamento de nuestra fe. Un ser humano nunca podría ser nuestro salvador, no importa cuán extraordinaria haya sido su vida. Tenemos muchas evidencias de su divinidad en todo el Nuevo Testamento, pero nos limitaremos a lo que Jesús mismo enseñó acerca de este tema.

No fue fácil para Jesús explicar quién era él. Su misión requería que diera a conocer que él era el Mesías, Dios encarnado. Sin embargo, no se registra que haya dicho públicamente "yo soy Dios" o "yo soy el Mesías". Si lo hubiera hecho, le habrían quitado la vida inmediatamente (Juan 5:18; 8:59; 10:31). Por lo tanto, eligió maneras indirectas para insinuar su naturaleza divina y llevar a sus oyentes a reconocer su divinidad.

A medida que Jesús revelaba gradualmente su naturaleza divina, la mayoría de sus oyentes lo entendieron, pero rehusaron aceptarlo como tal porque no coincidía con la idea preconcebida de Mesías que tenían. Esto se refleja en el pedido que le hicieron: "¿Hasta cuándo nos turbarás el alma? Si tú eres el Cristo, dínoslo abiertamente" (Juan 10: 24). Lamentablemente, el contexto muestra que su petición no era sincera.

Tal como estudiamos ayer, Jesús se refirió muchas veces a su relación especial con su Padre. Esta fue una de las maneras que usó para revelar su divinidad. Muchos comprendieron con claridad que, cuando él dijo que Dios era su Padre, se estaba haciendo a sí mismo igual a Dios (Juan 5:18).

Lee Lucas 5:17 al 26. ¿De qué manera impactante Jesús reveló aquí su divinidad sin mencionarla explícitamente?

"Para restaurar la salud a ese cuerpo que se corrompía, no se necesitaba menos que el poder creador. La misma voz que infundió vida al hombre creado del polvo de la tierra había infundido vida al paralítico moribundo. Y el mismo poder que dio vida al cuerpo había renovado el corazón" (*DTG* 235).

Además de afirmar que tenía la prerrogativa divina de perdonar los pecados, Jesús anunció que "se sentará en su trono de gloria" y juzgará a todas las naciones, decidiendo el destino eterno de cada uno. Solo Dios tiene la autoridad para hacerlo (Mat. 25:31-46). ¿Qué más podría haber hecho para revelar quién era realmente?

> Piensa en cuán duros de corazón fueron algunos de esos líderes hacia Jesús. Y se esperaba que esos hombres fueran los guardianes espirituales del pueblo. ¿Cómo podemos asegurarnos de no endurecernos, de diferentes maneras, nosotros también?

LA NATURALEZA DIVINA DE CRISTO: PARTE 2

Jesús afirmó y demostró que tenía el mismo poder que el Padre para vencer la muerte. "Como el Padre levanta a los muertos, y les da vida, así también el Hijo a los que quiere da vida" (Juan 5:21). Solo Dios puede decir: "Yo soy la resurrección y la vida" (Juan 11:25).

Otra indicación clara de la divinidad de Cristo es su aseveración de ser preexistente. Él "descendió del cielo" (Juan 3:13) porque el Padre lo envió (Juan 5:23). En el aposento alto reafirmó nuevamente su preexistencia: "Ahora pues, Padre, glorifícame tú al lado tuyo, con aquella gloria que tuve contigo antes de que el mundo fuese" (Juan 17:5).

¿Por qué Juan 8:58 es una de las declaraciones más directas y profundas que hizo Jesús acerca de su divinidad? Ver también Éxodo 3:13 y 14.

En contraste con Abraham, que *llegó a ser* (este es el significado literal del verbo griego *gínomai* usado aquí), Jesús anunció que él *es* el que existe por sí mismo. No solamente existió antes del nacimiento de Abraham, sino desde siempre. "Yo soy" implica una existencia continua. Además, "YO SOY" es el título de *Yahweh* mismo (Éxo. 3:14). Los líderes comprendieron claramente que Jesús afirmaba ser el YO SOY revelado en la zarza ardiente. Para ellos, él era culpable de blasfemia, y por eso "tomaron entonces piedras para arrojárselas" (Juan 8:59).

Los Evangelios muestran que Jesús aceptó que lo adoraran, sin desaprobar que lo hicieran. Él sabía muy bien que solamente Dios merece ser adorado, porque dijo a Satanás: "Escrito está: Al Señor tu Dios adorarás, y a él sólo servirás" (Mat. 4:10). Por lo tanto, al aceptar que lo adoraran, estaba evidenciando su divinidad. Los discípulos en el mar (Mat. 14:33), el ciego sanado (Juan 9:38), las mujeres junto a la tumba vacía (Mat. 28:9) y los discípulos en Galilea (Mat. 28:17), todos lo adoraron abiertamente, reconociendo su divinidad. Las palabras de Tomás a Jesús, "¡Señor mío, y Dios mío!" (Juan 20:28), no habrían sido pronunciadas por un judío en aquel entonces a menos que hubiera entendido claramente que estaba hablando *a Dios*.

> Lee Juan 20:29. ¿Qué cosas no has visto y, sin embargo, crees en ellas? ¿Cuáles son las implicaciones de tu respuesta respecto de tu fe?

LA MISIÓN DE CRISTO

Después de considerar quién era Jesús, estamos en mejores condiciones para comprender qué vino a hacer por nosotros.

Satanás hizo acusaciones contra Dios. A fin de hacer frente a esas acusaciones, Jesús vino para representar el carácter del Padre y corregir el concepto falso que muchos se habían formado acerca de la Deidad. Él quería que conociéramos a Dios, porque conocerlo es indispensable para tener vida eterna (Juan 17:3).

Sin embargo, necesitamos más que conocimiento para ser salvos. Necesitamos que Dios nos provea un Salvador. Y ese es, precisamente, el significado del nombre Jesús: *Yahweh* es salvación (Mat. 1:21). Jesús describió su misión en términos muy claros: "el Hijo del Hombre vino a buscar y a salvar lo que se había perdido" (Luc. 19:10). En el Edén, el hombre perdió su relación con Dios, perdió su santidad, perdió su hogar y perdió la vida eterna. Jesús vino para restaurar todo eso: restableció nuestra relación con el Padre (Juan 1:51), perdona nuestros pecados (Mat. 26:28), nos dio un ejemplo de cómo vivir (1 Ped. 2:21), nos está preparando un hogar (Juan 14:1-3) y nos da vida eterna (Juan 3:16).

¿Cómo definió Jesús la esencia de su misión? Juan 10:11; Mat. 20:28.

¿Por qué tuvo que morir Jesús? Fue porque voluntariamente ocupó nuestro lugar y sufrió el castigo de nuestros pecados. Todos somos pecadores (Rom. 3:10-12) y, por lo tanto, merecemos la muerte eterna (Rom. 6:23). El precio de nuestra salvación fue tan alto que solamente la vida del Hijo de Dios era suficiente para pagar por ella.

"La quebrantada Ley de Dios exigía la vida del pecador. En todo el universo, únicamente existía uno que podía satisfacer sus exigencias en lugar del hombre. Puesto que la Ley divina es tan sagrada como el mismo Dios, solamente uno igual a Dios podría expiar su transgresión. Ninguno sino Cristo podía salvar al hombre de la maldición de la Ley, y colocarlo otra vez en armonía con el Cielo" (*PP* 43).

> Observa el mundo y el destino que nos espera a todos. Si todo terminara en la tumba, ¿qué esperanza tendríamos? Ninguna, si no fuera por el plan de salvación. ¿De qué modo podemos mostrar nuestra gratitud a Dios por lo que él ha hecho por nosotros en Cristo?

PARA ESTUDIAR Y MEDITAR: Lee "Salvador divino-humano", *Comentario bíblico adventista*, t. 5, pp. 1.101, 1.102.

"Al paso que la Palabra de Dios habla de la humanidad de Cristo cuando estuvo en esta Tierra, también habla decididamente de su preexistencia. El Verbo existía como un ser divino, como el eterno Hijo de Dios, en unión y unidad con su Padre. [...] El mundo fue hecho por él, 'y sin él nada de lo que ha sido hecho, fue hecho' (Juan 1:3). Si Cristo hizo todas las cosas, existió antes de todas las cosas. Las palabras pronunciadas acerca de esto son tan decisivas, que nadie debe quedar en la duda. Cristo era esencialmente Dios y en el sentido más elevado. Era con Dios desde toda la eternidad, Dios sobre todo, bendito para siempre. El Señor Jesucristo, el divino Hijo de Dios, existió desde la eternidad como una persona distinta, y sin embargo era uno con el Padre" (*MS* 1:290, 291).

"En Cristo hay vida original, que no proviene ni deriva de otra. 'El que tiene al Hijo, tiene la vida' (1 Juan 5:12). La divinidad de Cristo es la garantía que el creyente tiene de la vida eterna" (*DTG* 489).

PREGUNTAS PARA DIALOGAR:

1. Los demonios sabían y confesaban que Jesús era "el Santo de Dios" (Mar. 1:24), "el Hijo de Dios" (Mar. 3:11), "Hijo del Dios Altísimo" (Mar. 5:7; ver también Sant. 2:19). ¿Por qué esta clase de reconocimiento no es suficiente para nuestra salvación? ¿Cómo podemos evitar la trampa de quedar satisfechos con una aceptación de Jesús meramente intelectual?
2. Cuando el centurión, que estaba frente a Jesús, vio cómo murió, dijo: "Verdaderamente este hombre era Hijo de Dios" (Mar. 15:39). El mejor lugar para entender a Jesús es al pie de la Cruz. ¿Cuán a menudo vas allí? ¿Cuándo fue la última vez que estuviste allí? ¿Por qué no tomas un momento, ahora mismo, para meditar en el sacrificio infinito que él hizo por tu salvación?
3. Un buen número de contemporáneos de Jesús lo rechazó porque tenía ideas equivocadas acerca del Mesías. Lamentablemente, hoy muchas personas rehúsan rendir su vida a Jesús porque tienen prejuicios o un concepto distorsionado acerca de él. ¿De qué modo podemos serles de ayuda para que vean a Jesús tal como él es en realidad? Como adventistas del séptimo día, ¿qué tenemos en particular que podría ayudarlos a tener una idea más clara de quién es Jesús realmente?

El sábado enseñaré...

Texto clave: Mateo 20:28.

Enseña a tu clase a:

Saber comprender la autoidentificación de Cristo, y las implicaciones de esa identidad para la salvación de cada uno.

Sentir la presencia de Dios por medio del espíritu de sacrificio propio de Cristo demostrado al renunciar a sus prerrogativas divinas y al entregar su vida.

Hacer: Aceptar personalmente la generosa provisión de la salvación por el sacrificio de Jesús.

Bosquejo de la lección:

I. Saber: El Mesías encarnaba dos naturalezas: la divina y la humana.

A. ¿Por qué era necesario que Cristo fuera plenamente humano y plenamente divino?
B. ¿De qué modo la autoidentificación de Cristo afectó la comprensión de su misión?
C. ¿De qué forma estos dos aspectos afectan nuestro aprecio por lo que Dios hizo?

II. Sentir: Percibir la presencia de Dios llega a ser más fácil al comprender las naturalezas complementarias de Cristo.

A. ¿De qué modo la comprensión de la humanidad de Cristo alivia el temor que el hombre siente por Dios?
B. ¿De qué manera la comprensión de la divinidad de Cristo nos da confianza en que él puede salvarnos?
C. ¿Qué sucede si descuidamos cualquiera de estas dos creencias?

III. Hacer: El aceptar la salvación de Dios es directamente proporcional a la confianza que tenemos en quién es Cristo.

A. ¿De qué forma el no comprender la naturaleza divina de Cristo podría disuadir a las personas de confiar en él para su salvación?
B. ¿En qué sentido no apreciar la naturaleza humana de Cristo genera que la gente ignore su salvación?
C. ¿De qué modo el apreciar a Dios atrae al alma humana a aceptar a Jesús como Salvador?

Resumen: La naturaleza esencial de Cristo ofrece a la humanidad comprender que cuenta con un Amigo y Creador omnipotente capaz de llegar a ser el divino Sustituto de los pecadores.

Ciclo de aprendizaje

Texto destacado: Mateo 20:28.

Concepto clave para el crecimiento espiritual: Jesús llegó a ser plenamente humano, abdicando de sus prerrogativas divinas. Al hacerlo, obtuvo la calificación necesaria para ser tanto un fiel Sumo Sacerdote como el sacrificio del rescate mediante el cual tenemos salvación.

{ 1: ¡Motiva!}

- **Solo para los maestros:** La Escritura revela un delicado equilibrio entre dos doctrinas aparentemente conflictivas: la divinidad y la humanidad del Mesías. Siempre que su divinidad fue rechazada o menospreciada, surgieron las aberraciones de la justicia y la salvación propias. Después de todo, si Jesús era esencialmente humano, ¿por qué los humanos no habrían de poder salvarse a sí mismos imitándolo?

En tales modelos, Jesús actúa como "instructor de natación" en lugar de salvavidas. Él nos "salva" al enseñarnos a nadar (vivir rectamente). Este paradigma afirma que no nos ahogamos sin remedio en nuestra pecaminosidad sino que, con el instructor adecuado, podemos ser nadadores competentes.

Cuando la humanidad de Jesús es rechazada o menospreciada hay desesperación y falta de esperanza. Estas mentes razonan que Dios es todopoderoso y perfectamente justo, y que, por ello, es incapaz de comprender las tentaciones humanas y sus luchas. Siendo que los humanos no pueden alcanzar la norma divina, renuncian a vivir con rectitud. Aquí se bifurca el camino en dos aberraciones separadas, pero igualmente destructoras: 1) la gracia barata: "como no puedo vivir rectamente, pecaré con libertad y esperaré que la gracia de Dios cubra esos pecados"; o 2) el pecado descarado: "como estoy condenado no importa lo que haga, viviré egoístamente y gozaré la vida". Sin embargo, cuando estas dos posturas se comparan con las Escrituras, se ven sus errores y puede buscarse el equilibrio correcto.

Actividad inicial: Muestra a la clase la figura de una persona que camina sobre una cuerda floja, con una larga vara para equilibrarse. (O pide que se imaginen a tal persona.) Analiza qué le da éxito al equilibrista y qué función cumple la vara. Piensa en lo que constituye la vara de equilibrio para los cristianos mientras establecen su comprensión de Dios.

{ 2: ¡Explora!}

- **Solo para los maestros:** Entender la naturaleza de Cristo es indispensable para comprender la naturaleza de la salvación. Es importante que captemos bien esto, a fin de evitar muchas discusiones teológicas y espirituales.

Las verdades auténticas de las Escrituras no están sepultadas bajo montañas de discusiones. La divinidad de Cristo demuestra que los humanos no pueden salvarse a sí mismos. Alguien fuera de nosotros debe salvarnos. La humanidad de Cristo muestra que Dios comprende nuestras pruebas y tentaciones. Jesús vivió dentro de nuestra piel. Estos conceptos deben mantenerse claros.

Comentario de la Biblia

I. Una combinación singular

(Repasa, con tu clase, Mat. 14:33; 24:30; 25:31; Mar. 15:39.)

Arrio, un devoto fanático que vivió en el siglo IV, pretendía que Cristo no había poseído naturaleza divina, y que solo existía un Dios (el Padre celestial); por lo tanto, Cristo no podía ser también Dios. Al rechazar la comprensión trinitaria de Dios, Arrio no entendió las implicaciones soteriológicas [relativas a la salvación] de su posición. Si Cristo no fue divino, la salvación de la humanidad fue efectuada por una criatura. Esto sugiere que los seres creados pueden salvarse a sí mismos.

Las conclusiones de Arrio se unieron a las creencias de Luciano de Antioquía, que basaba sus ideas cristológicas en la filosofía adopcionista de Pablo de Samosata, quien creía que Cristo había sido adoptado, como humano, por Dios. Arrio afirmaba que Cristo había sido una criatura perfecta con una relación subordinada a Dios. (Estas ideas todavía las sostienen los Universalistas Unitarios y los Testigos de Jehová.)

Por el año 325 d.C., estas distorsiones habían dividido a los creyentes, y se reunió el Concilio de Nicea para responder a estos desafíos. La asamblea afirmó que la naturaleza de Cristo era "plenamente humana y plenamente divina".

Otros lucharon con la idea de la humanidad de Cristo. Los gnósticos del siglo II y los maniqueos del siglo IV (ambos, grupos cristianos disidentes) postulaban que la humanidad de Cristo había sido solo *aparente*. Esta herejía es conocida como "docetismo", que significa "parecer". Los docetistas razonaban que, si la materia es inherentemente mala, la pureza de Jesús impedía que tuviera un cuerpo real (materia mala).

Otro que se opuso a la creencia de que Cristo vino en forma corporal fue Marción. Para él, Cristo poseía un "cuerpo fantasmal". Tertuliano se le opuso, pues rechazaba la idea de que la materia era inherentemente mala. Marción pensaba que la Encarnación era inferior a Dios; Tertuliano aceptaba la encarnación (Juan 1:1-14; Col. 1:22; Heb. 2:5-18).

Considera: ¿Por qué los cristianos son muy cuidadosos al hablar de la naturaleza de Cristo?

II. Naturalezas gemelas

(Repasa, con tu clase, Juan 3:13; 8:58; 17:5; Mat. 25:31-46.)

En lugar de aceptar sencillamente esas doctrinas bíblicas que enseñaban la divinidad y la humanidad de Cristo, algunos cuestionaron *cómo* podía ocurrir esta integración de naturalezas. Pero, Moisés declaró: "Las cosas secretas pertenecen a Jehová nuestro Dios; mas las reveladas son para nosotros y para nuestros hijos para siempre, para que cumplamos todas las palabras de esta ley" (Deut. 29:29).

En oposición directa a este precepto mosaico, la gente desperdicia horas tratando de racionalizar cosas que Dios no ha revelado claramente. Tratan de hurtar los secretos de Dios por medio del pensamiento racional. Un defensor tal fue Apolinario, que luchó con el pensamiento de que el Verbo divino pudiera unirse con una naturaleza completamente humana. Él concluyó que estas dos naturalezas estuvieron mezcladas, pero que la divinidad aplastó a la humanidad durante el proceso de unión. Aunque rechazó efectivamente la herejía de Arrio, cayó en un docetismo complicado. Su apoyo ferviente de la divinidad de Cristo resultó en una comprensión desequilibrada de la humanidad de Cristo, disminuyendo su valor. Si Apolinario hubiera aceptado las verdades reveladas en vez de esquematizar los detalles desconocidos y no revelados, su aberración podría no haberse concebido nunca. Aquí hay una lección que todos haríamos bien en aprender.

Considera: ¿En qué sentido los cristianos se perjudican al tratar de ir más allá de lo que Dios ha revelado?

{ 3: ¡Aplica!}

- **Solo para los maestros:** La sabiduría divina revela que Cristo poseía por igual dos naturalezas complementarias. Enfatizar una en detrimento de la otra resulta ya sea en la pasividad humana (Dios hace todo; así, ¿por qué desperdiciar esfuerzos?), o en el conductismo (el ejemplo de Cristo bosqueja los requerimientos de Dios que, cuando se siguen, producen la salvación). Una comprensión equilibrada de la interrelación de Dios con la humanidad apunta a una relación cooperativa entre Dios y la raza humana, por la que Dios provee la salvación, y los humanos aceptan el poder transformador del evangelio. En forma similar, la misión de Cristo puede describirse como doble: 1) redención, y 2) transformación. Cristo es tanto el Rescate como el Sumo Sacerdote comprensivo. Por medio de su sacrificio, él perdona nuestras transgresiones pasadas, y recibimos poder. La redención precede a la transformación, y esta transformación continúa en forma natural. ¿De qué modo la comprensión de la interrelación de estas dos naturalezas favorece grandemente nuestro aprecio por Cristo y facilita el desarrollo cristiano?

Preguntas:

1. ¿De qué manera la completa divinidad de Cristo influye en su misión?
2. ¿De qué modo la plena humanidad de Cristo influye en su misión?
3. ¿De qué modo la divinidad de Cristo afecta mi salvación?
4. ¿De qué forma la humanidad de Cristo afecta mi salvación?
5. ¿De qué manera la divinidad y la humanidad de Cristo afectan mi misión y mi sentido de propósito?

{ 4: ¡Crea!}

- **Solo para los maestros:** La misión terrenal de Cristo era restaurar la condición fracturada de la humanidad. Su divinidad proveyó el poder por el cual él pudo aplastar el mal y destruir la muerte. Su humanidad proveyó comprensión y credibilidad en quienes él deseaba salvar. Muchas campañas políticas se ganaron con mentiras como: "Mi adversario es tan rico que no puede entenderme". Satanás usa la misma mentira. Sin embargo, cuando se descubre el sufrimiento de Cristo y vemos su cuerpo clavado a una cruz, rechazamos las mentiras de Satanás. Cristo adquiere credibilidad, y comenzamos a confiar en este fiel Amigo. Jesús ya no está distante, sino más bien es un compañero de prisión que, a su vez, tiene los recursos para escapar de la celda de la muerte.

Actividad: A veces se acusa a los cristianos de estar fuera de contacto con la realidad de la comunidad. Formulen planes para una actividad en la que los miembros de la clase puedan ser siervos entre los no creyentes, y hacer avanzar la misión de Cristo. Consideren qué acciones o eventos les darían credibilidad para llamar a pecadores al arrepentimiento y a la gracia transformadora de Dios. Analicen posibles pasos para pasar de ser testigos sufrientes a ser dispensadores de esperanza. En otras palabras, una vez que el testimonio haya ganado credibilidad, ¿cómo compartirán el evangelio sin alejarlos otra vez? ¿De qué forma pueden los creyentes llamar a los pecadores al arrepentimiento sin aparecer como llenos de justicia propia por un lado, o diluir el pecado por el otro?

Lección 3: Para el 19 de julio de 2014

EL ESPÍRITU **SANTO**

Sábado 12 de julio

LEE PARA EL ESTUDIO DE ESTA SEMANA: Juan 14:16-18, 26; 15; 26; Mateo 12:31, 32; Juan 16:8; 3:5-8; Lucas 11:9-13.

PARA MEMORIZAR:
"Y yo rogaré al Padre, y os dará otro Consolador, para que esté con vosotros para siempre" (Juan 14:16).

DE LAS TRES PERSONAS DE LA DEIDAD, el Espíritu Santo es el menos comprendido. Es irónico que la Persona que está más cerca de nosotros, nos hace nacer de nuevo, habita en nosotros y nos transforma sea aquella de quien sabemos tan poco.

Esto se debe a que la Biblia es menos explícita respecto del Espíritu Santo que del Padre y del Hijo. Aunque hay muchas referencias al Espíritu en las Escrituras, muchas de ellas son metafóricas o simbólicas. La Biblia habla ampliamente acerca de la obra del Espíritu, pero muy poco de su naturaleza.

Otra razón surge del ministerio del Espíritu Santo. Él está tratando constantemente de centrar nuestra atención en Cristo, no en sí mismo. En el plan de salvación, el Espíritu desempeña un rol subordinado al Padre y al Hijo, aunque esta función no implica que sea de naturaleza inferior.

Esta semana, al escuchar lo que Jesús enseñó acerca del Espíritu, oremos fervientemente por su presencia transformadora en nuestra vida.

EL REPRESENTANTE DE CRISTO

Con temor y tristeza, los discípulos escucharon mientras Jesús anunciaba su muerte inminente. Privados de su presencia, ¿quién sería su Maestro, Amigo y Consejero? Conociendo su desesperada necesidad, Cristo les prometió enviar a su representante para que esté con ellos.

¿Qué nombre particular usó Cristo para su representante? Juan 14:16-18. ¿En qué sentido este nombre era tan apropiado? Juan 14:26.

Ayudador, Consejero, Consolador, son diferentes traducciones de la palabra griega *paraklētos*, que está formada por la preposición *para*, "al lado de", y el adjetivo *klētos*, "llamado". Literalmente, significa "uno llamado para estar al lado de" alguien, dando la idea de "una persona convocada en auxilio de uno". Se puede referir a un mediador, un intercesor, un ayudador, un consejero o un abogado.

Solamente Juan usa el término *paraklētos* en el Nuevo Testamento. Es interesante notar que también aplicó esta palabra a Jesús (1 Juan 2:1).

Durante su ministerio terrenal, Cristo fue el Consejero, Ayudador y Consolador de los discípulos. Por lo tanto, es muy apropiado que su sucesor recibiera el mismo nombre. El Espíritu Santo es enviado por el Padre a pedido del Hijo y en el nombre del Hijo (Juan 14:16, 27). El Espíritu continúa la obra de Cristo en esta Tierra.

Mediante el Espíritu Santo, los discípulos tenían la presencia de Jesús. "No os dejaré huérfanos; vendré a vosotros" (Juan 14:18), dijo el Señor. No se refería a visitarlos ocasionalmente, lo que habría sido de muy poco consuelo para indefensos "huérfanos". Más bien, les estaba anunciando una relación permanente e íntima: "yo en vosotros" (Juan 14:20). Esto sería posible solo mediante la presencia del Espíritu Santo en los creyentes.

La naturaleza humana de Cristo le impedía estar personalmente en todas partes al mismo tiempo. El Espíritu Santo, por el otro lado, es omnipresente (Sal. 139:7). Mediante el Espíritu, nuestro Salvador estaría accesible para todos, independientemente de donde estuvieran o la distancia física que los separara de Cristo.

¿De qué maneras has experimentado la realidad del Espíritu Santo, aunque su naturaleza y la forma en la que obra en nuestra vida no sean fáciles de entender?

EL ESPÍRITU SANTO ES UNA PERSONA

Elena de White escribió que "la naturaleza del Espíritu Santo es un misterio. Los hombres no pueden explicarla, porque el Señor no se la ha revelado. [...] En cuanto a estos misterios, demasiado profundos para el entendimiento humano, el silencio es oro" (*HAp* 43).

No obstante, ella también afirmó que "el Espíritu Santo es una persona, porque testifica en nuestros espíritus que somos hijos de Dios. [...] Debe ser una persona divina, además, porque en caso contrario no podría escudriñar los secretos que están ocultos en la mente de Dios" (*Ev* 447). Esta declaración está basada en la Biblia (Rom. 8:16; 1 Cor. 2:10, 11). Así que, aunque estamos limitados por nuestra naturaleza humana, mediante las Escrituras al menos podemos saber que el Espíritu Santo es una Persona y que es divino. Lo que Jesús dijo acerca del Espíritu Santo confirma esta conclusión.

¿Cuáles son algunas de las acciones del Espíritu Santo que muestran que él es una Persona? Juan 14:26; 15; 26; 16:7-14.

Jesús mencionó varias actividades que realiza el Espíritu, y todas implican una personalidad. ¿Quién mejor que una persona podría enseñarnos y recordarnos todo lo que Cristo dijo (Juan 14:26)? O ¿quién mejor que un ser personal para testificar de Jesús (Juan 15:26), convencer al mundo (Juan 16:8), guiarnos a toda verdad, escuchar y hablar (Juan 16:13)? Y solo una persona inteligente puede glorificar a Cristo (Juan 16:14).

Siguiendo las enseñanzas de Jesús, los escritores del Nuevo Testamento dejan en claro que el Espíritu Santo tiene las características esenciales de una persona: voluntad (1 Cor. 12:11), inteligencia (Hech. 15:28; Rom. 8:27) y emociones (Rom. 15:30; Efe. 4:30).

Porque el Espíritu Santo es una Persona divina, debemos someternos humildemente a su voluntad y dirección. Lo invitaremos a morar en nuestros corazones (Rom. 8:9), transformar nuestra vida (Tit. 3:5) y producir el fruto del Espíritu en nuestros caracteres (Gal. 5:22, 23). Solos no podemos hacer nada; únicamente por medio de su poder obrando en nosotros podemos llegar a ser lo que Jesús nos prometió que seríamos.

> El Espíritu Santo es un regalo; como casi todos los regalos, puede ser rechazado. ¿De qué modo puedes asegurarte, día tras día, de que no estás rechazando lo que el Espíritu Santo procura hacer en tu vida?

EL ESPÍRITU SANTO ES DE NATURALEZA DIVINA

Cuando Jesús presentó al Espíritu Santo a los discípulos, lo llamó "otro" Consolador (Juan 14:16). La palabra griega que Jesús usó para "otro" es *allos*, que hace referencia a "otro de la misma clase", en contraste con *heteros*, "otro de una clase o cualidad diferente". La misma igualdad de naturaleza que une al Padre y al Hijo se exhibe entre el Hijo y el Espíritu Santo.

Jesús dijo que el Espíritu Santo "os hará saber las cosas que habrán de venir" (Juan 16:13). Solo un ser divino puede anunciar el futuro (Isa. 46:9, 10).

La divinidad del Espíritu Santo también se muestra en su rol en la inspiración de las Escrituras, una función que Jesús reconoció explícitamente. Argumentó que "David dijo por el Espíritu Santo" (Mar. 12:36) lo que está registrado en Salmo 110:1.

Mientras vivió en esta Tierra, Jesús estuvo constantemente bajo la dirección del Espíritu Santo. Después de ser ungido por el Espíritu en su bautismo (Mat. 3:16, 17), "fue llevado por el Espíritu al desierto" (Luc. 4:1). Victorioso sobre el tentador, Jesús "volvió en el poder del Espíritu a Galilea" para llevar adelante su ministerio (Luc. 4:14). Los milagros que realizó fueron hechos por el Espíritu Santo (Mat. 12:28). El hecho de que el Hijo de Dios dependiera del Espíritu es otra demostración del carácter divino del Espíritu, porque es difícil imaginarse al Hijo de Dios dependiendo de alguien menos que divino.

Más evidencia de la divinidad del Espíritu se observa en su asociación con el Padre y el Hijo en textos que mencionan a las tres Personas como iguales. Jesús comisionó a los apóstoles para que bautizaran a los nuevos discípulos "en el nombre del Padre, y del Hijo, y del Espíritu Santo" (Mat. 28:19).

¿De qué manera los siguientes versículos nos ayudan a entender la divinidad del Espíritu Santo? Mateo 12:31, 32.

> La comparación entre hablar contra el Hijo del Hombre, un pecado que puede ser perdonado, y hablar contra el Espíritu Santo, un pecado que no puede ser perdonado, muestra que el Espíritu no es un ser común. La blasfemia es un pecado cometido directamente contra Dios. Concluimos, pues, que el Espíritu Santo es una de las tres Personas de la Deidad. Aunque mucho se ha escrito acerca del "pecado imperdonable", el contexto inmediato se refiere a personas tan endurecidas contra el Espíritu y su obra salvadora que atribuyen su obra al diablo.

LA OBRA DEL ESPÍRITU SANTO

Ya hemos visto el importante rol del Espíritu Santo en la vida del Cristo encarnado y en la inspiración de las Escrituras. Consideremos ahora lo que Jesús enseñó acerca de la obra del Espíritu para nuestra salvación.

¿Qué tarea indispensable realiza el Espíritu Santo a fin de prepararnos para aceptar al Salvador? Juan 16:8.

¿Quién toma una medicina si no reconoce que está enfermo? De la misma manera, no podemos ser salvos a menos que reconozcamos que somos pecadores. De forma suave pero constante, el Espíritu Santo nos convence de que hemos pecado, somos culpables y estamos bajo el juicio justo de Dios.

Entonces, el Espíritu nos guía a Cristo, testificando acerca de él (Juan 15:26), el único que puede salvarnos. Dado que Jesús es la verdad (Juan 14:6), al llevarnos a Jesús el Espíritu también nos lleva "a toda la verdad" (Juan 16:13). El Espíritu Santo es llamado justamente "el Espíritu de verdad" (Juan 14:17).

Una vez que hemos sido convencidos de pecado (lo que implica arrepentirnos de nuestros pecados), y guiados a Jesús y su verdad, estamos listos para que el Espíritu Santo realice su mayor obra en nosotros.

¿Por qué es tan crucial haber "nacido del Espíritu"? Juan 3:5-8.

Aquellos que han tratado de reformar su vida por sí mismos saben cuán inútiles son sus esfuerzos. Nos resulta imposible, sin la intervención divina, transformar nuestra vida deteriorada y pecaminosa en un nuevo ser. La regeneración de un pecador requiere un poder creador tal que solo puede ser provisto por el Espíritu Santo. Somos salvados "por el lavamiento de la regeneración y por la renovación en el Espíritu Santo" (Tit. 3:5). Lo que hace el Espíritu no es una modificación o mejora de nuestra vida antigua, sino una transformación de la naturaleza, la creación de una nueva vida. Los resultados de tal milagro son claramente visibles y constituyen un argumento irrefutable en favor del evangelio.

Necesitamos la obra del Espíritu Santo no solo al comienzo de nuestra vida cristiana, sino constantemente. Para fomentar nuestro crecimiento espiritual, él nos enseña y recuerda todo lo que Jesús enseñó (Juan 14:26). Si se lo permitimos, habitará en nosotros para siempre como nuestro Ayudador, Consolador y Consejero (Juan 14:16).

> Los malos hábitos son difíciles de cambiar. ¿Qué nos deberían decir nuestras debilidades y nuestra tendencia a pecar acerca de nuestra necesidad constante de someternos al Espíritu Santo?

LLENOS DEL ESPÍRITU SANTO

Saber quién es el Espíritu Santo solo tiene sentido si nos lleva a abrir completamente nuestra vida para ser llenos de él. Si no invitamos diariamente al Huésped celestial para que habite en nosotros, otra clase de espíritu entrará en la vida vacía y producirá un desastre espiritual (Mat. 12:43-45). Jesús mismo fue "lleno del Espíritu Santo" (Luc. 4:1). "Diariamente recibía un nuevo bautismo del Espíritu Santo" (*PVGM* 105).

¿Qué dice Lucas 11:9 al 13 acerca de la manera en que podemos recibir al Espíritu Santo, y de la generosa disposición del Padre para dárnoslo?

En la Última Cena, Jesús prometió a sus discípulos el Espíritu Santo, enfatizando su ministerio consolador y docente para atender las necesidades de ellos en ese momento. Después de la resurrección de Cristo, sin embargo, el contexto era diferente, y los discípulos enfrentaban nuevos desafíos.

¿Cuál fue el tema central de la promesa que Jesús hizo después de su resurrección? Hechos 1:4-8.

Hechos 1:5 constituye el único registro de Jesús hablando de ser "bautizados con el Espíritu Santo". Juan el Bautista había anunciado este bautismo especial (Mat. 3:11; Juan 1:33), promesa que solo pudo cumplirse después de la ascensión de Cristo.

¿Qué significa ser bautizado con el Espíritu? En Hechos 1:8, Jesús mismo lo explicó con una expresión paralela. Vosotros estaréis "bautizados con el Espíritu Santo" (vers. 5) "cuando haya venido sobre vosotros el Espíritu Santo" (vers. 8). Ser bautizado es estar totalmente inmerso en algo, normalmente agua. Incluye a la persona completa. El bautismo con el Espíritu Santo significa estar totalmente bajo su influencia, totalmente "llenos del Espíritu Santo" (Efe. 5:18). Esta no es una experiencia que ocurre "una vez para siempre", sino que necesita ser renovada constantemente.

Si alguien te preguntara si alguna vez fuiste "lleno del Espíritu", ¿qué le responderías? ¿Por qué?

PARA ESTUDIAR Y MEDITAR: Lee "La promesa del Espíritu", *Joyas de los testimonios*, t. 3, pp. 209-214; "El don del Espíritu" , *Los hechos de los apóstoles*, pp. 39-46.

"En toda ocasión y lugar, en todas las tristezas y aflicciones, cuando la perspectiva parece sombría y el futuro nos deja perplejos, y nos sentimos impotentes y solos, se envía al Consolador en respuesta a la oración de fe. Las circunstancias pueden separarnos de todo amigo terrenal, pero ninguna circunstancia ni distancia puede separarnos del Consolador celestial. Dondequiera que estemos, dondequiera que vayamos, está siempre a nuestra diestra para apoyarnos, sostenernos y animarnos" (*DTG* 623).

"El Espíritu Santo era el más elevado de todos los dones que podía solicitar de su Padre para la exaltación de su pueblo. El Espíritu iba a ser dado como agente regenerador, y sin esto el sacrificio de Cristo habría sido inútil. El poder del mal se había estado fortaleciendo durante siglos, y la sumisión de los hombres a este cautiverio satánico era asombrosa. El pecado podía ser resistido y vencido únicamente por la poderosa intervención de la tercera Persona de la Deidad, que iba a venir no con energía modificada, sino en la plenitud del poder divino. El Espíritu es el que hace eficaz lo que ha sido realizado por el Redentor del mundo" (*DTG* 625).

PREGUNTAS PARA DIALOGAR:

1. Dada la tendencia humana a la exaltación propia, ¿qué lecciones nos enseña la obra humilde y subordinada del Espíritu Santo?
2. En diálogo con Nicodemo, Jesús comparó al Espíritu con el viento. ¿Qué lecciones espirituales podemos aprender de esa comparación?
3. Algunas personas afirman que la evidencia de ser "llenos del Espíritu" es la habilidad de hablar en lo que comúnmente se denominan "lenguas". ¿Cómo deberíamos responder a esta afirmación?
4. Tenemos la tendencia a pensar en la obra del Espíritu Santo en nosotros desde un punto de vista individual, lo que, por supuesto, es correcto. Al mismo tiempo, ¿cómo podemos, como cuerpo colectivo, experimentar la realidad de su presencia en nuestra iglesia como un todo?

El sábado enseñaré...

Texto clave: Juan 14:16.

Enseña a tu clase a:

Saber que, aunque Cristo está en el cielo, no necesitan sentirse abandonados.
Sentir consuelo por la promesa de que Dios siempre está cerca cuando lo necesitan.
Hacer: Quitar las barreras que impiden que el Espíritu Santo entre en su vida o la de otros.

Bosquejo de la lección:

I. Saber: El Espíritu Santo asume el liderazgo espiritual.

A. ¿Por qué el Espíritu Santo debía ser igual a Cristo para ser su reemplazante en la Tierra?
B. ¿En qué es similar el Espíritu Santo a Cristo y en qué se diferencian?
C. ¿Por qué es peligroso subordinar a los miembros de la Deidad según sus funciones?

II. Sentir: El consuelo de la presencia constante de Dios.

A. ¿Por qué los creyentes apreciarán al Espíritu Santo si aprecian a Jesús?
B. ¿De qué manera la presencia constante de Dios por medio del Espíritu Santo puede darnos paz en circunstancias difíciles?
C. ¿De qué forma la confianza en Dios da poder a nuestra testificación?

III. Hacer: El Espíritu Santo llena los corazones receptivos.

A. ¿Qué podemos hacer para tener una actitud receptiva que permita que el Espíritu Santo nos llene?
B. ¿Cómo podemos estimular en otros la receptividad con el mismo propósito?
C. ¿De qué maneras podría la iglesia eliminar barreras al derramamiento del Espíritu?

Resumen: Jesús enseñó que el Espíritu Santo asumiría un liderazgo espiritual terrenal durante su ausencia. Sus seguidores no quedarían abandonados. Toda necesidad, lágrima y triunfo seguirían atrayendo su atención divina.

Ciclo de aprendizaje

Textos destacados: Juan 3:5-8; 14:16-18; 14:26; 15:26.

Concepto clave para el crecimiento espiritual: Conectarse con el Espíritu Santo abre posibilidades ilimitadas para el desarrollo y el crecimiento cristianos.

{ 1: ¡Motiva!}

- **Solo para los maestros:** Ocasionalmente, alguien anuncia en Internet que busca novia. Los matrimonios entre antiguos conocidos pueden presentar dificultades, pero ¿casamientos entre completos extraños? El noviazgo permite que ellos se conozcan, descubran sus personalidades y se asuman compromisos crecientes que conducen al matrimonio. Si estas etapas se pasan por alto, surgen chascos, y hasta divorcios.

Hay personas que hacen un compromiso con Dios casi sin conocerlo. Con frecuencia, cuando surgen chascos, estos compromisos se rompen por no conocer el carácter y el propósito divinos. Jesús presentó al Espíritu Santo. Antes de su ascensión, conociendo la necesidad de compañerismo de sus discípulos y las responsabilidades terrenales del Espíritu después de su partida, Jesús enseñó mucho acerca de la misión del Espíritu. Estudiando las enseñanzas de Cristo, los creyentes pueden evitar separarse de él, y logran experimentar una relación continua con Dios.

Análisis inicial: Cristo usó la metáfora del viento para representar al Espíritu de Dios. Analiza las características del viento: es invisible, tiene fuerza y movimiento, produce sonidos, puede ser destructor, puede producir energía, etc. Ideas asociadas podrían ser los ventiladores, los molinos de viento, los instrumentos de viento, los túneles de viento. Considera qué aplicaciones espirituales obtenidas de esta metáfora dan apoyo, desarrollo y progreso a los creyentes.

{ 2: ¡Explora!}

- **Solo para los maestros:** El Espíritu de Dios es hoy una ayuda activa para la humanidad; por ello, los creyentes necesitan conocer su personalidad, sus funciones y su carácter. Al no comprender esto, los cristianos se encuentran con trabas. Peligran su crecimiento espiritual, su testimonio personal y corporativo, y su visión. Este estudio ofrece oportunidades para cambiar esta limitación.

Comentario de la Biblia

I. Representante superlativo

(Repasa, con tu clase, Juan 14:16-26; 15:26; 16:7-14.)

Las actividades atléticas desarrollaron la idea de primeras y segundas líneas; es decir, clasificar a los jugadores de acuerdo con sus capacidades. Los de *primera línea* son los mejores y más experimentados. Cuando ocurren lesiones, los de *segunda línea* avanzan a *primera línea* como reemplazantes. Puede suceder que los logros del grupo disminuyan porque el nivel de capacidad ha disminuido. El baloncesto usa estrategias para minimizar este deterioro. Como las sustituciones son frecuentes, mantienen en condiciones óptimas a los de segunda línea, y han desarrollado el concepto del *sexto hombre*. No está entre los cinco primeros, pero es tan bueno que el juego no se ve afectado cuando entra en el equipo. Este jugador adicional puede poseer habilidades diferentes, una personalidad distinta y no ser similar a los demás. No obstante, la labor del equipo seguirá siendo óptima, y hasta puede llegar a ganar.

Estas preocupaciones operativas tienen precedentes espirituales. ¿Cómo reemplaza el Cielo la partida de Jesucristo de la Tierra? ¿Quién posee los requisitos necesarios para realizar la misión asignada? ¿La reputación de quién justificaría la transferencia de la lealtad a otro líder? ¿Podría satisfacer esos requisitos algún ángel muy destacado?

Obviamente, la "comisión de selección" tenía opciones muy limitadas. Primero, el candidato tendría que tener un nivel igual al Mesías que se iba. Ese Mesías era preexistente (Col. 1:15-17; Heb. 1:8-12; Juan 1:1-14), poseía vida eterna en forma inherente. Cristo era innegablemente Dios y, por lo tanto, quien reemplazara a Jesús tenía que ser igualmente divino en forma auténtica. Segundo, el candidato calificado debía estar disponible en forma universal. El reino de Cristo se expandía rápidamente. Los creyentes pronto poblarían cada rincón del planeta Tierra. Los pedidos de ayuda divina demandaban atención inmediata. ¿Quién podría proveer rápida atención a esta población universal? La lista de candidatos se redujo al Espíritu de Dios. El reemplazo de Cristo era como Cristo mismo, esencialmente Dios, aunque con una personalidad distintiva y omnipresente, y por ello capaz de procesar pedidos simultáneos globalmente. Jesús lo presentó a sus asociados hacia el fin de su jornada terrenal. "¡Este es el representante de la revelación del amor divino! Él revelará la verdad total".

Considera: ¿Por qué los cristianos deben tener un gran cuidado cuando hablan sobre la naturaleza del Espíritu Santo?

II. Cuidado: Espíritu operando

(Repasa, con tu clase, Juan 3:5-8; 15:26; 16:8-13; Hech. 1:4-8.)

Viuda, bajar a la siguiente página acerca del Espíritu Santo, ninguna exploración sería completa sin presentar la acción del Espíritu Santo desde el principio. Génesis 1:1 al 3 indica que el Espíritu de Dios participó en la Creación. Él equipó a diversas personas para tareas específicas: 1) escribir la Biblia (1 Ped. 1:10, 11); 2) construir el Tabernáculo (Éxo. 31:3); 3) ser líderes (Otoniel, Jefté, David: ver Juec. 3:10; 11:29; 1 Sam. 16:13); y 4) hacer declaraciones proféticas (Luc. 1:15, 41, 67; 1 Sam. 10:9-13). Además, el Espíritu Santo supervisó y dio poder al ministerio terrenal de Cristo: a) Jesús fue concebido por el Espíritu (Luc. 1:35; Mat. 1:20); b) Jesús fue ungido con el Espíritu Santo (Isa. 11:1, 2; 42:1; Luc. 3:22; 4:18; Hech. 10:38); c) el Espíritu Santo guió la vida terrenal de Jesús (Luc. 4:1, 2); d) el Espíritu Santo facilitó la ofrenda de Cristo como sacrificio (Heb. 9:14); e) finalmente, Jesús resucitó por el Espíritu de Dios (Rom. 8:11).

Las enseñanzas de Cristo y las declaraciones proféticas señalaban la presencia pospentecostal del Espíritu de Dios, por la cual pudieran revelarse otros aspectos de su operación divina. Durante la ausencia de Cristo, el Espíritu de Dios actúa como el vocero divino (Juan 16:13). También tiene responsabilidades de fiscal para convencer al mundo de su incredulidad (Juan 16:8, 9). Él es abogado en el sentido de que es un defensor para Cristo y los adherentes de Jesús (Juan 14:15-17; 15:25-27). Da sustancia a la justicia de Cristo, demostrada por la resurrección y la ascensión de Jesús, y anuncia el juicio contra el mundo por su rechazo (Juan 16:8-11). El Espíritu libera a la humanidad del poder del pecado (Rom. 8:2), y escribe los preceptos divinos en el corazón de los creyentes (1 Cor. 3:16; 2 Cor. 3:3). También efectúa la regeneración espiritual; y cuando la expiación sustitutiva de Cristo es aceptada, transforma la vida y produce nuevos estilos de vida (Juan 3:3-7). El Espíritu inviste a los creyentes con poder sobrenatural (Hech. 1:5-8), e imparte fortaleza y autoridad espirituales (Rom. 8:9-11; 1 Cor. 3:16, 17; 6:19). Además, distribuye dones espirituales para que los creyentes realicen la misión de Cristo (1 Cor. 12).

Considera: ¿Por qué las "manifestaciones del Espíritu de Dios" deben medirse con la norma bíblica, en vez de ser aceptadas ciegamente?

{ 3: ¡Aplica!}

- **Solo para los maestros:** Este bosquejo de la obra del Espíritu ilustra la vastedad de su diligencia. Con todo, los esfuerzos del Espíritu no nos salvarán si son rechazados. También entra en juego el poder de decisión de las personas. Los padres hacen sacrificios al dar a sus hijos regalos generosos que pueden ser olvidados en pocas semanas. Los ciudadanos toleran impuestos para mantener parques y espacios verdes que a veces no se usan. La provisión de la salvación de Dios, a un costo infinito, es ignorada por millones de personas. La salvación es solo una invitación. Dios no fuerza a nadie. ¿Por qué cada uno es responsable de su elección?

Preguntas:

1. ¿Cómo pueden los hombres estar seguros de que su vida está completamente entregada al liderazgo del Espíritu Santo?
2. ¿De qué forma los creyentes pueden determinar qué dones espirituales recibieron?
3. ¿Cómo pueden los cristianos ayudar a los no creyentes a entregar su vida a la conducción del Espíritu Santo?
4. ¿Qué prácticas realizas para mantener una conexión viva con el Espíritu de Dios?
5. ¿Con qué palabras o acciones describirías la liberación que sentiste cuando el Espíritu te sacó de las garras de Satanás?
6. ¿De qué manera los cristianos pueden dar respuestas apropiadas sobre la obra del Espíritu Santo a los que consideran que esas manifestaciones son emocionalismo?
7. ¿Qué puede hacer tu iglesia para educar a los creyentes con respecto a la importante obra del Espíritu de Dios, que a menudo es descuidada?
8. ¿De qué modo tu iglesia puede darle un énfasis mayor a la manifestación del Espíritu en los cultos de adoración?

{ 4: ¡Crea!}

- **Solo para los maestros:** Lucas nos dice que, después de la recepción del poder del Espíritu Santo, el pueblo de Dios recibiría poder para testificar. Una vez que hayan recibido al Espíritu, ¿qué deberían hacer los creyentes?

Actividad: La diligencia de los estadounidenses transformó un continente dormido en una de las economías más productivas de la historia. Los recursos estuvieron presentes por generaciones, pero no fueron utilizados al máximo. El Espíritu ha estado presente siempre, aunque su potencial ha sido pocas veces completamente aprovechado. Estudien su comunidad y, orando por la conducción del Espíritu, formulen un ministerio que atienda alguna necesidad no satisfecha. Hagan un plan sencillo y alcanzable con el poder del Espíritu, usando los recursos actualmente disponibles. Permitan que el Espíritu haga por ustedes lo que no pueden hacer por ustedes mismos.

Lección 4: Para el 26 de julio de 2014

LA **SALVACIÓN**

Sábado 19 de julio

LEE PARA EL ESTUDIO DE ESTA SEMANA: Lucas 18:9-14; Juan 6:44; Lucas 15:3-10; Mateo 20:28; Juan 8:34-36; 6:35, 47-51.

PARA MEMORIZAR:
"Porque de tal manera amó Dios al mundo, que ha dado a su Hijo unigénito, para que todo aquel que en él cree, no se pierda, mas tenga vida eterna" (Juan 3:16).

"LA MUERTE ES PARTE DE LA VIDA", solemos decir. Pero, no; la muerte es la negación de la vida, no parte de ella. Sin embargo, estamos tan acostumbrados a la muerte que la llamamos lo opuesto de lo que realmente es. No importa cómo la entendamos, algo es seguro: sin la ayuda divina, la muerte eterna sería el destino de todos nosotros.

Afortunadamente, esa ayuda ha venido. Dios, en su infinito amor, nos ofrece la salvación mediante Cristo. Cuando el ángel anunció el nacimiento del Mesías, lo llamó "Jesús" (de la palabra hebrea que significa *salvación*), "porque él salvará a su pueblo de sus pecados" (Mat. 1:21).

Esta semana consideraremos la obra salvadora de Jesús. Primero, nuestra atención se concentrará en la base de nuestra salvación, y luego en sus resultados.

La Biblia es clara. Tenemos solo dos opciones respecto de nuestros pecados: o pagamos por ellos en el lago de fuego o aceptamos que Cristo haya pagado por ellos en la cruz. Al repasar el generoso don de la gracia divina mediante Cristo, humildemente renovemos una vez más nuestra fe en Jesús como nuestro Salvador personal.

LA SALVACIÓN ES UN DON DE DIOS

En Juan 3:16 se usan dos verbos para describir lo que Dios hizo por nuestra salvación. ¿De qué modo se relacionan esos verbos entre sí? ¿Qué revelan respecto del origen de nuestra salvación?

El verbo castellano *amar*, especialmente en la forma en que se usa en la actualidad, es totalmente inadecuado para expresar la profundidad del interés intenso y abnegado expresada por el verbo griego *agapaō*, "amar". En el Nuevo Testamento, este término y el sustantivo relacionado, *agapē* ("amor") revelan el constante y profundo amor de Dios hacia sus criaturas, que son totalmente indignas de ese amor. El amor es el atributo por excelencia del carácter de Dios. Él no solo nos ama, sino también él *es* amor (1 Juan 4:8).

El amor de Dios no es un impulso basado en sus sentimientos o preferencias. Su amor no es selectivo ni depende de lo que hacemos. Dios ama al mundo, es decir, a todos los seres humanos, incluyendo a aquellos que no lo aman a él.

El verdadero amor se conoce por las acciones que genera. A veces, como seres humanos, podemos decir que amamos a alguien mientras que nuestras acciones demuestran lo contrario (1 Juan 3:18). No ocurre así con Dios. Su amor se refleja en sus acciones. Por amor, dio a su único Hijo para nuestra salvación. Y, al hacerlo, nos dio todo lo que tenía.

Lee Lucas 18:9 al 14. ¿Qué nos enseña esta historia acerca de cuál debería ser nuestra actitud respecto de Dios y su gracia?

Posiblemente, hemos leído tantas veces esta parábola que no nos sorprende el veredicto de Jesús: "Os digo que éste [el publicano] descendió a su casa justificado antes que el otro" (Luc. 18:14). Sin embargo, los que oyeron a Jesús cuando pronunció estas palabras debieron de haber quedado asombrados. ¿No era ese un final injusto?

Sí, era completamente inmerecido. Así es la salvación. Es un regalo de Dios. Los regalos no se ganan, simplemente se aceptan. No podemos comprar la salvación, solo recibirla. Aunque Jesús usó muy poco el término *gracia*, claramente enseñó que la salvación es por gracia; y gracia es recibir lo que no merecemos.

Si Dios te diera lo que mereces, ¿qué sería, y por qué?

LA INICIATIVA DE DIOS EN LA SALVACIÓN

Una simple lectura de los Evangelios muestra que debemos nuestra salvación totalmente a Dios. Jesús no vino a este mundo porque lo invitamos, sino porque el Padre, por amor a nosotros, lo envió. La iniciativa del Padre está confirmada por el uso frecuente que hizo Cristo de la frase "el que me envió" o "el Padre que me envió" (Juan 7:29; 8:29; 12:49).

¿Qué más hace el Padre por nuestra salvación, según Juan 6:44?

A pesar de que somos pecadores y no amamos a Dios, él nos amó y proveyó los medios para que nuestros pecados fueran perdonados mediante su Hijo (1 Juan 4:10). Este amor maravilloso nos atrae a él.

Además del Padre, el Hijo también tiene un rol fundamental en nuestra salvación. Vino con una misión específica: "El Hijo del Hombre vino a buscar y a salvar lo que se había perdido" (Luc. 19:10). Cada vez que lo contemplamos clavado en la cruz, nos atrae a sí mismo (Juan 12:32).

¿Cuán lejos está dispuesto a ir el Señor en sus esfuerzos por salvarnos? Lucas 15:3-10.

Estas dos parábolas gemelas muestran que Dios no está esperando pasivamente que vayamos a él, sino que sale a buscarnos. No importa si estamos extraviados en un lugar peligroso y lejano, o estamos perdidos en casa, el Señor nos busca incansablemente hasta encontrarnos.

"Tan pronto como se extravía la oveja, el pastor se llena de pesar y ansiedad. Cuenta y recuenta el rebaño, y no dormita cuando descubre que se ha perdido una oveja. Deja las 99 dentro del aprisco y va en busca de la perdida. Cuanto más oscura y tempestuosa es la noche, y más peligroso el camino, tanto mayor es la ansiedad del pastor y más ferviente su búsqueda. Hace todos los esfuerzos posibles por encontrar a esa sola oveja perdida.

"Con cuánto alivio siente a la distancia su primer débil balido. Siguiendo el sonido, trepa por las alturas más empinadas, y va al mismo borde del precipicio con riesgo de su propia vida. Así la busca, mientras el balido, cada vez más débil, le indica que la oveja está por morir. Al fin es recompensado su esfuerzo; encuentra la perdida" (*PVGM* 146, 147).

LA SALVACIÓN REQUIRIÓ LA MUERTE DE CRISTO

Juan el Bautista describió a Jesús como "el Cordero de Dios, que quita el pecado del mundo" (Juan 1:29). Esta imagen era fácil de entender para cualquier israelita familiarizado con los sacrificios ofrecidos en el Templo, y con la historia registrada en el Antiguo Testamento. Abraham reveló fe en que "Dios se proveerá de cordero para el holocausto"; y el Señor proveyó el animal para ser sacrificado en lugar de Isaac (Gén. 22:8, 13). En Egipto, los israelitas sacrificaron un cordero como un símbolo de su liberación divina de la esclavitud del pecado (Éxo. 12:1-13). Posteriormente, cuando se estableció el servicio del Santuario, se sacrificaban dos corderos cada día, continuamente: uno en la mañana y otro al atardecer (Éxo. 29:38, 39). Todos estos sacrificios eran símbolos del Mesías que habría de venir, quien "como cordero fue llevado al matadero" porque "Jehová cargó en él el pecado de todos nosotros" (Isa. 53:6, 7). Por lo tanto, al presentar a Jesús como "el Cordero de Dios, que quita el pecado del mundo", Juan el Bautista estaba revelando la naturaleza sustitutiva de la muerte expiatoria de Cristo.

Durante su ministerio, Jesús anunció repetidamente su muerte, aunque, para los discípulos, era difícil entender por qué tenía que morir él (Mat. 16:22). Gradualmente, Jesús les explicó el gran propósito de su muerte.

¿Qué ilustraciones usó Jesús para indicar que él moriría como nuestro Sustituto? Mat. 20:28; Juan 10:11.

"Nadie tiene mayor amor que este, que uno ponga su vida por sus amigos" (Juan 15:13), incluso si ellos no entienden o no aceptan ese sacrificio. En la cruz, Jesús derramó su sangre "por muchos [...] para remisión de los pecados" (Mat. 26:28).

Es importante notar que Jesús murió voluntariamente. Como el Padre dio a su único Hijo, así también el Hijo dio su propia vida para redimir a la raza humana. Nadie lo obligó a hacerlo. "Nadie me la quita [mi vida], sino que yo de mí mismo la pongo", declaró Jesús (Juan 10:18).

Hasta Caifás, que rechazó abiertamente a Jesús y dirigió el complot para matarlo, reconoció involuntariamente la muerte sustitutiva de Jesús (Juan 11:49-51).

> Piensa en cuánta ingratitud tienen los seres humanos hacia Dios y lo que él nos ha dado en Cristo. ¿Qué podemos hacer para no caer en esa trampa? ¿Por qué es tan fácil ser ingratos, especialmente al vivir momentos difíciles?

LIBRES DEL PECADO

Sin Cristo, éramos esclavos del pecado, esclavos de los malos impulsos de nuestra naturaleza humana caída. Vivíamos egoístamente, complaciéndonos a nosotros mismos, en lugar de vivir para la gloria de Dios. El resultado inevitable de esta esclavitud espiritual es la muerte, porque la paga del pecado es muerte (Rom. 6:16-23).

Pero, Jesús vino "a pregonar libertad a los cautivos [...] a poner en libertad a los oprimidos" (Luc 4:18). No cautivos literales, sino prisioneros espirituales de Satanás (Mar. 5:1-20; Luc. 8:1, 2). Jesús no libró a Juan el Bautista de la prisión de Herodes, pero sí libró a los que estaban esclavizados por vidas pecaminosas, quitándoles la pesada carga de culpabilidad y condenación eterna.

¿Qué grandiosa promesa se encuentra en Juan 8:34 al 36?

El uso de la palabra *verdaderamente* (vers. 36) muestra que existe una libertad falsa, que en realidad aprisiona a los seres humanos en la desobediencia a Dios. Los oyentes de Jesús confiaban en ser descendientes de Abraham como la base de su esperanza de libertad. Nosotros corremos el mismo riesgo. El enemigo quiere que, para nuestra salvación, confiemos en cualquier cosa (tal como nuestro conocimiento doctrinal, nuestra piedad personal o nuestro servicio a Dios) menos en Cristo. Pero, ninguna de estas cosas, por importante que sea, tiene el poder para librarnos del pecado y su condenación. El único Libertador verdadero es el Hijo, que nunca fue esclavo del pecado.

Jesús se gozaba en perdonar pecados. Cuando le trajeron un paralítico, él sabía que ese hombre estaba enfermo como resultado de su vida disoluta, pero también sabía que estaba arrepentido. En sus ojos suplicantes vio el anhelo de su corazón por perdón y su fe en Jesús como su único Ayudador. Tiernamente, le dijo: "Hijo, tus pecados te son perdonados" (Mar. 2:5). Aquellas fueron las palabras más dulces que ese hombre haya escuchado alguna vez. La carga de desesperación desapareció de su mente y la paz del perdón llenó su espíritu. En Cristo, encontró curación espiritual y física.

En la casa de un fariseo, una mujer pecadora bañó con lágrimas los pies de Jesús y los ungió con perfume (Luc. 7:37, 38). Percibiendo la desaprobación del fariseo, Jesús le explicó que "sus muchos pecados le son perdonados" (Luc. 7:47). Entonces, dijo a la mujer: "Tus pecados te son perdonados" (Luc. 7:48).

"Tus pecados te son perdonados". ¿Por qué estas son las mejores palabras que podríamos escuchar?

CRISTO NOS DA VIDA ETERNA

Debido a nuestros pecados, merecemos morir. Pero Cristo tomó nuestro lugar en la cruz y pagó la sentencia de muerte que pesaba sobre nosotros. ¡Qué maravilloso intercambio! Él, que era completamente inocente, tomó sobre sí nuestra culpa y recibió nuestro castigo para que nosotros, que somos totalmente pecadores, pudiéramos ser declarados inocentes. Por medio de él, en lugar de perecer, recibimos vida eterna. Cristo murió "para que todo aquel que en él cree, no se pierda, mas tenga vida eterna" (Juan 3:15).

Algunos piensan que, aun después de aceptar a Cristo como nuestro Salvador personal, la promesa de vida eterna recién será válida *después* de la segunda venida. Sin embargo, la promesa de salvación está expresada en tiempo presente: "El que cree en el Hijo tiene vida eterna" (Juan 3:36). Todo el que cree en Cristo "tiene vida eterna" ahora, "y no vendrá a condenación" en el día final, sino que "ha pasado de muerte a vida" (Juan 5:24). Incluso si morimos y descansamos en la tumba, este descanso temporario no nos quita la realidad de la vida eterna.

Cuando Jesús llega a ser nuestro Salvador, nuestra vida adquiere un significado completamente nuevo, y podemos disfrutar una vida más rica y plena. "Yo he venido", dijo Jesús, "para que tengan vida, y para que la tengan en abundancia" (Juan 10:10). En lugar de los placeres mundanos transitorios, que nos hartan sin satisfacernos en verdad, él nos ofrece una vida totalmente diferente, llena de satisfacción inagotable en él. Esta nueva vida abundante incluye todo nuestro ser. Jesús realizó numerosos milagros para restaurar la vida física de muchas personas; pero, sobre todo, él quería darles una vida espiritual renovada, limpia del pecado, y llena de fe en él y de la certeza de la salvación.

¿Qué metáfora usó Jesús para expresar los resultados de aceptarlo? ¿Qué significa eso en nuestra vida diaria práctica? Juan 6:35, 47-51.

Medita en el concepto de vida eterna. No es solo una existencia imperecedera, sino sobre todo una vida bendecida y feliz en amante comunión con Dios en la Tierra Nueva. Aunque todavía estamos viviendo en este mundo, ¿cómo podemos comenzar a disfrutar, aunque sea parcialmente, lo que significa tener vida eterna?

PARA ESTUDIAR Y MEDITAR: Lee "La más urgente necesidad del hombre", *El camino a Cristo* pp. 15-20 ; y "El tema presentado en 1883", *Mensajes selectos*, t. 1, pp. 411-414.

"Contemplando al Redentor crucificado, comprendemos más plenamente la magnitud y el significado del sacrificio hecho por la Majestad del cielo. El plan de salvación queda glorificado delante de nosotros, y el pensamiento del Calvario despierta emociones vivas y sagradas en nuestro corazón. Habrá alabanza a Dios y al Cordero en nuestro corazón y en nuestros labios, porque el orgullo y la adoración del yo no pueden florecer en el alma que mantiene frescas en su memoria las escenas del Calvario.

"Los pensamientos del que contempla el amor sin par del Salvador se elevarán, su corazón se purificará, su carácter se transformará. Saldrá a ser una luz para el mundo, a reflejar en cierto grado ese misterioso amor. Cuanto más contemplemos la cruz de Cristo, más plenamente adoptaremos el lenguaje del apóstol cuando dijo: 'Lejos esté de mí gloriarme, sino en la cruz de nuestro Señor Jesucristo, por el cual el mundo me es crucificado a mí, y yo al mundo'" (*DTG* 616).

PREGUNTAS PARA DIALOGAR:

1. La salvación es un regalo, es un don gratuito. Al mismo tiempo, ¿no cuesta algo? ¿Qué cuesta aceptar este don? Cualquiera que sea el costo, ¿por qué vale la pena aceptarlo?
2. El lunes leímos textos que muestran que la salvación es el resultado de la iniciativa de Dios. Él hace todo esfuerzo posible para salvarnos. No obstante, Jesús también dijo que nosotros necesitamos buscar el Reino de Dios y su justicia (Mat. 6:33). Sus palabras: "Esforzaos a entrar por la puerta angosta" (Luc. 13:24) implican que necesitamos buscar nuestra salvación. ¿Cómo explicamos esto?
3. ¿De qué forma la muerte de Cristo en la cruz revela la justicia de Dios? ¿De qué manera revela también la misericordia de Dios?
4. Si pudiéramos ganarnos la vida eterna mediante nuestros propios esfuerzos y buenas acciones, incluso nuestra propia observancia de la Ley, ¿qué significaría eso respecto de la seriedad del pecado? En lugar de eso, piensa en cuán malo debe ser el pecado que solamente la muerte de Jesús puede pagar por él.
5. Los judíos religiosos ven en el sábado un anticipo de lo que será la vida eterna. ¿De qué modo la idea de que el sábado prefigura la vida eterna es razonable?

El sábado enseñaré...

Texto clave: Juan 3:16.

Enseña a la clase a:

Saber que la única alternativa al problema universal de la muerte es la oferta de vida eterna.
Sentir la liberación del castigo y del poder del pecado, incluyendo su consecuencia, la muerte.
Hacer: Aceptar la oferta de la vida eterna costosamente comprada, pero generosamente ofrecida.

Bosquejo de la lección:

I. Saber: Dios ofrece la única alternativa creíble a la muerte.

A. ¿Por qué crees que Juan 3:16 llegó a ser el versículo más conocido de la Biblia?
B. ¿Qué anhelos del alma humana se atienden mediante la promesa de vida eterna? ¿En qué forma los satisface?
C. En las religiones no cristianas, los humanos procuran encontrar y satisfacer a su dios. En el cristianismo, Dios toma la iniciativa. ¿Cómo explicas la diferencia?

II. Sentir: La salvación nos libera del castigo y del poder del pecado.

A. ¿En qué sentido los sentimientos de culpa y vergüenza nos ayudan a buscar la salvación?
B. ¿De qué manera las teologías que enfatizan la libertad del castigo del pecado, pero no la de su poder, engañan a sus adherentes?
C. ¿Cómo pueden los creyentes afrontar el temor de la muerte después de experimentar la salvación?

III. Hacer: La oferta de la vida eterna es inútil si no se la acepta.

A. ¿Qué obstáculos impiden que la gente acepte la oferta de vida eterna?
B. ¿De qué modo se podría animar a las personas a aceptar la generosa oferta de vida eterna?

Resumen: La salvación que Dios ofrece es una liberación completa del pecado y de sus consecuencias.

Ciclo de aprendizaje

Texto destacado: Juan 3:16.

Concepto clave para el crecimiento espiritual: Dios ofrece a la humanidad plena restauración, proveyendo salvación del castigo por el pecado, de su poder y, finalmente, de su misma presencia.

{ 1: ¡Motiva!}

- **Solo para los maestros:** Aunque cada lección de este trimestre es importante, tal vez las más importantes sean esta y las que le siguen de inmediato. Estudiaremos los tesoros de la misericordia divina que proveyeron nuestra salvación, y luego exploraremos los pasos para apropiarnos personalmente de esta salvación.

Actividad inicial: Prepara una caja de helados en un recipiente hermético, y envuélvela como un regalo. Durante la clase, permite que el paquete pase por todos los alumnos, y dales la oportunidad de adivinar qué hay adentro. Pregunta: ¿A quiénes les gusta recibir regalos? ¿A quiénes les gusta dar regalos? ¿Qué hay en la caja? Pide que voten si deberían abrirlo ahora o esperar hasta el fin de la clase. De todos modos, abre el paquete recién al final de la clase. (Ver la sección "¡Aplica!") [O bien: Imagínense que preparaste un plato de comida para un amigo. ¿Es mejor servirlo caliente o frío? Imaginen que, por alguna razón, la entrega se posterga inesperadamente. ¿De qué modo la demora afecta la manera en la que el amigo evaluará el regalo? ¿Cómo cambiaría su percepción y aprecio por el regalo si se lo entregara a tiempo?]

Considera: ¿Por qué le gusta a Dios ofrecernos su regalo de la salvación? ¿Qué revela esto acerca de la naturaleza del amor divino?

{ 2: ¡Explora!}

- **Solo para los maestros:** La mentira inicial de Satanás fue "No moriréis". Lamentablemente, Adán y Eva le creyeron. Un dicho declara: "La familiaridad genera desprecio". Tal vez nuestros primeros padres, inconscientemente, se acostumbraron tanto a la presencia de Dios que lo redujeron al nivel humano. ¿Por qué ellos –inteligentes, independientes, soberanos de la Tierra– deberían ser gobernados por otro ser? ¿Qué derecho tenía Jehová, un conocido del huerto, a legislar y dictar sus actividades? Con imprudencia, transgredieron el mandato y eligieron sus preferencias personales. ¡Fruta costosa! Creer a Lucifer quebró su "seguro de vida" y puso a este planeta en una rebelión de altísimo costo. Aparecieron ocupaciones adicionales: médicos, enfermeros, fabricantes de ataúdes, administradores de hospitales. Estos y docenas de otros deberían agradecerles por sus empleos. La muerte reinó. ¿De qué forma se puede evitar la ansiedad ante la muerte? ¿Cómo transformar el desánimo en esperanza? ¿De qué modo los miembros de la clase pueden experimentar las libertades ofrecidas en las Escrituras que los liberan de una existencia ansiosa?

Comentario de la Biblia

I. La salvación se provee gratuitamente

(Repasa, con tu clase, Juan 3:16; 6:44; Luc. 18:9-14.)

Los padres que deben sepultar a un hijo experimentan una agonía sin comparación. Nuestro Padre celestial voluntariamente sacrificó a su único Hijo, y lo observó cuando colapsó bajo el peso de las transgresiones de la humanidad y de esa áspera cruz. Dios vio la corona de espinas. Los soldados se burlaron de Jesús –esos seres indignos, rudos, groseros– sin misericordia. Los líderes religiosos, llenos de justicia propia, gritaban: "¡Crucifícale!" Oficiales del Gobierno, condescendientes, abandonaron a Jesús. Sus discípulos terrenales se dispersaron. Cuando Cristo hizo su pedido a su Padre, el silencio lo envolvió. ¿Podía la desesperación haberlo atravesado con mayor fiereza? Miles de ángeles lloraban y esperaban, listos para eliminar a los enemigos del Cielo. Sobrecogidos de dolor, eran incapaces de comprender por qué Jesús, su comandante, no podía recibir su ayuda. Ser abandonado por políticos volubles, por devotos agotados y discípulos con voluntad muy débil era una cosa, pero su Padre... ¿silencioso cuando más lo necesitaba? ¿Por qué debía morir Jesús? Se acercaba la puesta del sol, marcando la culminación de esas horas finales de Cristo. El cadáver de Jesús sería quitado de la cruz, se desgarraría su carne, aumentaría su desfiguración. Solo José de Arimatea y Nicodemo de Jerusalén evitaron que Cristo sufriera la injuria de una sepultura sin marcar, como la de un criminal. Ese fue el precio de nuestras transgresiones.

Cuán trágicamente irónico es que muchos creyentes consideren la salvación como un derecho. ¡Qué temeraria presunción! Razonan que, por cuanto Cristo prometió la salvación, ellos *merecen* la salvación. ¡Cómo esta actitud traiciona la superficialidad de la gracia barata! Las hojas del balance del Cielo afirman una cosa diferente. La humanidad tiene una deuda eterna, no posee sin ningún mérito y se enfermaría impotente si no fuera por Dios. Cristo no debe nada. La humanidad pecadora debe todo.

Considera: La narración de Lucas 18:9 al 14 describe a dos adoradores. ¿Cuál imita la auténtica experiencia cristiana? ¿Qué actitudes características ilustran esa experiencia?

II. Liberados del pecado

(Repasa, con tu clase, Luc. 4:18.)

Cristo se inclinó hasta que su mirada misericordiosa obtuvo la atención de ella. Apenas vestida, violentamente arrancada de algún dormitorio, difícilmente esperaba esa mirada compasiva. Los hombres la miraban con lujuria, pero nunca con amor. Su pasado era complicado. Despreciada socialmente, era un peón en las manos de los fariseos legalistas y maquinadores, que la usaban por razones políticas. Buscando oportunidades para entrampar a Cristo, prepararon un encuentro inmoral y, luego, "por coincidencia", descubrieron su indiscreción en marcha. La arrastraron a la presencia de Cristo. Citando piadosamente los escritos de Moisés, le pidieron opinión a Jesús. Si él la condenaba, su reputación ante las masas se vería comprometida. Si la exoneraba, estos fariseos hipócritas acusarían a Jesús de ilegalidad. Jesús habló. No excusó su inclinación inmoral ni facilitó un castigo pesado. Sencillamente, ofreció el perdón y el ánimo que terminaron con esta advertencia: "No peques más".

Cada fariseo presente también era un pecador. Se fueron como pecadores condenados. Sin embargo, la mujer se fue perdonada, con poder para vencer la tentación, liberada de su sórdida historia. Así captamos una vislumbre de cómo obra Cristo. Jesús primero rechaza la condenación de Satanás, liberando a los pecadores arrepentidos de su pasado por medio del perdón. Luego, Cristo libera a estos penitentes de las poderosas tentaciones de Lucifer y les permite vivir vidas piadosas. Justificado primero, luego santificado, el pueblo de Dios está así preparado para el cielo.

Considera: ¿Qué ocurre generalmente cuando la salvación se tergiversa hasta ser solo el perdón o solo la victoria? ¿Cómo pueden los creyentes mantener un equilibrio entre ambos?

{ 3: ¡Aplica!}

- **Solo para los maestros:** Cuando los regalos no se usan, son inútiles. Este estudio bosqueja la historia más gloriosa que se compartió. Conocer el sacrificio de Dios requiere una decisión. Si a los maestros se les escapa esta oportunidad de estimular una decisión, alguien presente podría pasar a la eternidad sin ser redimido. Esta podría ser la última oportunidad de alguien. Tal vez los que asisten a tu clase ya son miembros de la iglesia, supuestamente convertidos, personas que ya han registrado esa elección. Tal suposición es comprensible, pero potencialmente peligrosa. El aforismo "mejor a salvo que lamentándolo" se aplica aquí. Hacer una apelación también les da a los creyentes consagrados una ocasión para reafirmar su compromiso espiritual. Considera con oración cómo puedes extender esta invitación divina.

Actividad y preguntas:

¿Recuerdas ese helado envuelto en papel de regalo [o ese plato de comida] que se ha estado derritiendo [o enfriando] durante la última hora? Ha llegado el momento de abrirlo. Busca un voluntario para abrir el paquete. [O bien, recuerden lo que pasa con el plato de comida demorado.] Usa las siguientes preguntas para plantear la ilustración.

1. ¿Habría sido mejor, más sabroso o más oportuno abrir el paquete al principio?
2. ¿Contiene nuestro postre todavía los elementos esenciales y podría beneficiar al cuerpo si lo comiéramos?
3. ¿Cuándo es mejor "abrirnos" al don de Dios de la salvación? ¿Cuándo tiene ese don mejor sabor?
4. Si las personas desperdiciaron oportunidades anteriores de recibir la salvación, ¿deberían desesperarse y dejar pasar otras oportunidades? ¿Está todavía disponible el alimento espiritual, aunque hayan permitido que Satanás genere experiencias amargas?

Considera: Si es posible, compartan una comida juntos, con los alimentos a la temperatura óptima. La sabiduría divina vinculó experiencias espirituales con experiencias físicas (p. ej., la comida de la Pascua). ¿Por qué no deberíamos hacer lo mismo los creyentes modernos?

{ 4: ¡Crea!}

- **Solo para los maestros:** Las Escrituras ofrecen a los creyentes tres razones principales para adorar a Dios: 1) la creación, 2) el sustento diario y 3) la redención. El estudio de esta semana se concentra en la tercera. Desafía a los miembros de tu clase a responder creativamente a su salvación.

Actividad: Las capacidades específicas y los dones de tu clase darán forma a esta actividad. Algunas clases pueden componer una canción o escribir una letra para acompañar una tonada conocida. Otras pueden producir una poesía, o crear alguna pintura o un mosaico. También se podría crear alguna pieza dramática breve, y presentarla en algún evento futuro de la clase. Otros podrán ser desafiados a expresar su aprecio por el don de Dios compartiéndolo mediante la testificación.

Lección 5: Para el 2 de agosto de 2014

CÓMO SER **SALVO**

Sábado 26 de julio

LEE PARA EL ESTUDIO DE ESTA SEMANA: Lucas 5:27-32; 13:1-5; Mateo 22:2-14; Zacarías 3:1-5; Juan 8:30, 31; Lucas 14:25-27.

PARA MEMORIZAR:
"Y como Moisés levantó la serpiente en el desierto, así es necesario que el Hijo del Hombre sea levantado, para que todo aquel que en él cree, no se pierda, mas tenga vida eterna" (Juan 3:14, 15).

CUANDO LOS ISRAELITAS COMENZARON A SER MORDIDOS por las serpientes en el desierto, Dios dijo a Moisés que hiciera una serpiente de bronce y la colocase en un asta, para que todo el que fuera mordido pudiese mirarla, y vivir.

¿Qué propiedades curativas puede tener una serpiente de bronce? Ninguna. La curación venía solo de Dios. Mirando la serpiente de bronce, los israelitas demostraban fe en Dios como su única esperanza de vida y salvación.

Dios quería enseñarles una lección espiritual. Paradójicamente, transformó un símbolo de muerte en un símbolo de vida. Aquella serpiente de bronce era un símbolo de Cristo, que cargó con nuestros pecados para salvarnos (2 Cor. 5:21). Por fe podemos mirar a Cristo en la cruz y encontrar curación de la mordedura mortal de la serpiente antigua, Satanás. En caso contrario, estamos destinados a morir en nuestros pecados. Somos pecadores necesitados de la gracia que se nos ha ofrecido en Cristo Jesús.

Esta semana consideraremos las enseñanzas de Jesús con respecto a los sencillos pasos prácticos para ser salvos.

RECONOCER NUESTRA NECESIDAD

Lee Lucas 5:27 al 32. ¿Cómo puedes saber a qué grupo perteneces?

Hay muchas personas sanas físicamente que "no tienen necesidad de médico". ¿Quién, sin embargo, está realmente sano espiritualmente? De todos los seres humanos, "no hay quien haga lo bueno, no hay ni siquiera uno" (Sal. 14:3); nadie es justo por sí mismo (Rom. 3:10). Podemos realizar algunas acciones moralmente buenas, pero no podemos hacernos justos ante Dios. Por eso, al decir que no había venido "a llamar a justos", Jesús se estaba refiriendo a los fariseos, que *pensaban* que eran justos si bien no lo eran. Lamentablemente, aunque pensaban que estaban bien con Dios, estaban ciegos espiritualmente (Juan 9:40, 41).

El primer paso para recibir la curación del pecado es reconocer nuestra condición de pecadores y nuestra total incapacidad para sanarnos a nosotros mismos. Pero ¿cómo podemos ver nuestra necesidad real si estamos ciegos? ¿De qué manera podemos reconocer que somos pecadores si son, precisamente, nuestros pecados lo que nos impide percibir nuestra verdadera condición?

¿De qué forma pueden ser abiertos nuestros ojos espirituales de modo que reconozcamos nuestra desesperada necesidad de un Salvador? Juan 16:8.

El único colirio que puede hacernos ver nuestro estado espiritual es el Espíritu Santo. Antes que cualquier otra obra que él pueda hacer por nosotros, tiene que convencernos de pecado. Persistentemente, llama a nuestra conciencia a fin de producir en nosotros una percepción ineludible de nuestros pecados y un profundo sentido de culpabilidad, que nos inducirá a anhelar un Salvador. Cuando escuchamos ese llamado, debemos obedecerlo; de otra manera, tarde o temprano, nos endureceremos contra el Espíritu Santo de tal modo que no habrá nada que pueda hacer por nosotros. ¡Qué pensamiento aterrador!

> Aunque la culpa a menudo es algo malo, ¿de qué manera el Espíritu Santo ha podido usarla para tu propio crecimiento espiritual?

ARREPENTIRSE

El reconocimiento de nuestros pecados no es suficiente para nuestra salvación, a menos que esté acompañado por el arrepentimiento. Bíblicamente, arrepentirse incluye tres aspectos: reconocer que hemos pecado, sentir tristeza por haberlo hecho y desear sinceramente no pecar más. Si falta uno, no hay verdadero arrepentimiento. Por ejemplo, Judas admitió su pecado pero no lamentaba haber traicionado al Maestro (Mat. 27:3, 4). Estaba abrumado por el remordimiento, no por el arrepentimiento. Su confesión surgió por temor a las consecuencias, no por amor a Cristo.

Tan importante es el arrepentimiento que Juan el Bautista y Jesús comenzaron su ministerio predicando: "Arrepentíos, porque el reino de los cielos se ha acercado" (Mat. 3:2; 4:17). Posteriormente, en su primer viaje misionero, los Doce "predicaban que los hombres se arrepintiesen" (Mar. 6:12). Después de Pentecostés, Pedro exhortó a la multitud a arrepentirse (Hech. 2:38; 3:19).

Considera las fuertes palabras que usó Jesús para enfatizar la necesidad universal de arrepentirse a fin de ser salvo. ¿Qué mensaje nos está dando? Luc. 13:1-5.

Jesús afirmó la pecaminosidad de todos los seres humanos. Por lo tanto, instó a sus oyentes: "Si no os arrepentís, todos pereceréis" (vers. 5). Sin arrepentimiento es imposible la redención, pues su ausencia muestra que la persona rehúsa rendirse al Señor.

Pablo afirma que la benignidad de Dios nos guía al arrepentimiento (Rom. 2:4). ¿Qué significa eso? Podríamos partir un bloque de hielo en pequeños trozos, pero esos fragmentos todavía serán hielo. O podríamos colocar el mismo bloque de hielo cerca de un calefactor, y se derretirá completamente. Así también, el hielo de nuestro orgullo puede ser derretido únicamente si nos exponemos al calor de la bondad y del amor de Dios. Por eso, es crucial que nos detengamos tanto como sea posible en todas las evidencias que se nos han dado del amor de Dios por nosotros.

"No nos arrepentimos para que Dios nos ame, sino que él nos revela su amor para que nos arrepintamos" (*PVGM* 148).

¿Cuáles son las evidencias del amor de Dios? ¿Qué has visto, experimentado y aprendido que te da poderosas razones para confiar en su bondad? ¿Por qué es tan importante recordar siempre esas razones, especialmente en circunstancias difíciles?

CREER EN JESÚS

El verdadero arrepentimiento va de la mano de la fe en Jesús como nuestro único Salvador. Él habló frecuentemente acerca de la necesidad de creer en él a fin de recibir sus bendiciones. "Si puedes creer, al que cree todo le es posible" (Mar. 9:23). La fe es esencial para ser salvos. Satanás lo sabe, y hace todos los esfuerzos posibles para que no creamos (Luc. 8:12).

¿Qué es creer, según Jesús? Es más que un sentimiento indefinido de que algo sucederá. Es más que un ejercicio mental. La fe salvadora no está vacía de contenido. Por el contrario, la fe tiene un objeto específico: Jesucristo. No es solamente creer en algo sino, especialmente, creer en *Alguien*. La fe es confiar en Jesús y en su muerte por nosotros; y creer en Jesús significa conocerlo, entender quién es él (Juan 6:69) y recibirlo personalmente (Juan 1:12).

Dios amó tanto al mundo que nos dio a Jesús para que todo el que verdaderamente cree en él tenga vida eterna. No obstante, su muerte no significa que todos se salvarán. Debemos estar cubiertos por su justicia. Al creer en él, obtenemos su justicia, se nos da la seguridad de la vida eterna y tenemos la gran promesa de que él nos resucitará en el día final (Juan 6:40).

A una mujer que había vivido una vida pecaminosa, Jesús le aseguró: "Tus pecados te son perdonados. [...] Tu fe te ha salvado" (Luc. 7:48, 50). ¿Qué significa eso? ¿Nos salva nuestra fe?

Según los Evangelios, cuando Jesús sanaba a algunas personas, les decía: "Tu fe te ha salvado" (Mat. 9:22; Mar. 10:52; Luc. 17:19). Sin embargo, él no estaba asignando ningún poder sanador a la fe propiamente dicha. Su fe solo era la confianza completa en el poder de Jesús para sanarlos. El poder de la fe no proviene de la persona que cree, sino del Dios en quien cree esa persona.

> ¿Por qué debemos entender bien la función de la fe en la oración, especialmente cuando pedimos la sanidad? ¿Por qué es incorrecto concluir, a partir de los versículos leídos hoy, que si no ocurre la curación que hemos pedido es porque no tenemos suficiente fe?

ACEPTAR EL VESTIDO DE BODA

Jesús dijo a la multitud algo que la debió de haber sorprendido y desanimado: "Si vuestra justicia no fuere mayor que la de los escribas y fariseos, no entraréis en el reino de los cielos" (Mat. 5:20). Difícilmente podría haber alguien más escrupuloso en la observancia de la letra de la Ley que los fariseos. No obstante, ellos fracasaron porque su conducta tenía el propósito de impresionar a los hombres más que agradar a Dios. Jesús nos advierte que no hagamos eso (Mat. 6:1).

Entonces, ¿de qué modo podemos ser justos ante Dios? La parábola de la fiesta de bodas nos muestra dónde está la fuente de la verdadera justicia.

Lee Mateo 22:2 al 14. ¿Por qué el rey quería estar seguro de que cada invitado estuviera vestido de boda para la fiesta? ¿Qué representa ese vestido? Isa. 61:10; Zac. 3:1-5.

El rey había provisto gratuitamente los vestidos de boda. Los que estaban allí habían sido invitados mientras viajaban por los caminos y, probablemente, no tenían un atuendo apropiado para la fiesta ni el dinero para comprarlo. Tanto la invitación como el vestido eran regalos del rey. Lo único que se requería para asistir a la boda era aceptar ambos regalos.

Desde la caída en el Edén, todo ser humano está desnudo espiritualmente. Adán y Eva se sintieron desnudos después de desobedecer e intentaron cubrirse cosiendo hojas de higuera, algo totalmente incómodo e ineficiente (Gén. 3:7). La mejor justicia que los esfuerzos humanos pueden lograr es "como trapo de inmundicia" (Isa. 64:6).

Al igual que en esta parábola, Dios provee el vestido que necesitamos. Él hizo túnicas de pieles para Adán y Eva, y los vistió (Gén. 3:21): un símbolo de su justicia cubriendo al pecador. También provee el manto de la justicia de Cristo para su iglesia, de tal manera que ella pueda estar vestida "de lino fino, limpio y resplandeciente" (Apoc. 19:8), sin "mancha ni arruga ni cosa semejante" (Efe. 5:27). Este manto "es la justicia de Cristo, su propio carácter sin mancha, que por la fe se imparte a todos los que lo reciben como Salvador personal" (*PVGM* 252).

¿Por qué debemos entender que nuestra salvación solamente es posible si estamos cubiertos con la justicia que Cristo nos da como un regalo? ¿Por qué necesitamos recordar esto *siempre*?

SEGUIR A JESÚS

Cuando con fe reconocemos nuestra necesidad, nos arrepentimos, confesamos nuestros pecados a Cristo y le pedimos su justicia, llegamos a ser sus discípulos. Durante su ministerio, Jesús llamó a diferentes personas, tales como Pedro, Santiago y Juan, para que fueran sus discípulos; un llamado que significaba dejar todo a fin de seguirlo (Mat. 4:20, 22; Mar. 10:28; Luc. 5:28). En los Evangelios, el verbo *seguir* llegó a ser prácticamente un sinónimo de ser un discípulo.

¿Qué dos elementos son esenciales a fin de ser un discípulo de Jesús? Juan 8:30, 31.

Algunas personas tratan de separar la fe en Jesús de la aceptación de sus enseñanzas, como si una cosa fuera más importante que la otra. Pero, Jesús no hizo tal distinción. Para él, ambos aspectos están íntimamente relacionados y son fundamentales para el verdadero discipulado. Un discípulo de Jesús está comprometido con Cristo y con las palabras de Cristo. Aunque siempre existe el peligro de enredarnos en cuestiones doctrinales y perder de vista a Jesús, también necesitamos estar en guardia contra el riesgo opuesto de pensar que lo único que importa es creer en Cristo.

¿Cuál es el elevado costo de ser un discípulo de Jesús? Luc. 14:25-27.

Jesús usó el verbo *aborrecer* como una hipérbole, queriendo decir “amar menos que a mí”. El texto paralelo en Mateo lo clarifica: “El que ama a padre o madre más que a mí, no es digno de mí; el que ama a hijo o hija más que a mí, no es digno de mí” (Mat 10:37). Él debe tener el primer lugar en nuestra vida.

> ¿Cuál ha sido, para ti, el costo de seguir a Jesús y ser su discípulo? ¿Qué revela tu respuesta acerca de tu relación con el Señor?

PARA ESTUDIAR Y MEDITAR: Lee "Un poder misterioso que convence", *El camino a Cristo*, pp. 21-35.

"No podemos arrepentirnos sin el Espíritu de Cristo, que despierta la conciencia, más de lo que podemos ser perdonados sin Cristo" (*CC* 24).

"Cuando contemplamos al Cordero de Dios sobre la cruz del Calvario, el misterio de la redención comienza a abrirse a nuestra mente y la bondad de Dios nos guía al arrepentimiento. Al morir por los pecadores, Cristo manifestó un amor incomprensible; y este amor, a medida que el pecador lo contempla, enternece el corazón, impresiona la mente e inspira contrición en el alma" (*CC* 25).

"El corazón humilde y quebrantado, enternecido por el arrepentimiento genuino, apreciará algo del amor de Dios y del costo del Calvario; y como el hijo se confiesa a un padre amoroso, así presentará el que esté verdaderamente arrepentido todos sus pecados delante de Dios. 'Si confesamos nuestros pecados, él es fiel y justo para perdonar nuestros pecados, y limpiarnos de toda maldad' " (*CC* 41).

PREGUNTAS PARA DIALOGAR:

1. Muchos tratan de ahogar su sentimiento de culpabilidad con alcohol, drogas, placeres mundanales, o llenando frenéticamente su vida con innumerables actividades. ¿Por qué ninguno de estos métodos es realmente efectivo? ¿De qué forma podrías ayudar a alguien que está en esa condición a encontrar la verdadera solución para la culpa?
2. Es posible reconocer nuestros pecados sin tener "frutos dignos de arrepentimiento". ¿Por qué eso no es verdadero arrepentimiento? ¿Cuál es el valor de esos "frutos"? ¿Son buenas obras realizadas a fin de obtener el favor de Dios? Explica tu respuesta.
3. Medita en el hecho de que la justicia de Cristo es gratuita, pero no barata. Si bien no tenemos que pagar nada por ella, el Señor tuvo que pagar un precio infinito en la cruz. Piensa en cuán caídos somos, y cuán serio debe ser el pecado, que salvarnos de este y sus consecuencias requirió algo tan "extremo" como la muerte del propio Hijo de Dios.

El sábado enseñaré...

Texto clave: Juan 3:14, 15.

Enseña a tu clase a:

Saber el proceso por el cual una persona se apropia personalmente de la salvación.
Sentir gozo porque el cerrojo de los pecados fue quebrado por el poder liberador de Jesús.
Hacer: Compartir esta noticia incomparable con amigos, parientes, conocidos, compañeros y extraños.

Bosquejo de la lección:

I. Saber: Uno se apropia de la salvación mediante un proceso que involucra reconocimiento, arrepentimiento y fe.

A. ¿De qué manera podemos reconocer nuestra desesperada necesidad de liberación espiritual?
B. ¿Cómo podemos vencer el orgullo, la confianza propia y otras barreras para el arrepentimiento?
C. ¿Por qué es necesario creer para apropiarnos de la salvación?

II. Sentir: Las libertades de las cuales gozan los cristianos los llevan a regocijarse.

A. ¿Por qué crees que Cristo eligió un casamiento en el Cercano Oriente como el trasfondo para una parábola acerca de la salvación?
B. ¿Qué sucede con el gozo de los creyentes cuando rehúsan la justicia (el vestido de bodas)? (Recuerda que esta justicia es doble: perdón y victoria.)
C. ¿Cómo puede el cristiano nutrir ese sentimiento de libertad y celebración en el hogar, la iglesia y las escuelas cristianas?

III. Hacer: Compartir las buenas nuevas de la salvación con otros.

A. ¿De qué modo pueden los creyentes interesar a otros para que lleguen a ser discípulos de Cristo?
B. ¿En qué forma establecemos un terreno común con los no creyentes a fin de que puedan escuchar el evangelio?

Resumen: Dios quiere que todos se salven; el proceso de ir a él es sencillo y está disponible para todos. Reconocer nuestra necesidad, arrepentirnos de nuestros pecados y creer en Cristo, el único Salvador, nos llena de regocijo.

Ciclo de aprendizaje

Texto destacado: Juan 3:14, 15.

Concepto clave para el crecimiento espiritual: La provisión de la salvación debe estar acompañada por la aceptación personal de la salvación, realizada al creer en Jesucristo.

{ 1: ¡Motiva!}

- **Solo para los maestros:** Dios dio a todo ser humano libre albedrío para elegir su dirección espiritual. Hombres, mujeres, ricos, pobres, personas encumbradas, desechados sociales, intelectuales, desertores escolares; todos determinan su camino espiritual. La decisión fundamental es confiar en Dios. No hay terreno intermedio. Creer y no creer son mutuamente excluyentes.

El casamiento ilustra este punto. La gente está casada o no lo está. "Casamiento parcial", "casamiento limitado", "casamiento ocasional" y expresiones similares son oxímoron [dos ideas contradictorias en una misma expresión]. Las personas que cortejan no están casadas. La pareja comprometida no está casada. Hasta que se formaliza el mutuo compromiso, el matrimonio no existe. Por causa del pecado, este compromiso es revocable. Los divorcios ocurren con frecuencia creciente; y la condición y el privilegio maritales terminan con el divorcio. La gente está casada o no lo está. Ahora, sustituye la palabra "casamiento" por el término "salvación". ¿Enseña la Escritura una "salvación ocasional", "salvación parcial", o "salvación limitada"? Pueden ocurrir divorcios espirituales por los cuales los compromisos previos son anulados. No obstante, una persona recibe la salvación o no la recibe. Tal elección es solo de ella. El estudio de esta semana permite enfatizar la importancia de la toma de decisiones espirituales, y reconocer que, cuando las personas dejan de elegir la salvación, no pueden ser salvas. Prepárate para extender la invitación de Dios para su salvación personal.

Actividad: Repasa la construcción de una casa. Evita ser demasiado técnico, así todos pueden participar. ¿Qué se hace primero? (Los cimientos, o fundamentos.) ¿Qué sigue? (Columnas, paredes, aberturas.) ¿Qué se pone por último? (El techo.) Sigue la forma en que acostumbran hacer las casas en tu región.

Considera: La construcción de una casa sigue ideas de sentido común. ¿Por qué las partes tienen que ser colocadas en cierto orden? ¿Qué sucede cuando se omiten algunos pasos? La salvación también sigue ciertas secuencias lógicas. Entender estos pasos es fundamental para entender la salvación.

{ 2: ¡Explora!}

- **Solo para los maestros:** Esta semana veremos las etapas sucesivas que conducen a la salvación. Construyendo sobre la analogía del casamiento, estas etapas pueden llamarse cortejar, comprometerse y casarse. Cada analogía tiene limitaciones, pero este orden provee paralelos suficientes para justificar su uso.

Comentario de la Biblia

I. Reconocer nuestra necesidad espiritual

(Repasa, con tu clase, Luc. 5:27-32.)

La primera etapa que lleva a la salvación involucra el reconocimiento. Antes de que se inicie el cortejo, las partes interesadas han sentido su vacío personal, y la necesidad de compañerismo y de comprensión. Estos sentimientos constituyen la fase del cortejo. El reconocimiento comienza cuando el caballero se encuentra con las damas y empieza a sentir que necesita completarse por medio de otra persona. Si este reconocimiento de estar incompleto no existe, falta la motivación para cortejar.

Considera las implicaciones espirituales. Si las personas están llenas del yo, dejan de reconocer sus ansias espirituales fundamentales y, entonces, falta la motivación para cortejarse espiritualmente. Las personas llenas de confianza propia (¿arrogancia?) se sienten completas. Esta es la condición de la iglesia de Laodicea: "Porque tú dices: Yo soy rico, y me he enriquecido, y de ninguna cosa tengo necesidad; y no sabes que tú eres un desventurado, miserable, pobre, ciego y desnudo" (Apoc. 3:17). Si no existe este reconocimiento, la iglesia no tiene esperanza.

La narración que repasamos en esta sección ilustra este concepto. La condición de Leví Mateo lo excluía del Reino. Si él hubiera persistido, nunca podría haberse salvado porque le habría faltado la motivación para buscar la liberación espiritual. Los que se consideran justos están en situación peligrosa y no pueden saborear los placeres de la salvación. El reconocimiento puede ser el momento cuando los pecadores comienzan a encontrarse con Cristo y a sentir que su vacío puede ser resuelto por la gracia de Dios.

Considera: ¿Qué cosas impiden que hagas una evaluación realista de tu condición espiritual, y que podría traer consigo la salvación?

II. Arrepentirnos de nuestra pecaminosidad

(Repasa, con tu clase, Mat. 3:2; 4:17; Hech. 2:38; 3:19.)

El reconocimiento no es suficiente para apropiarnos de la salvación. "También los demonios creen, y tiemblan" (Sant. 2:19). Necesariamente debe seguir el arrepentimiento. Comparar el arrepentimiento con el compromiso de una pareja de novios puede parecer forzado y puede ser el eslabón más débil de esta analogía. Pero, considera lo siguiente: el compromiso representa ese período cuando dos personas eliminan las barreras que los separaban; es el compromiso inicial de una relación de largo alcance. El cortejarse los llevó de la fascinación a un interés real y a interacciones significativas.

Considera el paralelo espiritual. El arrepentimiento abarca esa respuesta inicial que se sobrepone a las barreras que la humanidad permitió que se levantaran entre ellos y Dios. El arrepentimiento incluye reconocer nuestra pecaminosidad, experimentar el pesar, apartarse del pecado y acercarse a lo bueno. Esta acción prepara el camino para una relación eterna. El cortejarse espiritualmente lleva a un conocimiento creciente del Salvador y a una satisfacción acrecentada en la relación. La exposición personal a nuestro Salvador destaca nuestras insuficiencias, revela nuestra situación miserable y nos lleva al arrepentimiento. El arrepentimiento vence las barreras espirituales, y nos prepara para un compromiso total.

Considera: ¿Qué podría suceder si los creyentes omitieran uno de los tres aspectos del arrepentimiento genuino?

III. Creer en Jesús

(Repasa, con tu clase, Juan 1:12; 6:69.)

El arrepentimiento nos lleva a la fe, ya que la fe es la única conclusión lógica: reconocer nuestra necesidad, arrepentirnos completamente y eliminar las barreras que nos separaban de Dios. Los penitentes están ahora listos para tener fe en el poder de Jesús para liberarlos. Si se pasa por alto este paso final, la desesperación seguiría de inmediato.

Poner nuestra fe en que Cristo puede salvarnos y colocar nuestra vida en sus manos es la continuación de los primeros dos pasos. El reconocimiento lleva al arrepentimiento. El arrepentimiento lleva a una creencia salvadora; y esta significa que una persona acepta la muerte de Cristo como el sacrifico por sus pecados, y a él como Señor de su vida. ¡Qué seguridad bendita se nos da por medio de nuestro casamiento con el Cordero!

Considera: ¿De qué forma el reconocimiento de nuestra necesidad de Cristo nos lleva naturalmente al arrepentimiento?

{ 3: ¡Aplica!}

- **Solo para los maestros:** La expresión "vestirse", en la Escritura, se usa como una metáfora para el carácter y la personalidad. En algunas culturas, los niños crean figuras de papel. Por medio de un cambio de vestimenta, las figuras pueden representar numerosas profesiones, períodos históricos, estilos de vida y, aun, personalidades. Comenzando con Adán y Eva, la vestimenta tiene un significado espiritual. La parábola del vestido de bodas representa también otras parábolas con las que Jesús enseñó lecciones espirituales usando la vestimenta. ¿Qué aplicaciones espirituales ofrece esta parábola?

Actividad: Usando la metáfora de las figuras y la vestimenta, invita a los miembros a describir la ropa que ilustraría mejor su experiencia de la salvación. Recuerda los tres prerrequisitos o fases para apropiarse de la salvación.

Preguntas:

1. ¿De qué modo pueden evitar los cristianos la trampa de reconocer su miseria total y no mantener una fe salvadora correspondiente?
2. ¿De qué manera los cristianos pueden distinguir entre el remordimiento y el arrepentimiento genuino?
3. ¿Qué evidencias acompañaron tu arrepentimiento del pecado?
4. ¿De qué forma los cristianos pueden ayudar a otros a reconocer su verdadera condición espiritual?

{ 4: ¡Crea!}

- **Solo para los maestros:** Tu presentación de esta lección ¿ofrece nuevas oportunidades para que tus alumnos respondan a la apelación personal de Cristo? Al invitar a tu clase a responder, anímate con la certeza de que el Espíritu Santo ofreció darte las palabras adecuadas.

Actividades:

1. Pide a tu clase que escriba un breve guión basado en la parábola del vestido de bodas. Si es aplicable, presenten esos textos en las divisiones de niños de tu iglesia.
2. Identifica himnos que expresen tu experiencia de la salvación, y luego elaboren estrofas adicionales, personales.
3. Prepara planes a través de los cuales tu clase podría presentar los conceptos de esta lección a otros.
4. Si tu iglesia ofrece lecciones para testificar, prepara ilustraciones (pueden ser en Power Point), utilizando medios visuales y gráficos para enseñar el reconocimiento, el arrepentimiento y el progreso de la fe.
5. Anima a los miembros de la clase a hacer un autoexamen para determinar si están totalmente entregados a Jesús o no. Un período de silencio puede facilitar esto, así como la invitación a una oración silenciosa individual.

Lección 6: Para el 9 de agosto de 2014

CRECER **EN CRISTO**

Sábado 2 de agosto

LEE PARA EL ESTUDIO DE ESTA SEMANA: Juan 3:1-15; Mateo 13:33; 2 Corintios 5:17; Juan 15:4-10; Mateo 6:9-13; Lucas 9:23, 24.

PARA MEMORIZAR:
"Respondió Jesús y le dijo: De cierto, de cierto te digo, que el que no naciere de nuevo, no puede ver el reino de Dios" (Juan 3:3).

NICODEMO SE SENTÍA ATRAÍDO A CRISTO, pero no se animaba a visitarlo abiertamente. Con amabilidad saludó a Jesús, reconociéndolo como un maestro enviado por Dios. Cristo sabía que detrás de este saludo cortés había un buscador de la verdad; así que, sin perder tiempo, le dijo que no necesitaba conocimiento teórico tanto como una regeneración espiritual, un nuevo nacimiento.

A Nicodemo le costaba entender esto. Como descendiente de Abraham, estaba seguro de que tenía un lugar asegurado en el Reino de Dios. Además, como un estricto fariseo, sin duda merecía el favor de Dios. Así que, ¿por qué habría de necesitar un cambio tan radical?

Pacientemente, Jesús le explicó que la transformación espiritual es una obra sobrenatural producida por el Espíritu Santo. Si bien no podemos verla ni entender cómo ocurre, ciertamente podemos percibir sus resultados. La llamamos conversión, una nueva vida en Cristo.

Aunque siempre deberíamos recordar cómo el Señor nos llamó y convirtió, nuestro desafío es permanecer aferrados a Cristo, diariamente y con firmeza, de modo que pueda transformarnos más y más a su imagen.

NACER DE NUEVO

Es maravilloso ver a un bebé recién nacido. Nos asombra su perfección. Aunque es tan pequeño e indefenso, sabemos que crecerá y llegará a ser un adulto plenamente desarrollado. Sin embargo, no importa cuán perfecto sea el bebé, al final morirá y se perderá eternamente, a menos que nazca de nuevo.

Lee la conversación de Jesús con Nicodemo, registrada en Juan 3:1 al 15. ¿De qué manera explicó Jesús el significado de nacer de nuevo?

Como maestro en Israel, Nicodemo sin duda conocía las Escrituras del Antiguo Testamento que hacen referencia a la necesidad de un "nuevo corazón" espiritual y a la disposición de Dios para crearlo en nosotros (Sal. 51:10; Eze. 36:26). Jesús le explicó esta verdad y cómo puede ocurrir.

El diálogo registrado por Juan termina con las palabras de Jesús. No hay ninguna respuesta de Nicodemo. Posiblemente, se fue a su casa inmerso en profundas reflexiones. Silenciosamente, el Espíritu Santo fue obrando en él y, tres años más tarde, estuvo listo para ser un discípulo de Jesús sin esconderse.

El hecho de que sea necesario nacer *de nuevo* muestra sin ninguna duda que el primer nacimiento es insuficiente desde el punto de vista espiritual. El nuevo nacimiento debe ser doble: del agua y del Espíritu. A la luz del ministerio de Juan el Bautista, Nicodemo fácilmente comprendió que nacer de nuevo del agua se refiere al bautismo con agua. Lo que también necesitaba saber era que nacer del Espíritu es la renovación del corazón por el Espíritu Santo.

Hay semejanzas entre el nacimiento físico y el espiritual. Ambos marcan el comienzo de una nueva vida. Ambos son producidos por otra persona, no por nosotros mismos. Pero, también hay una diferencia muy importante entre ellos: no pudimos elegir si queríamos nacer físicamente, pero sí podemos elegir si queremos nacer espiritualmente. Solo nacen de nuevo los que libremente deciden permitir que el Espíritu Santo genere un nuevo ser espiritual en ellos. Dios respeta nuestra libertad y, aunque está deseoso de transformarnos, no nos cambia por la fuerza.

Piensa en cómo produjo el Señor tu conversión. No importa si fue en circunstancias dramáticas o mediante un proceso largo e imperceptible. ¿De qué forma has experimentado el nuevo nacimiento?

LA NUEVA VIDA EN CRISTO

La única manera de nacer de nuevo es por medio del Espíritu Santo. Jesús aprovechó que la palabra griega *pneuma* significa tanto "Espíritu" como "viento" para ilustrar el proceso de la conversión (Juan 3:8). Cuando el viento sopla, nadie puede iniciarlo, dirigirlo ni detenerlo. Su gran poder está más allá del control humano. Nosotros solo podemos reaccionar ante él, ya sea resistiéndolo o usando su potencial para nuestro beneficio.

De la misma forma, el Espíritu Santo está obrando constantemente en el corazón de cada ser humano, atrayéndolo hacia Cristo. Nadie tiene control sobre su gran poder salvador y transformador. Lo único que podemos hacer es resistirlo o rendirnos ante él. Cuando nos sometemos a su influencia convincente, produce en nosotros una nueva vida.

¿Hay alguna manera de saber si hemos experimentado el nuevo nacimiento? Sí. El Espíritu obra invisiblemente, pero los resultados de su actividad son visibles. Los que nos rodean sabrán que Jesús creó un nuevo corazón en nosotros. El Espíritu siempre produce una demostración exterior de la transformación interior que realiza. Como dijo Jesús: "por sus frutos los conoceréis" (Mat. 7:20).

La nueva vida en Cristo no es una vida remendada con unas pocas reformas exteriores; no es una modificación o mejora de la anterior, es una transformación total.

¿Qué nos dicen los siguientes textos acerca de lo que realiza en nosotros el nuevo nacimiento? Tito 3:5-7; 2 Cor. 5:17; Gál. 6:15.

Mediante el Espíritu Santo, Cristo implanta en nosotros nuevos pensamientos, sentimientos y motivaciones. Despierta nuestra conciencia, cambia nuestra mente, subyuga todo deseo impuro y nos llena con la dulce paz del Cielo. Aunque el cambio no ocurre instantáneamente, con el tiempo, llegamos a ser una nueva criatura en Cristo. Hasta la expresión del rostro comienza a reflejar el amor, el gozo, la bondad y la mansedumbre de la presencia de Jesús en el corazón.

> Medita en tu vida durante las últimas 24 horas. ¿Hasta qué punto aquellos que se relacionan contigo perciben a Cristo en tus palabras, actitudes y acciones? Ora acerca de los rasgos de tu carácter que todavía necesitan ser modelados por el Espíritu Santo.

PERMANECER EN CRISTO

Una vida espiritual floreciente solo es posible si dependemos constantemente de Cristo. Él usó la ilustración de la vid para enseñarnos cómo lograr esto. "Yo soy la vid, vosotros los pámpanos", dijo Jesús (Juan 15:5). El Antiguo Testamento describe a Israel como una viña que el Señor había plantado (Isa. 5:1-7; Sal. 80:8, 9; Jer. 2:21); pero Jesús se presenta a sí mismo como "la vid verdadera" (Juan 15:1) e insta a sus seguidores a estar unidos a él, como las ramas están unidas a la vid.

¿Qué nos enseñan estos textos acerca de permanecer continuamente en Cristo? Juan 15:4-10.

Una rama que ha sido recientemente separada de la vid puede parecer viva por un tiempo; pero, sin duda, se marchitará y morirá porque ha sido separada de la fuente de vida. De la misma manera, solo podemos recibir vida a través de nuestra conexión con Cristo. Sin embargo, para que sea efectiva, esta unión debe mantenerse en todo momento. Es esencial dedicar tiempo a leer la Biblia y a orar en la mañana; pero, además, nuestra comunión con el Señor tiene que continuar a lo largo de todo el día. Permanecer en Cristo significa buscarlo constantemente, pedirle que nos guíe, orar por su poder para obedecer su voluntad, rogarle que su amor nos llene.

Una de las trampas más engañosas del enemigo es hacernos pensar que podemos vivir la vida cristiana independientemente del Señor. No obstante, "separados de mí nada podéis hacer" (vers. 5): sin él no podemos resistir ni una tentación, vencer ni un solo pecado, ni desarrollar un carácter a su semejanza. La nueva vida espiritual solo puede crecer mediante una comunión ininterrumpida con Cristo.

Somos alimentados y fortalecidos al leer la Palabra y meditar en ella. "Las palabras que yo os he hablado son espíritu y son vida", dijo Jesús (Juan 6:63). Esas palabras, atesoradas en nuestro corazón y nuestra mente, inspirarán nuestras oraciones para mantenernos en contacto con el Señor. Aunque es fácil que "los afanes de este siglo" nos distraigan (Mar. 4:19), debemos hacer un esfuerzo concentrado para permanecer en Jesús.

> ¿Cuáles son los mayores obstáculos que te impiden permanecer constantemente unido a Cristo? ¿Qué pasos puedes dar a fin de superarlos o eliminarlos?

LA ORACIÓN

Junto con el estudio de la Biblia, la oración es indispensable a fin de permanecer en Cristo y crecer espiritualmente. Jesús mismo necesitaba orar para estar unido con el Padre. Su vida de oración es un ejemplo para nosotros. La oración marcó los momentos cruciales de su vida: oró cuando fue bautizado; a menudo oraba en lugares solitarios antes del amanecer o en la montaña después de la puesta del sol; otras veces pasó toda la noche orando, como en la víspera de elegir a los doce apóstoles; oró para resucitar a Lázaro. Ni siquiera la cruz le impidió orar.

Si el "Padre sabe de qué cosas tenéis necesidad, antes que vosotros le pidáis" (Mat. 6:8), ¿por qué necesitamos presentarle nuestras necesidades en oración? Porque, a través de la oración, aprendemos a vaciarnos de nosotros mismos y a depender completamente de él.

"Pedid, y se os dará; buscad, y hallaréis; llamad, y se os abrirá" (Mat. 7:7). Aunque no es necesario impresionarlo mediante oraciones interminables de vanas repeticiones (Mat. 6:5-9), necesitamos perseverar en oración, aferrándonos a sus promesas, no importa lo que pase (Juan 15:7; 16:24).

¿De qué manera las diferentes partes del Padrenuestro pueden ayudarnos a crecer en Cristo? Mat. 6:9-13.

Jesús es nuestro Mediador en el cielo. Por lo tanto, nos instruyó para que dirijamos nuestras oraciones al Padre en su nombre. "Todo cuanto pidiereis al Padre en mi nombre, os lo dará" (Juan 16:23). Cristo enseñó que hay ciertas condiciones para que esta maravillosa promesa se cumpla. Necesitamos creer que Dios nos puede responder (Mat. 21:22). Debemos tener una actitud de perdón hacia nuestro prójimo (Mar. 11:25). Más importante aún, tenemos que subordinar nuestra voluntad a la voluntad del Padre (Mat. 6:10; Luc. 22:42). Y cualquier "demora" en la respuesta no debería desanimarnos; por el contrario, necesitamos "orar siempre, y no desmayar" (Luc. 18:1).

> "Señor, enséñanos a orar" (Luc. 11:1) es un pedido siempre relevante, no importa cuánto tiempo haya pasado desde que aceptamos a Cristo como nuestro Salvador. ¿En qué aspecto de tu vida de oración todavía necesitas crecer, por la gracia de Dios?

MORIR AL "YO" CADA DÍA

Paradójicamente, solo muriendo podemos vivir de verdad. Cuando nos bautizamos, morimos (idealmente) a nuestra vieja naturaleza y nos levantamos a una nueva vida. Sería maravilloso que nuestro viejo hombre de pecado muriese definitivamente al ser sepultados bajo las aguas bautismales. Tarde o temprano, sin embargo, todos descubrimos que nuestros hábitos y tendencias originales todavía están vivos y luchan por recuperar el control de nuestra vida. Después de nuestro bautismo, es necesario hacer morir la vieja naturaleza vez tras vez. Por eso, Jesús asoció la vida cristiana con una cruz.

¿Qué significa Lucas 9:23 y 24?

Muchos piensan que la cruz que tienen que llevar es una enfermedad seria, circunstancias desfavorables en la vida o una discapacidad permanente. Aunque cualquiera de estos problemas sin duda es una carga muy pesada, el significado de las palabras de Jesús va más allá. Llevar nuestra cruz significa negarnos a nosotros mismos diariamente. No de vez en cuando, sino cada día; no solo una parte de nuestro ser, sino todo.

La vida cristiana es una vida cruciforme. "Con Cristo estoy juntamente crucificado, y ya no vivo yo, mas vive Cristo en mí" (Gál. 2:20). En el mundo antiguo, las víctimas de la crucifixión no morían de inmediato. Normalmente, agonizaban durante muchas horas, a veces varios días, mientras colgaban de la cruz. Nuestra vieja naturaleza, aunque crucificada, lucha por sobrevivir y bajarse de la cruz.

No es fácil negarnos a nosotros mismos. Nuestra vieja naturaleza se resiste a morir. Más aún, ni siquiera podemos clavarnos a nosotros mismos a la cruz. "Ningún hombre puede despojarse del yo por sí mismo. Solo podemos consentir en que Cristo haga esta obra. Entonces, el lenguaje del alma será: Señor, toma mi corazón; porque yo no puedo dártelo. Es tuyo, mantenlo puro, porque yo no puedo mantenerlo por ti. Sálvame a pesar de mi yo, mi yo débil y desemejante a Cristo. Modélame, fórmame, elévame a una atmósfera pura y santa, donde la rica corriente de tu amor pueda fluir por mi alma.

"No solo al comienzo de la vida cristiana ha de hacerse esta renuncia al yo. Ha de renovársela a cada paso que se dé hacia el cielo. [...] Únicamente podemos caminar con seguridad mediante una constante renuncia al yo y dependencia de Cristo" (*PVGM* 123, 124).

¿Cuándo fue la última vez que moriste al yo? ¿Qué te dice tu respuesta, especialmente a la luz de los textos de hoy?

PARA ESTUDIAR Y MEDITAR: Lee "La consagración", *El camino a Cristo,* pp. 42-48; y "Nicodemo", *El Deseado de todas las gentes*, pp. 140-149.

"La guerra contra nosotros mismos es la batalla más grande que jamás hayamos tenido. El rendirse a sí mismo, entregando todo a la voluntad de Dios, requiere una lucha; pero, para que el alma sea renovada en santidad, debe someterse antes a Dios" (*CC* 42).

"No podemos retener nuestro propio yo y ser llenados de la plenitud de Dios. Debemos vaciarnos del yo. Si hemos de ganar finalmente el cielo, será solamente mediante la renuncia al yo, y recibiendo la mente, el Espíritu y la voluntad de Cristo Jesús" (*ELC* 157).

"Cuando el Espíritu de Dios se posesiona del corazón, transforma la vida. Los pensamientos pecaminosos son puestos a un lado, las malas acciones son abandonadas; el amor, la humildad y la paz, reemplazan a la ira, la envidia y las contenciones. La alegría reemplaza a la tristeza, y el rostro refleja la luz del cielo. [...] La bendición viene cuando por la fe el alma se entrega a Dios. Entonces ese poder que ningún ojo humano puede ver crea un nuevo ser a la imagen de Dios" (*DTG* 144).

PREGUNTAS PARA DIALOGAR:

1. ¿Cómo has experimentado lo que significa permanecer en Cristo? ¿Qué ocurre cuando estás unido a Jesús? ¿Qué pasa si no estás unido a él?
2. ¿Quién no ha luchado con la realidad de que hay oraciones que no son respondidas, al menos en la forma en que pedimos? ¿De qué manera mantienes tu fe en Dios y en sus promesas ante peticiones que no han sido contestadas como tú deseabas? ¿Qué debemos tener presente toda vez que nos encontramos en tales situaciones?
3. ¿Qué tiene el yo, en su misma naturaleza, que requiere que lo neguemos diariamente? Si no te negaras a ti mismo, si permitieras que tu yo domine todo lo que piensas y haces, ¿qué clase de vida vivirías? ¿Reflejarías la vida de nuestro Maestro?

El sábado enseñaré...

Texto clave: 2 Corintios 5:17.

Enseña a tu clase a:

Saber que Dios ha provisto todo lo necesario para el crecimiento y el desarrollo cristianos.
Sentir la satisfacción de un encuentro íntimo con Dios, que estimule el crecimiento espiritual.
Hacer: Crecer en conocimiento, sabiduría y aprecio por lo que Dios hace en cada uno.

Bosquejo de la lección:

I. Saber: El nuevo nacimiento es estimulado por Dios y no por una iniciativa humana.

A. ¿Por qué el respeto de Dios por nuestra libertad le impide forzar la obediencia?
B. ¿De qué modo la vida de Cristo estimula nuestro deseo de crecer y ser discípulos?
C. ¿Qué sucede con el crecimiento cristiano si no dependemos de Cristo?

II. Sentir: Las relaciones satisfactorias con Dios estimulan el crecimiento espiritual.

A. ¿Qué hace que un reconocimiento mental de Dios cambie por un vínculo emocional satisfactorio?
B. ¿En qué sentido las relaciones espirituales saludables ayudan a nuestro crecimiento espiritual?
C. ¿Cómo puede revertirse la destrucción emocional causada por enfoques legalistas de la salvación?

III. Hacer: Los creyentes pueden crecer en conocimiento, sabiduría y experiencia.

A. ¿De qué forma los creyentes pueden lograr relaciones espirituales maduras?
B. ¿En qué podemos cambiar nuestra agenda diaria para obtener un crecimiento cristiano intencional?
C. ¿De qué manera pueden los cristianos alimentar el crecimiento espiritual de otras personas?

Resumen: El crecimiento cristiano es la consecuencia de relaciones saludables con Dios y con la iglesia. De este modo, el crecimiento personal aumenta mediante el crecimiento evangelizador.

Ciclo de aprendizaje

Texto destacado: 2 Corintios 5:17.

Concepto clave para el crecimiento espiritual: El crecimiento cristiano es la consecuencia natural de mantener relaciones saludables con Dios y de la atmósfera nutritiva de la iglesia.

{ 1: ¡Motiva!}

- **Solo para los maestros:** Los árboles crecen o mueren. Si crecen, hay vida. Así es con el cristiano: crece o muere. La fe cristiana es dinámica, progresiva y creativa. Si se abandonan estas características, el crecimiento cristiano vacila.

¿Cómo se nutre una fe vibrante y floreciente? La jardinería ofrece una ilustración. El crecimiento comienza con una semilla sana en un buen suelo. El clima coopera con precipitaciones y luz solar. El tiempo de sembrar es vital. Las temperaturas muy frías pueden demorar la germinación. Las lluvias excesivas o insuficientes pueden demorar la cosecha. Aun las lluvias inoportunas pueden dañar la producción. Los cultivos exitosos resultan de minimizar los peligros, proveer una nutrición adecuada y una cosecha oportuna. El crecimiento espiritual de éxito sucede en circunstancias similares. La Palabra de Dios (semilla) cae en ambientes con nutrientes (corazones dispuestos), donde recibe el estímulo espiritual (luz solar) e invitaciones divinas (precipitaciones). Diversos tipos de nutrientes (oración, la Biblia, testimonio personal, y otros factores) fertilizan las plantas (nueva vida espiritual). Luz solar adicional madura la planta para la cosecha.

El resultado son decisiones espirituales en favor del Señor. Los nuevos creyentes siembran a su vez la Palabra (nuevas semillas), que entra otra vez al mundo (otros corazones dispuestos), y el proceso comienza de nuevo.

Actividad inicial: Trae una planta en una maceta y conversen sobre maneras de destruirla. Las respuestas pueden ser: no regarla nunca, fertilizarla demasiado, lastimarla (o quebrarla), bajar o subir mucho la temperatura donde está, y otros riesgos del medioambiente.

Considera: Traslada la conversación al crecimiento espiritual. ¿De qué modo puede nutrirse el crecimiento espiritual? ¿Cómo se interrumpe el progreso espiritual? ¿Qué herramientas utiliza Satanás para interferir con el crecimiento de los creyentes? ¿Qué elementos usa Dios para que los creyentes crezcan con éxito?

{ 2: ¡Explora!}

- **Solo para los maestros:** El crecimiento cristiano es radical y transformador. La pecaminosidad humana es degradante. El corazón humano, por "bueno" que parezca, es sucio al compararlo con las normas divinas. La evaluación celestial de la condición humana recomienda una reconstrucción completa. Crucificar la criatura carnal y nacer como seres espirituales nuevos es la única solución. Esta semana veremos el sacrificio hecho para la redención, y los recursos divinos para luchar contra la tentación. La mayor necesidad del mundo, fuera de Cristo mismo, son creyentes que muestren un carácter compasivo. Para ello, Dios desea el crecimiento espiritual personal.

Comentario de la Biblia

I. La experiencia del nuevo nacimiento

(Repasa, con tu clase, Juan 3:1-16.)

Aunque rico, educado y honrado, Nicodemo fue atraído por el humilde Nazareno. Afligido por la poca espiritualidad de los líderes religiosos, lo atrajo el comportamiento de Cristo. La purificación del Templo que realizó Jesús captó su atención. Lo maravilló que alguien, *sin haber ido a la escuela,* mostrara tanta autoridad. Recordando la manera en que Israel había tratado a los profetas, a Nicodemo le preocupaba el maltrato que sus colegas daban a este galileo. Aunque él sabía de los planes que se hacían contra Cristo, vacilaba en declarar su apoyo a él. Pero, buscó una audiencia personal con Jesús.

Debido a su condición social y política, Nicodemo fue a ver a Jesús de noche. Comenzó adulándolo; reconoció sus milagros maravillosos. Sin embargo, Jesús aprovechó la oportunidad para profundizar la creciente convicción espiritual de Nicodemo. Le dijo: "Debes nacer de arriba". La expresión griega *anóthen,* "de arriba", también puede significar "de nuevo", y así lo entendió Nicodemo, pues replicó que eso era imposible. Cristo respondió metafóricamente, refiriéndose a las promesas del Pacto dadas por Jeremías y Ezequiel. Esa promesa, "un nuevo corazón", estaba disponible esa noche. El Médico divino podía realizar de inmediato un trasplante. Nicodemo lo postergó, se fue perplejo, pero las grandes verdades florecerían para salvación.

El "nuevo nacimiento" puede producirse dramáticamente (la experiencia de Pablo en camino a Damasco) o en forma imperceptible (el gradual crecimiento de Timoteo en la fe de su madre y de su abuela). Los resultados son idénticos: vidas redimidas, transformadas. "Nuevo nacimiento" significa la entrega espiritual y el humilde reconocimiento de que, sin la gracia divina, estaríamos perdidos. Personas respetadas y de éxito, aun ministros del evangelio, han asesinado a sus esposas, traficado cocaína, estafado a sus seguidores y abusado de niños. La respetabilidad humana o la educación son insuficientes. La modificación moral es muy superficial. "*Debes* nacer de nuevo".

Considera: ¿De qué forma destruye Dios las barreras que frenan el progreso espiritual de las personas? ¿Por qué la humildad es esencial para el crecimiento espiritual?

II. Proximidad espiritual: Permanecer cerca del corazón de Dios

(Repasa, con tu clase, Juan 15:4-10; Mat. 6:9-13; Gál. 2:20.)

Estudiaremos aquí cómo mantener una relación vibrante y saludable con Dios.

La oración es el aliento espiritual. La inanición mata en pocas semanas. La deshidratación, en pocos días. La asfixia, en unos minutos. Por eso, Pablo amonesta a orar sin cesar. Para los asmáticos, cada episodio parece que terminará en la muerte. Si la oración es la respiración espiritual, deberíamos mantener las vías respiratorias espirituales abiertas. La oración matutina y la vespertina son solo el comienzo. Conversar con Dios durante el día es nuestro objetivo.

Permanecer incluye la oración, el estudio de las Escrituras y la meditación. Un crecimiento saludable requiere una nutrición equilibrada (Cristo, la Escritura). La Biblia nos invita a "gustar y ver". Los nutrientes bíblicos nos inmunizan contra las herejías, la confianza propia y otros impedimentos que frenan el crecimiento. Las proteínas bíblicas restauran el corazón y dan crecimiento a las células. Comenzar y terminar cada día con las Escrituras salvaguarda nuestro ser espiritual. Al meditar en las promesas de Dios, su conducción pasada y su revelación propia (el Getsemaní, el Calvario y la tumba de José), nuestra pecaminosidad es eliminada, y reemplazada por pensamientos nobles y santos.

Morir va en contra del pensamiento de la gente, ya que gastamos la vida y mucha fortuna tratando de prolongar la vida. Pero, la Escritura demanda que el creyente "muera". Pablo se regocijó por estar "crucificado con Cristo". La muerte, la resurrección y la partida de Jesús fueron necesarias para que el Espíritu pudiera reinar. La muerte de los creyentes (a sus naturalezas rebeldes) y su partida (de la transgresión, el pecado y la rebelión) son igualmente necesarias para que el Espíritu pueda reinar en nuestra vida.

Considera: ¿Cómo podemos incorporar estos principios en nuestra vida diaria?

{ 3: ¡Aplica!}

- **Solo para los maestros:** Usa los momentos finales para intercambiar estrategias a fin de tratar con los obstáculos que enfrenta el crecimiento espiritual. Pasa más allá de lo esencial, ya visto (estudio de la Biblia, oración, meditación), a aplicaciones prácticas de principios bíblicos. Estas podrían incluir: apagar el televisor, caminar en la naturaleza, abstenerse de Internet, usar las pausas en el trabajo o los momentos de siesta de los niños para leer la Biblia, retiros personales, escuchar música inspiradora, lectura reflexiva y *Grupos pequeños*. También pueden compartir textos bíblicos significativos o alguna frase de Elena de White, títulos de sermones, lugares para pasear en la naturaleza, y organizaciones de discipulado que los han beneficiado y que responden a la pregunta: "¿Cómo puedo acercarme más a Cristo?"

Preguntas:

1. ¿De qué modo podemos protegernos contra la tentación de sustituir las actividades religiosas y un servicio valioso por la alimentación espiritual personal?
2. ¿Tienes en tu horario regular un espacio para la reflexión espiritual y la meditación?
3. ¿Qué recursos has encontrado valiosos para cultivar tu vida espiritual?
4. ¿De qué posesiones materiales podrías abstenerte o eliminar para promover una mejor comunicación espiritual?
5. ¿Qué áreas emocionales podrías eliminar a fin de avanzar en tu vida espiritual?

Considera: Algunas veces, nuestras posesiones nos poseen. La gente trabaja horas extra y compra juguetes que no pueden usar por estar muy ocupados trabajando. Hacer esto puede agotar aun a quienes pueden comprarlos. Abandonar esas cosas podría proveer un impulso espiritual. También las complicaciones emocionales pueden retardar nuestro progreso espiritual. Nuestras relaciones ¿nos fortalecen o nos agotan? ¿Vale la pena una amistad específica si perdemos la vida eterna? Piensa en otras maneras de simplificar tu estilo de vida.

{ 4: ¡Crea!}

- **Solo para los maestros:** Sigue enfatizando ideas prácticas. Tómense tiempo para reflexionar y hacer un examen personal silencioso.

Actividad: Anima a los miembros a escribir una carta a sí mismos, bosquejando los cambios que harán en su estilo de vida, horarios y relaciones para mejorar su crecimiento espiritual. O bien, en lugar de escribirse una carta, hablen acerca de los cambios que quisieran realizar en sus estilos de vida, horarios y relaciones.

Lección 7: Para el 16 de agosto de 2014

VIVIR **COMO CRISTO**

Sábado 9 de agosto

LEE PARA EL ESTUDIO DE ESTA SEMANA: Mateo 9:36; Marcos 10:21; Lucas 10:30-37; Mateo 25:31-46; Lucas 6:32-35; Juan 15:4-12.

PARA MEMORIZAR:
"Un mandamiento nuevo os doy: Que os améis unos a otros; como yo os he amado, que también os améis unos a otros" (Juan 13:34).

CONTRARIAMENTE A LO QUE MUCHOS PIENSAN, el mandato de amar a nuestro prójimo no es una nueva enseñanza, exclusiva del Nuevo Testamento. En el Antiguo Testamento, Dios ya había mandado a su pueblo: "Amarás a tu prójimo como a ti mismo" (Lev. 19:18), y "amarás [al extranjero] como a ti mismo" (Lev. 19:34).

¿Por qué, entonces, dijo Jesús: "Un mandamiento nuevo os doy"? Lo novedoso de la instrucción de Jesús era que tenía una nueva medida: "como yo os he amado". Antes de la encarnación de Cristo, los hombres no tenían una manifestación completa del amor de Dios. Ahora, a través de su vida y su muerte abnegadas, Jesús demostró el significado verdadero y más profundo del amor.

"El amor era el ambiente en el cual Cristo se movía, caminaba y trabajaba. Vino a rodear al mundo con los brazos de su amor. [...] Hemos de seguir el ejemplo presentado por Cristo y hacer de él nuestro Modelo, hasta que tengamos el mismo amor por el prójimo que él manifestó por nosotros" (*DNC* 24).

Esta semana, al considerar la ternura, consideración y compasión de Jesús, que nuestros corazones sean tocados y moldeados por su principio divino de amor, que es la característica distintiva del cristianismo verdadero.

CÓMO VIVIÓ JESÚS

A pesar de estar constantemente bajo los más feroces ataques de Satanás, Jesús vivió una vida de amor y servicio abnegados. Su prioridad siempre estuvo centrada en los demás, no en sí mismo. Desde su niñez hasta la cruz, mostró una disposición cariñosa y constante a servir a otros. Sus manos voluntarias estaban siempre listas para aliviar cualquier sufrimiento que percibía. Cuidó con amor de aquellos que eran considerados de poco valor por la sociedad, tales como los niños, las mujeres, los extranjeros, los leprosos y los cobradores de impuestos. Jesús "no vino para ser servido, sino para servir" (Mat. 20:28). Por lo tanto, Jesús "anduvo haciendo bienes y sanando a todos los oprimidos por el diablo" (Hech. 10:38). Su compasión e interés misericordiosos hacia el bienestar de los demás eran más importantes para él que satisfacer su propia necesidad física de comida o de abrigo. De hecho, incluso estando en la cruz, se preocupó más por su madre que por sus propios sufrimientos (Juan 19:25-27).

¿Qué nos enseñan Mateo 9:36; 14:14; y 15:32 acerca de la forma en que Jesús consideraba a las personas?

Jesús era sensible a las necesidades de las personas y se preocupaba verdaderamente por ellas. Su corazón estaba lleno de compasión hacia las grandes multitudes que estaban fatigadas y desorientadas. Fue movido a compasión hacia los incapacitados e indefensos, tales como los dos ciegos de Jericó (Mat. 20:34), el leproso suplicante (Mar. 1:40, 41) y la viuda que había perdido a su único hijo (Luc. 7:12, 13).

¿Qué principio de acción guiaba a Jesús al relacionarse con las personas? Mar. 10:21; Juan 11:5.

Cada acto de misericordia, cada milagro, cada palabra de Jesús eran motivados por su infinito amor; un amor constante y permanente. Al final de su vida, Jesús mostró vívidamente a sus discípulos que, habiéndolos amado desde el principio, "los amó hasta el fin" (Juan 13:1). Con su muerte en la cruz, demostró al universo entero que el amor desinteresado triunfa sobre el egoísmo. A la luz del Calvario, es claro que el principio del amor altruista es el único fundamento válido para la vida en el universo.

> "Nadie tiene mayor amor que este, que uno ponga su vida por sus amigos" (Juan 15:13). ¿Cómo entendemos lo que esto significa en términos prácticos diarios? ¿De qué manera podemos aplicarlo día a día?

AMA A TU PRÓJIMO

Vivir como Jesús significa mostrar el mismo amor que él demostró. Él ilustró esta clase de amor a través de la parábola del buen samaritano (Luc. 10:30-37), que contó al dialogar con un abogado. El doctor de la Ley resumió nuestro deber para con Dios y el prójimo de la siguiente manera: "Amarás al Señor tu Dios con todo tu corazón, y con toda tu alma, y con todas tus fuerzas, y con toda tu mente; y a tu prójimo como a ti mismo" (Luc. 10:27). Él conocía bien su Biblia (repitió de memoria Deut. 6:5 y Lev. 19:18), pero debió de haberse sentido culpable por no demostrar amor a su prójimo. En un intento por justificarse, preguntó a Jesús: "¿Y quién es mi prójimo?" (Luc. 10:29).

¿De qué forma explicó Jesús quién es nuestro prójimo? ¿Qué implicaciones tiene la parábola del buen samaritano para nosotros? Luc. 10:30-37. ¿De qué manera se relaciona el mandamiento "amarás a tu prójimo como a ti mismo" con la Regla de Oro? Mat. 7:12.

A la pregunta: "¿Quién es mi prójimo?", Jesús respondió, básicamente, que nuestro prójimo es toda persona que necesita nuestra ayuda. Así que, en vez de preguntar: "¿Qué puede hacer mi prójimo por mí?", deberíamos preguntar: "¿Qué puedo hacer yo por mi prójimo?"

Jesús fue más allá de la interpretación negativa de esta regla común en esa época: "No hagas con los demás lo que no quieres que hagan contigo". Al presentarla de una manera positiva, Jesús no solamente se refirió a lo que debemos evitar sino, especialmente, lo que tenemos que hacer. En especial, debemos recordar que este principio no nos dice que debemos tratar a los demás como ellos nos tratan a nosotros. Después de todo, es fácil ser amables con quienes son amables con nosotros, o malos con quienes nos tratan mal; la mayoría de las personas lo pueden hacer. En vez de eso, nuestro amor hacia nuestro prójimo siempre debería ser independiente de la manera en que nuestro prójimo nos trata a nosotros.

Piensa en alguien que te ha tratado mal. ¿De qué modo has tratado tú, a su vez, a esa persona? ¿De qué forma el ejemplo de Cristo, y la manera en la que él trató a quienes lo maltrataron, nos enseña cómo podemos relacionarnos mejor con aquellos que no nos tratan con amabilidad?

SERVICIO ABNEGADO

¿Cuál es el mensaje básico de Mateo 25:31 al 46?

En el día final habrá muchas sorpresas. Los que estén a la derecha del Hijo del Hombre nunca podrían haberse imaginado que su manifestación de amor abnegado sería tan decisiva. Cristo no los felicitará por los sermones elocuentes que hayan predicado, ni por la tarea valiosa que hayan realizado o por las donaciones generosas que hayan hecho. En vez de eso, Cristo les dará la bienvenida al cielo por los pequeños actos de amor realizados a los más pequeños de sus hermanos.

Los que estén a la izquierda también se sorprenderán por la razón que dará el Rey para su veredicto. Algunos de ellos, incluso, dirán: "Señor, Señor, ¿no profetizamos en tu nombre, y en tu nombre echamos fuera demonios, y en tu nombre hicimos muchos milagros?" (Mat. 7:22). Aunque estos son actos deseables, sin una actitud de amor no tienen valor. Estas personas habrán profesado servir a Cristo, pero el Señor nunca los conoció (Mat. 7:23) porque ellos nunca lo amaron a él ni a sus hermanos. No practicaron los principios de la verdadera religión (Sant. 1:27).

Los comentadores han sugerido varias interpretaciones en cuanto a quiénes son "estos mis hermanos más pequeños" (Mat. 25:40). Es importante definir quiénes son, a fin de conocer el alcance de nuestra responsabilidad cristiana. Algunos intérpretes argumentan que los "hermanos más pequeños" de Jesús son los apóstoles y otros misioneros cristianos. Hallan apoyo para esta postura en Mateo 10:40 al 42, y concluyen que el destino de todos los seres humanos depende de la manera en que tratan a los misioneros cristianos. Otros eruditos, basados en Mateo 12:48 al 50, afirman que los "hermanos más pequeños" de Jesús son sus seguidores en general. No hay duda de que todos los discípulos de Jesús son sus hermanos; pero el alcance de las palabras de Jesús parece ser incluso mayor. Cristo "se identifica con cada hijo de la humanidad [...]. Es Hijo del Hombre, y así hermano de cada hijo e hija de Adán" (*DTG* 593).

> Piensa en algún momento en el que te encontrabas en gran necesidad de ayuda y alguien vino para auxiliarte. ¿Qué significó esa ayuda para ti en tu sufrimiento y dolor? ¿De qué manera esa experiencia te demostró por qué es tan importante que estemos dispuestos a ayudar de todas las formas posibles a otros que están pasando necesidad?

AMARÁS A TUS ENEMIGOS

La evidencia suprema de cristianismo genuino es el amor hacia nuestros enemigos. Jesús estableció este estándar elevado en contraste con la idea prevaleciente en sus días. A partir del mandamiento "amarás a tu prójimo como a ti mismo" (Lev. 19:18), muchos habían deducido algo que, en realidad, el Señor nunca había dicho ni planeado: *odiarás a tu enemigo.* Por supuesto, eso no estaba implícito en el texto mismo.

¿De qué maneras prácticas se puede manifestar amor hacia los enemigos, según Cristo? Luc. 6:27, 28.

Un adversario puede mostrarnos enemistad de tres maneras diferentes (Mat. 5:44): por una actitud hostil ("los que os aborrecen"), por medio de palabras soeces ("los que os maldicen") y por medio de acciones abusivas ("los que os ultrajan y os persiguen"). A esta triple forma de expresión de enemistad, Cristo nos instruye que respondamos con tres manifestaciones de amor: hacer buenas acciones por ellos ("haced [les] bien"), hablar bien de ellos ("bendecid [los]") e interceder por ellos ante Dios ("orad" por ellos). La respuesta cristiana a la hostilidad y el antagonismo es: "Vence con el bien el mal" (Rom. 12:21).

Nota que Jesús primeramente nos pide que amemos a nuestros enemigos y luego, como resultado, que demostremos este amor por medio de buenas acciones, palabras amables y oración intercesora. Sin el amor proveniente del Cielo, estas acciones, palabras y oraciones serían una falsificación hipócrita y ofensiva del verdadero cristianismo.

¿Qué razones mencionó Jesús para explicar por qué debemos amar a nuestros enemigos? Luc. 6:32-35.

A fin de ayudarnos a entender este mandamiento elevado, el Señor utilizó tres argumentos. Primero, debemos vivir por encima de los bajos estándares del mundo. Incluso los pecadores se aman unos a otros, y hasta los criminales se ayudan unos a otros. Si seguir el ejemplo de Cristo no nos elevara para vivir y amar de una forma superior a la virtud de los hijos de este mundo, ¿qué valor tendría? Segundo, Dios nos recompensará por amar a nuestros enemigos; aunque no tenemos que amarlos por la recompensa que recibiremos, Dios nos la otorgará con generosidad. Y tercero, este tipo de amor es una evidencia de nuestra comunión cercana con nuestro Padre celestial, que "es benigno para con los ingratos y malos" (Luc. 6:35).

CÓMO VIVIR COMO JESÚS

Las enseñanzas y el ejemplo de Jesús reflejan un ideal tan elevado de vida abnegada y llena de amor que podría hacernos sentir abrumados y desanimados. ¿De qué modo nosotros, que somos egoístas por naturaleza, podemos amar a nuestro prójimo de manera desinteresada? Desde un punto de vista humano, es simplemente imposible.

Pero, el Señor nunca nos pediría que amemos y sirvamos a aquellos que son detestables y desagradables sin proveernos, también, de los medios para hacerlo. Esta "no es una medida o norma que no podamos alcanzar. Cada mandato o precepto que Dios da tiene como base la promesa más firme. Dios ha provisto los elementos para que podamos llegar a ser semejantes a él, y lo realizará en favor de todos aquellos que no interpongan una voluntad perversa y frustren así su gracia" (*ADJ, Cap. 3. p. 122*).

¿Cuál es la promesa que subyace al mandato de amar a nuestros enemigos? Es la seguridad de que Dios es bondadoso y misericordioso para con los desagradecidos y malvados (Luc. 6:35, 36), lo cual nos incluye a nosotros. Podemos amar a nuestros enemigos porque Dios nos amó primero, aun cuando éramos sus enemigos (Rom. 5:10). Cuando reafirmamos diariamente nuestra aceptación de su sacrificio de amor por nosotros en la cruz, su amor abnegado impregna nuestra vida. Cuanto más percibimos y experimentamos el amor del Señor por nosotros, más fluye su amor en nosotros hacia los demás, incluso hacia nuestros enemigos.

¿Cuál es la relación entre permanecer en Cristo y en su amor, y amar a nuestro prójimo? Juan 15:4-12.

Además de renovar diariamente nuestra aceptación de la muerte de Cristo por nosotros, también necesitamos rendirle nuestra voluntad y permanecer en él. Así como Jesús mismo no buscó su propia voluntad sino la del Padre (Juan 5:30), también nosotros debemos depender de Cristo y de su voluntad. Pues, sin él, no podemos hacer nada.

Al decidir cada día someternos a Jesús, él vive en nosotros y por medio de nosotros. Entonces, "ya no vivo yo, mas vive Cristo en mí" (Gál. 2:20), y él cambia mis actitudes egocéntricas en una vida de amor desinteresado.

> Vuelve a leer Juan 15:4 al 12. ¿Cuál es el gozo del que habla Jesús allí? ¿De qué manera podemos experimentar el gozo que viene de servir a Cristo, incluso cuando no nos sentimos necesariamente alegres por nuestras circunstancias inmediatas?

PARA ESTUDIAR Y MEDITAR: Lee "El buen samaritano" y "'Estos mis hermanos pequeñitos'", *El Deseado de todas las gentes,* pp. 460-466; 592-597.

"En nuestro derredor hay pobres almas probadas que necesitan palabras de simpatía y acciones serviciales. Hay viudas que necesitan simpatía y ayuda. Hay huérfanos a quienes Cristo ha encargado a sus servidores que los reciban como una custodia de Dios. [...] Son miembros de la gran familia de Dios, y los cristianos, como mayordomos suyos, son responsables por ellos. 'Sus almas –dice–, demandaré de tu mano' " (*PVGM* 318, 319).

"No es la magnitud de la obra que hacemos, sino el amor y la fidelidad con que la realizamos lo que merece la aprobación del Salvador" (*ELC* 327).

PREGUNTAS PARA DIALOGAR:

1. A primera vista, la parábola de las ovejas y los cabritos parece enseñar que la salvación es por obras; es decir, que cuantas más obras buenas realicemos, mayor será la probabilidad de que entremos en el Reino de Dios. Pero, la sorpresa de los salvados revela que no demostraron amor a fin de obtener méritos. Jesús enseñó claramente que la vida eterna es el resultado de creer en él (Juan 3:15; 6:40, 47; 11:25, 25). Los verdaderos actos de amor son la evidencia, no la causa, de la salvación. ¿Cómo podemos esforzarnos por actuar con amor mientras que, al mismo tiempo, evitamos la trampa de pensar que estamos haciendo estas cosas a fin de ganar nuestro derecho al cielo? ¿Por qué es necesario que siempre hagamos la distinción entre el fruto de nuestra salvación y los medios para obtenerla?
2. Una cosa es amar a tus "enemigos" cuando solamente son criaturas antipáticas y molestas, tales como compañeros de trabajo difíciles, conocidos maleducados o vecinos desagradecidos. Eso es suficientemente difícil. Pero ¿qué sucede con los verdaderos enemigos, personas que te han hecho daño o que deseaban hacerles mal, a ti o a tu familia? ¿Cómo podemos amarlos? ¿Qué consuelo puede haber, si es que lo hay, en el hecho de que no se nos manda amarlos "como a ti mismo"?
3. Las personas pueden discutir con nosotros sobre nuestra teología, nuestra doctrina, nuestro estilo de vida; prácticamente, cualquier cosa. Pero ¿quién puede argumentar contra el amor abnegado y desinteresado? El amor abnegado revela un poder que trasciende todo argumento racional o lógico. ¿De qué manera podemos aprender a expresar este amor, sin importar el costo personal que nos pueda significar?

El sábado enseñaré...

Texto clave: Juan 13:34.

Enseña a tu clase a:

Saber cómo eran el estilo de vida personal de Jesús y sus enseñanzas, y derivar en una comprensión bíblica del amor.
Sentir el deseo de imitar el amante estilo de vida de Jesús en las elecciones diarias.
Hacer: Practicar el amor mediante actitudes pacientes, disposiciones perdonadoras y servicio práctico.

Bosquejo de la lección:

I. Saber: El estilo de vida y las enseñanzas de Jesús definen el amor auténtico.

A. Amar como Jesús amó depende, obviamente, de saber cómo amó Jesús; ¿qué acciones amantes realizó Jesús que te parecen más memorables?
B. ¿Qué narraciones o parábolas de Jesús definen mejor, para ti, el significado del amor?
C. Amar a los conocidos es fácil, a los extraños pueden ser desafiante, pero ¿cómo pueden las personas amar a sus enemigos?

II. Sentir: Dios infunde en el corazón ese deseo de amar como amó Jesús.

A. ¿En qué sentido estudiar el estilo de vida amante de Cristo desarraiga nuestro egoísmo innato y lo reemplaza por una compasión activa?
B. ¿De qué manera pueden los cristianos evitar que el estar alejados del sufrimiento los aísle de amar a los desechados?
C. ¿Cómo pueden los creyentes sobreponerse a los sentimientos de venganza contra quienes los perjudicaron y, en cambio, amarlos realmente?

III. Hacer: El amor de Cristo se expresa mediante acciones prácticas y actitudes humildes.

A. ¿De qué modo pueden los creyentes ejercitar paciencia durante períodos estresantes?
B. ¿Cómo debemos responder a la acusación de que el perdonar excusa la transgresión y estimula acciones dañinas adicionales?
C. ¿De qué forma pueden los cristianos llegar a ser más activos dentro de

sus comunidades, en expresar el amor de Cristo mediante un servicio práctico?

Resumen: Vivir como Cristo significa amar como Cristo, porque Cristo es amor.

Ciclo de aprendizaje

Pasajes destacados: Juan 13:34; 15:4-12; Lucas 6:27-35; 10:30-37; Marcos 10:21.

Concepto clave para el crecimiento espiritual: Jesucristo es la demostración esencial del amor. Al contemplar su carácter amante, somos transformados a su semejanza para ser cristianos amantes y amables.

{ 1: ¡Motiva!}

- **Solo para los maestros:** El "amor" tiene, aparentemente, muchas definiciones. Por ejemplo, la gente *ama* sus posesiones, sus alimentos o ciertos pasatiempos. Obviamente, el amor puede llegar a confundir mucho. El planeta Tierra necesita alguna definición normativa de amor auténtico. En el Antiguo Testamento, se ordena el amor a los vecinos y a los extraños con aplicaciones prácticas bosquejadas en las Escrituras. Las narraciones bíblicas (p. ej., las historias de Rut y del perdón que José otorgó a sus hermanos) ofrecen valiosas percepciones con respecto al amor. Pero, la imperfección humana a veces contamina esas ilustraciones. La demostración viviente de Cristo es la única que define el amor. Deseamos que este estudio de la Biblia cree en los creyentes ese anhelo irresistible de amar como Cristo amó.

Actividad inicial: La música, a menudo llamada el lenguaje del amor, presenta varias oportunidades áureas para iniciar el estudio sobre "amar como Jesús amó". Una opción sería repasar el himnario buscando composiciones que glorifiquen el carácter amante de Cristo. Los miembros pueden compartir conceptos de esos himnos, contando en qué sentido la letra afecta su comprensión del amor. Se pueden registrar y clasificar esas ideas. El sistema más sencillo sería tener tres encabezamientos: El amor divino demostrado mediante 1) la creación, 2) la redención y 3) el sostén diario.

Un ejercicio interesante sería comparar letras de canciones seculares y cristianas. ¿Cómo se compara el amor de Cristo con el amor al estilo del mundo? ¿Qué versión del amor está centrada en sí misma, y es superficial, sentimental e insegura, y por qué? ¿Cuál ofrece el fundamento más firme para edificar el reino de amor de Dios? Da razones para tu respuesta.

{ 2: ¡Explora!}

- **Solo para los maestros:** ¿Cómo sería vivir del mismo modo que un atleta bien conocido, digamos, del baloncesto? Sería imitar sus movimientos, copiar sus pases o acercamientos al aro, reproducir sus tiros famosos. ¿Cómo sería vivir como una reina europea? Tal vez se piense en el cortejo real, los vehículos de lujo, los asistentes personales y las cuentas bancarias bien abultadas.

¿De qué forma se representaría el vivir como Jesús? Respuesta: todo lo que está asociado con el amor auténtico. El objetivo de la lección de hoy es presentar al amante Jesús en forma tan efectiva que los miembros ansíen un mayor conocimiento de él y que, con ello, se transformen en cristianos amantes.

Comentario de la Biblia

I. Jesús vivió el amor

(Repasa, con tu clase, Mat. 20:28; 25:31-46; Juan 11:5; 15:13; Luc. 10:30-37.)

El amor sin acción está muerto. Lee con atención lo que Juan escribió en 1 Juan 3:16 al 19. La abnegación, la orientación hacia el servicio y el amor práctico caracterizaron el ministerio de Jesús. Desde el punto de vista de Cristo, todos estaban incluidos: los ancianos, los jóvenes, los extranjeros, los niños, los aristócratas, los desechados sociales, los soldados y los pescadores. Su sencillo estilo de vida personal canalizaba sus energías en un ministerio amante.

Cristo encarnó los principios de Levítico que amonestaban a Israel a amar a sus prójimos y a los extranjeros (Lev. 19:18, 34). Cuando comenzó el ministerio de Jesús, los conflictos territoriales y la intolerancia religiosa habían anulado cualquier intento realista de cumplir esos ideales. No obstante esas circunstancias, Cristo derribó la intolerancia judía, que incluía a los romanos, a los griegos, a los siriofenicios, a los samaritanos, a los endemoniados, a los leprosos y a otros. Jesús encarnó el amor universal. La parábola de un samaritano anónimo habla de aceptación universal. El carácter, y no el color de la piel, determina la virtud. Definió *prójimo* como todo aquel que tiene necesidad, y que *ser* un prójimo es atender la necesidad.

Más tarde, Jesús enmarcaría el *requisito* de servir dentro del contexto del juico apocalíptico. En la interpretación judía, las expresiones proféticas señalaban hacia la escena final en la que Dios juzgaría a las naciones. Jesús mezcla ese trasfondo con las prácticas corrientes del ganado en Mateo 25. Mientras que las ovejas y las cabras pacen juntas durante el día, los pastores palestinos típicamente las separaban hacia la puesta del sol. Las cabras, aparentemente, requerían más calor, mientras que las ovejas preferían los espacios abiertos. Jesús proyecta esto hacia el futuro, figuradamente, al juicio cuando el pueblo fiel de Dios sea separado de los que están destinados a la condenación. El punto principal es cómo sirvieron a Cristo en la persona de los que estaban marginados en la sociedad. Nunca se acusa a los condenados de *maltratar*. Su sentencia se debe solamente a haber retenido algo. La ignorancia fue rechazada como factor atenuante. Así, Jesús personalizó la importancia de servir a todos sin distinción.

Considera: Basado en el ministerio terrenal de Jesús, define el significado del servicio amante.

II. Ama a tus enemigos

(Repasa, con tu clase, Luc. 6:27-35; Mat. 5:44; Rom. 12:21.)

Hace años, el mensaje del evangelio se expandió a las islas Salomón, transformando a caníbales en diáconos en una generación. Entre esos conversos, había dos jefes llamados Panapa y Tamati. Antes de su conversión, había guerras intertribales que involucraban a sus aldeas opuestas. Panapa había asesinado al padre de Tamati, y luego lo habían comido. Luego, aunque vivían en lugares diferentes, se encontraron asistiendo a la misma iglesia. Se sirvió la Cena del Señor. Las emociones de Tamati hervían. Enfurecido, salió de la iglesia. El pensamiento de celebrar la Cena del Señor con el asesino de su padre lo abrumó. ¡Que hipocresía! Antes de irse muy lejos, Tamati comenzó a volver sobre sus pasos hasta el edificio donde todavía se celebraba la Comunión. Apenas se había sentado, su resentimiento resurgió y rápidamente volvió a salir. Fuera de la iglesia, su conciencia se despertó. Meditó en su condición espiritual y se dio cuenta de que, si el evangelio había de transformar las islas, debía aprender a perdonar. Con gran dificultad, regresó a la iglesia una vez más, todavía herido, pero finalmente en paz. Cuando concluyó la celebración, los hombres se abrazaron con lágrimas, y una isla quedó unida. Dos hombres liberados salieron de la iglesia. Panapa se liberó de su acción vergonzosa. Tamati estaba libre de su sed de venganza.

Considera: ¿Por qué es imposible vivir y amar como Jesús si no has perdonado a tus enemigos? ¿Qué cargas llevas por no poder perdonar? ¿De qué libertades podrás gozar cuando eso cambie?

{ 3: ¡Aplica!}

- **Solo para los maestros:** La sociedad moderna abunda en religiosidad superficial. Miles hablan, pero ¿dónde están aquellos que hacen elecciones difíciles, imitando a Cristo, y que honran a Dios, como Tamati? Nuestro Padre celestial nunca indicó que eso sería fácil. Cristo advirtió que sus seguidores sufrirían. Jesús también predijo que las recompensas acompañarían a los sufrientes en el cielo, en el futuro, pero ahora tendrían corazones llenos de paz. Vivir como vivió Jesús es su propia recompensa. ¿De qué forma pueden los creyentes amar como amó Jesús, y vivir de modo que su amor llegue a ser una fuerza transformadora en sus comunidades?

Actividad: Divide a la clase en grupos y pide que preparen una lista de maneras prácticas de amar como Jesús. Piensa en narraciones bíblicas, e identifica las personas a las que Jesús sirvió. Encuentra paralelos en la sociedad moderna, y analiza formas en que las personas puedan amar como Jesús las ama. Reúne luego a la clase e invita a cada grupo a que cuente sus ideas a todos. (Algunas ideas pueden servir de base para actividades misioneras futuras.)

Otra actividad útil: Necesitarás un trozo de madera y un refuerzo en forma de escuadra metálica, apropiado al tamaño de la madera. Antes de la clase, corta una ranura en la madera, de un centímetro de profundidad. En la clase, muestra la madera y señala el corte. Pregunta: "¿Será esta madera tan fuerte como si no tuviera ese corte?" La respuesta es "No". Luego enseña la escuadra, y muestra cómo esta puede restaurar algo de la fuerza perdida. El punto es que cada uno ha sido herido en algún momento. Esas heridas nos inmovilizarán si se lo permitimos. Las personas heridas no pueden amar como Jesús amó, pero el poder restaurador de Cristo puede restablecer la fuerza para que puedan hacerlo.

{ 4: ¡Crea!}

- **Solo para los maestros:** Amar como Cristo amó demanda, antes que todo, consagración; sin embargo, la creatividad constituye un buen elemento adjunto a la consagración.

Actividad: Tomen uno o dos de los himnos que usaron hoy y, basados en el estudio de esta semana y lo conversado en la clase, preparen una o varias estrofas adicionales. Pueden ser de adoración, de renovación del aprecio por el amor de Cristo. Pueden ser visionarias y expresar nuevos enfoques para compartir el amor de Cristo. Canten esas nuevas estrofas durante un culto futuro o en otro momento. Cierren el estudio con una oración pidiendo que el Espíritu de Dios abra oportunidades de amar como Jesús amó, y que la clase esté dispuesta a responder a esa invitación.

Lección 8: Para el 23 de agosto de 2014

LA **IGLESIA**

Sábado 16 de agosto

LEE PARA EL ESTUDIO DE ESTA SEMANA: Deuteronomio 32:4; Salmo 28:1; Juan 17; Juan 15:1-5; Mateo 7:1-5; 5:23, 24; 18:15-18.

PARA MEMORIZAR:
"Mas no ruego solamente por éstos, sino también por los que han de creer en mí por la palabra de ellos, para que todos sean uno; como tú, oh Padre, en mí, y yo en ti, que también ellos sean uno en nosotros; para que el mundo crea que tú me enviaste" (Juan 17:20, 21).

LAS RAÍCES DE LA IGLESIA CRISTIANA PUEDEN SER RASTREADAS hasta Adán, Abraham y los hijos de Israel. El Señor llamó a Abraham, y luego a los israelitas, para que entraran en una relación de pacto con él a fin de bendecir al mundo por medio de ellos. En el transcurso de la historia sagrada, esa relación de pacto fue continuada por la iglesia.

La iglesia no es un invento de los apóstoles ni de cualquier ser humano. Durante su ministerio, Cristo mismo anunció su intención de establecer a su iglesia: "[...] edificaré mi iglesia" (Mat. 16:18). La iglesia debe su existencia a Jesucristo. Él es su originador.

Según los Evangelios, el término *iglesia* aparece en los labios de Jesús solamente tres veces (Mat. 16:18, 18:17). Esto no significa, sin embargo, que él no haya hablado sobre el tema. De hecho, Jesús enseñó conceptos muy importantes en relación con la iglesia. Nuestro estudio, esta semana, se centrará en dos ideas fundamentales: el fundamento de la iglesia y su unidad.

EL FUNDAMENTO DE LA IGLESIA

Jesús dijo: "Sobre esta roca edificaré mi iglesia" (Mat 16:18). ¿Quién es la *roca* (*petra*, en griego) sobre la cual la iglesia está construida? Algunos intérpretes creen que Pedro es la roca. Argumentan que el Señor utilizó un juego de palabras entre *Pedro* y *roca* (*Petros* y *petra*, respectivamente, en griego), un juego de palabras que, supuestamente, sería más claro en arameo, el idioma que probablemente utilizó Jesús. Sin embargo, el hecho es que nadie sabe con certeza qué palabras usó Jesús en arameo. Solamente tenemos el texto griego registrado por Mateo, que hace una distinción entre *Petros* (piedra) y *petra* (roca), una distinción que no se puede ignorar.

Hay buenas razones para afirmar que *petra* se refiere a Cristo. El contexto inmediato de la aseveración de Jesús (Mat. 16:13-20) se centra en la identidad y la misión de Cristo, no de Pedro. Además, Jesús había utilizado anteriormente la imagen de construir sobre una roca, claramente identificando la roca como él mismo y sus enseñanzas (Mat. 7:24, 25).

¿Cuál es el significado simbólico de "roca" en el Antiguo Testamento? Deut. 32:4; Sal. 28:1; 31:2, 3; 42:9; 62:2; Isa. 17:10.

Cuando Pedro y los otros apóstoles escucharon a Jesús hablar sobre construir su iglesia sobre una roca, debieron de haber interpretado esta imagen en términos de lo que significaba en el Antiguo Testamento, es decir, un símbolo de Dios.

Pedro mismo afirmó que Cristo es "la piedra reprobada por vosotros los edificadores, la cual ha venido a ser cabeza del ángulo" (Hech. 4:11), y le asignó el término *roca* a Cristo como el fundamento de la iglesia (1 Ped. 2:4-8). Aunque comparó a los cristianos en general con "piedras vivas", Pedro aplicó el término *roca* (*petra*) únicamente a Cristo. En la Biblia, ningún ser humano es llamado *petra*, excepto Jesús.

El apóstol Pablo también utilizó el término *petra* refiriéndose a Cristo (Rom. 9:33; 1 Cor. 10:4) y declaró enfáticamente que "nadie puede poner otro fundamento que el que está puesto, el cual es Jesucristo" (1 Cor. 3:11). Concluimos, por lo tanto, que la iglesia apostólica entendió unánimemente que Jesucristo mismo es la *petra* subyacente sobre la cual está construida la iglesia, y que los profetas y apóstoles, incluyendo a Pedro, son la primera hilera de piedras vivientes en el edificio espiritual de la iglesia (Efe. 2:20).

¿Por qué es tan importante saber que la iglesia, aunque a veces parezca débil, está fundada sobre Cristo mismo?

LA ORACIÓN DE JESÚS POR UNIDAD

Era jueves de noche. Después de la Última Cena, Jesús y sus discípulos se dirigieron al Monte de los Olivos. En el camino a Getsemaní, Jesús se detuvo y oró por él mismo, por sus discípulos y por todos los que, más tarde, habrían de creer en él por la predicación de los apóstoles. Aunque la agonía de la cruz estaba delante de él, su mayor preocupación no era él mismo, sino sus seguidores. Juan 17 presenta la oración intercesora más larga de Jesús que se registra en la Biblia. Es alentador pensar que oró por todos los creyentes en él, incluidos cada uno de nosotros.

Lee Juan 17. ¿Cuál fue el pedido de oración principal de Jesús hacia el Padre, en relación con los creyentes? Lee especialmente los versículos 21 al 23.

La unidad es crucial para la vida de la iglesia. Podemos percibir su importancia en el hecho de que Cristo repitió cuatro veces su profundo deseo de que sus seguidores sean uno (Juan 17:11, 21-23). En esa hora final y especial, el Señor pudo haber orado por muchas otras cosas muy importantes y necesarias. Sin embargo, enfocó su oración en la unidad de los creyentes. Sabía que el mayor peligro para la iglesia sería un espíritu de rivalidad y división.

El ruego de Jesús no es por uniformidad, sino más bien por una unidad personal similar a su relación con el Padre. Él y el Padre son dos personas diferentes el uno del otro y cumplen distintas funciones. Aun así, son uno en naturaleza y propósito. De la misma manera, todos nosotros tenemos diferentes temperamentos, contextos, habilidades y roles, pero todos debemos permanecer unidos en Jesucristo.

Este tipo de unidad no se da espontáneamente. A fin de tenerla, debemos aceptar completamente el señorío de Cristo en nuestra vida. Él debe moldear nuestro carácter, y nosotros tenemos que rendirle nuestra voluntad a él.

Esta unidad no es un fin en sí mismo. Es un testimonio para inspirar al mundo a creer en Cristo como el Salvador enviado por el Padre. La unidad armoniosa entre hombres de diversas disposiciones es el testimonio más poderoso de que Dios ha enviado a su Hijo para salvar a los pecadores. Es una evidencia incuestionable del poder salvador y transformador de Cristo. Y tenemos el privilegio de brindar este testimonio.

Muchas veces, la unidad se ve amenazada simplemente por el egoísmo. ¿De qué manera podemos asegurarnos de no poner en peligro la unidad sin una razón justificable?

LA PROVISIÓN DE CRISTO PARA LA UNIDAD

¿Cuál es el fundamento de la unidad que pidió Jesús para su iglesia? Juan 17:23; Juan 15:1-5.

"Vosotros en mí, y yo en vosotros" (Juan 14:20) expresa la relación íntima que debemos tener con Jesús. La presencia de Jesús en nuestros corazones produce unidad. Él trae a nuestra vida dos cosas que son indispensables para la unidad: la Palabra divina y el amor divino.

Si tenemos a Jesús, también tendremos sus palabras, que, en realidad, son las palabras del Padre (Juan 14:24; 17:8, 14). Jesús es "la verdad" (Juan 14:6), y la Palabra del Padre también "es verdad" (Juan 17:17). La unidad en Jesús significa unidad en la Palabra de Dios. A fin de tener unidad, debemos estar de acuerdo con el contenido de la verdad, tal como es presentada en la Palabra de Dios. Cualquier intento de obtener unidad sin adherirse a un cuerpo de creencias bíblicas está destinado a fracasar.

El Señor también desea que sus seguidores estén unidos por el amor verdadero. Si tenemos a Jesús, tendremos el amor perfecto que el Padre tiene para con el Hijo (Juan 17:26). Este amor no es una emoción o un sentimiento temporal, sino un principio viviente y permanente de acción. A fin de poseer amor verdadero, debemos tener menos del yo y más de Jesús. Nuestro orgullo egoísta debe morir, y Jesús debe vivir en nosotros. Entonces, nos amaremos verdadera y sinceramente los unos a los otros, haciendo posible la unidad perfecta que Jesús pidió.

"Cuando aquellos que profesan creer la verdad sean santificados en la verdad, cuando aprendan de Cristo, de su mansedumbre y humildad, entonces habrá unidad completa y perfecta en la iglesia" (*ST*, 19 de septiembre, 1900).

No siempre ha sido fácil mantener la verdad en alta estima y, al mismo tiempo, tener verdadero amor unos por otros. Siempre existe el riesgo de enfatizar uno a expensas del otro. Hubo un tiempo en el que la doctrina sola era considerada el elemento más importante para la unidad. Afortunadamente, esta falta de equilibrio se ha ido corrigiendo gradualmente. Hoy, sin embargo, corremos el riesgo de irnos al otro extremo: pensar que, para la unidad, el amor es más importante que la verdad. Debemos recordar que el amor sin la verdad es ciego, y la verdad sin amor es infructuosa. La mente y el corazón deben trabajar juntos.

La iglesia apostólica exhibió la unidad por la cual oró Jesús: "Y perseveraban en la doctrina [verdad] de los apóstoles" y "en la comunión [amor] unos con otros" (Hech. 2:42).

UN GRAN OBSTÁCULO PARA LA UNIDAD

¿De qué manera las palabras de Jesús registradas en Mateo 7:1 al 5 pueden ayudarnos a evitar divisiones y conflictos en la iglesia?

Es mucho más fácil ver los errores de otros que los propios. Criticar a los demás da un falso sentimiento de superioridad, porque el crítico se compara a sí mismo con otros seres humanos que parecen ser peores que él. Nuestro objetivo, sin embargo, no es compararnos con los demás, sino con Jesús.

Cuántos problemas podríamos evitar si todos obedeciéramos el mandato divino: "No andarás chismeando entre tu pueblo" (Lev. 19:16). Es una verdad dolorosa que "el chismoso aparta a los mejores amigos" (Prov. 16:28).

Por otro lado, hay circunstancias en las que es necesario hablar acerca de otra persona. Antes de hacerlo, sin embargo, deberíamos hacernos tres preguntas:

1. *¿Es verdad lo que estoy por decir?* "No hablarás contra tu prójimo falso testimonio" (Éxo. 20:16). A veces, podemos informar algo como un hecho cuando en realidad es una suposición o una conjetura. Además, inconscientemente, podríamos llegar a añadir nuestra propia valoración y correr el riesgo de juzgar erróneamente las intenciones de otras personas.
2. *¿Es edificante lo que estoy por decir?* ¿Será de ayuda para aquellos que lo escuchen? Pablo nos amonesta a hablar solamente lo que sea bueno "para la necesaria edificación" (Efe. 4:29). Si hubiera algo que fuera verdadero pero no edificante, ¿no sería mejor no decirlo?
3. *¿Es posible decirlo con amor?* La manera en que decimos algo es tan importante como lo que decimos (Prov. 25:11). Si es verdadero y edifica, debemos estar seguros de que podemos decirlo de una manera que no ofenda a otras personas.

Santiago compara la lengua con un pequeño fuego que enciende un gran bosque (Sant. 3:5, 6). Si escuchamos un chisme, no deberíamos añadir más leña al fuego, porque "sin leña se apaga el fuego, y donde no hay chismoso, cesa la contienda" (Prov. 26:20). El chisme requiere una cadena de trasmisores para permanecer vivo. Podemos detenerlo simplemente rehusándonos a escucharlo; o, si ya lo hemos hecho, evitando repetirlo. "En vez de causar daño con los chismes, hablemos del inigualable poder de Cristo, y conversemos de su gloria" (*ATO* 304).

No cabe duda alguna: criticar a otros puede hacernos sentir mejor acerca de nosotros mismos. ¿Qué sucede, sin embargo, cuando nos comparamos a nosotros mismos con Jesús?

LA RESTAURACIÓN DE LA UNIDAD

¿Por qué la reconciliación con un hermano que hemos ofendido es un prerrequisito para la adoración aceptable? Mateo 5:23, 24.

Había distintos tipos de ofrendas que eran llevadas al altar, pero Jesús probablemente se refirió a un animal sacrificado para que el pecador pudiera recibir el perdón divino. Antes de poder obtener el perdón de Dios, sin embargo, debemos arreglar nuestras cuentas con los demás. La reconciliación requiere un reconocimiento humilde de nuestras faltas. Sin esa actitud, ¿cómo podemos pedir el perdón de Dios?

¿Qué tres pasos deberíamos seguir si alguien nos ha hecho daño? Mateo 18:15-18.

Jesús nos dice que, en vez de hablar acerca de la ofensa con otras personas, debemos hablar con quien se equivocó, no para criticar a esa persona, sino para mostrarle su error e invitarla a arrepentirse (Lev. 19:17). Con un espíritu de mansedumbre y tierno amor, deberíamos hacer todo intento posible para ayudarlo a ver su error, permitiéndole arrepentirse y pedir disculpas. Es muy importante no avergonzar a esa persona haciendo público su error. Eso haría que su restauración y recuperación fuera más difícil.

Idealmente, la conversación privada llevará al arrepentimiento y la reconciliación. No obstante, si el ofensor no reconoce su error ni está dispuesto a corregirlo, el siguiente recurso es llevar a uno o dos testigos (Deut. 19:15), en un esfuerzo por persuadir a la persona descarriada. Estos testigos no deben estar involucrados personalmente en la situación, a fin de estar en condiciones de llamar a la persona al arrepentimiento. Si el ofensor se rehúsa a escuchar su consejo, los testigos pueden declarar sobre los esfuerzos realizados en favor de la persona.

Por último, y solamente si los primeros dos intentos han fracasado, deberíamos decirlo "a la iglesia"; no para que ya se lleve a cabo un acto disciplinario, sino para que se realice un último llamado al arrepentimiento. Desde el principio, todo el proceso debería tener un objetivo redentor (Gál. 6:1).

> Cuando alguien nos ha hecho daño, ¿por qué, tan a menudo, no seguimos el procedimiento estipulado por Jesús? ¿De qué formas podemos aprender a no permitir que un deseo de venganza nuble nuestros pensamientos?

PARA ESTUDIAR Y MEDITAR: Lee "Unidad cristiana", *Testimonios para la iglesia*, t. 5 pp. 218-229.

"La unión hace la fuerza; la división significa debilidad. Cuando los que creen la verdad presente están unidos, ejercen una influencia poderosa. Satanás lo comprende bien. Nunca estuvo más resuelto que ahora a anular la verdad de Dios causando amargura y disensión entre el pueblo del Señor" (*TI* 5:218).

"Debemos esforzarnos por pensar bien de todos, especialmente de nuestros hermanos, a menos que estemos obligados a pensar de otra manera. No debemos dar apresurado crédito a los malos informes. Son con frecuencia el resultado de la envidia o de la incomprensión, o pueden proceder de la exageración o de la revelación parcial de los hechos" (*ibíd.* 55).

PREGUNTAS PARA DIALOGAR:

1. La unidad es sumamente importante para la iglesia cristiana. No obstante, ¿cuán bien se ha mantenido esa unidad? ¿De qué modo piensas que un no cristiano, al observar el cristianismo, consideraría la idea de "unidad cristiana"?
2. Jesús nos indica que debemos perdonar a aquellos que nos hacen daño. Pero ¿qué sucede si no se han arrepentido y no nos piden perdón? ¿Cómo deberíamos relacionarnos con ellos?
3. ¿Cuál es la relación entre el amor y la disciplina?
4. El movimiento ecuménico afirma ser un intento de crear la unidad por la cual oró Cristo. Por más bienintencionados que sean los motivos que algunos puedan tener, ¿qué problemas podemos identificar en el movimiento ecuménico, además de las problemáticas obvias relacionadas con los eventos del tiempo del fin?
5. "Debemos esforzarnos por pensar bien de todos, especialmente de nuestros hermanos, a menos que estemos obligados a pensar de otra manera". ¿De qué manera deberíamos entender esa frase, especialmente a la luz de la naturaleza caída de la humanidad?

El sábado enseñaré...

Texto clave: Juan 17:20, 21.

Enseña a tu clase a:

Saber las características de una iglesia unificada, contrastando la idea de unidad con la de uniformidad.
Sentir la bendición de pertenecer a una familia espiritual unificada y mundial.
Hacer: Unirse con algún grupo de la iglesia local e invertir tiempo, energía, talentos y recursos financieros para expandir el Reino de Dios.

Bosquejo de la lección:

I. Saber: La unidad caracteriza a la iglesia auténtica.

A. ¿En qué sentido la falta de unión paraliza la capacidad de la iglesia para cumplir su misión?
B. ¿En qué difiere la unidad de la uniformidad, y por qué no debemos confundirlas?
C. ¿Cuál es la provisión de Cristo para la unidad, y qué implicaciones conlleva para la vida devocional de los creyentes?

II. Sentir: Pertenecer a una familia espiritual abre oportunidades para bendecir a otros y ser bendecidos.

A. ¿De qué modo el sentirse unidos con otros creyentes afecta la salud emocional personal del cristiano?
B. ¿Cómo afectan a la unidad de la iglesia las críticas y actitudes de censura?
C. ¿De qué manera deben estar equilibrados los aspectos emocionales de la iglesia (amor, sentimientos, compañerismo) con los aspectos éticos (doctrina, verdad, principios)?

III. Hacer: Pertenecer a la iglesia sella el compromiso de la persona a familias de la iglesia.

A. ¿Por qué el pertenecer a una iglesia es responsable y ventajoso? Compara las actitudes de las personas que se casa con las que, sencillamente, viven juntas. ¿Qué diferencia marca el compromiso matrimonial?
B. ¿Por qué el pertenecer a una iglesia no tiene sentido sin una inversión de energía, creatividad y recursos financieros? ¿Cómo se compara esto con un matrimonio "decaído", en el cual ninguno de los dos contribuye en nada a la relación?

Resumen: La iglesia sirve mejor a los miembros y a la comunidad cuando está unida.

Ciclo de aprendizaje

Texto destacado: Juan 17:20, 21.

Concepto clave para el crecimiento espiritual: Sin la unidad que Jesús desea, la novia de Cristo, la iglesia, se debilita y termina debajo del nivel que es necesario, y entonces no puede expandir bien el Reino de Dios.

{ 1: ¡Motiva!}

- **Solo para los maestros:** Los grupos de atletismo, las organizaciones voluntarias, las corporaciones multinacionales, las orquestas sinfónicas, los negocios pequeños, los partidos políticos, los gobiernos, etc., se desintegran y dejan de lograr sus misiones respectivas cuando la *desunión* afecta a quienes los componen. ¿Está exenta la iglesia de este esquema? Los socios activos de Satanás garantizan que la iglesia no esté exenta de su ataque. Las fuerzas demoníacas explotan muchas debilidades: personalidades egocéntricas; malas comunicaciones intencionales e involuntarias; divisiones naturales como sexo, nacionalidad y etnicidad; disposiciones muy sensibles; actitudes beligerantes; puntos de vista que se creen muy justos y buenos; y miles de otras debilidades. ¿Están indefensas las iglesias contra tales ataques?

Nuestro estudio actual provee respuestas, procedimientos y estrategias para proteger la unidad de la iglesia. Sin embargo, la aplicación contemporánea de estos principios eternos depende del discernimiento guiado por el Espíritu. Recuerda, los recursos inagotables del Cielo están a disposición de tu clase. Enseña creyendo que el Espíritu de Dios puede usar a tu clase para unificar a la iglesia. ¡Él puede!

Actividad inicial: Trae un objeto que se pueda dividir y al cual tengas fácil acceso. Primero, analicen el propósito del objeto, y su valor. Luego, indica cómo funciona. ¿Puede el objeto alcanzar su propósito si se rompe en pedazos? ¿Cuánto vale si no logra sus propósitos? ¿Puede actuar el objeto si se lo divide? Después, analicen cuál es el propósito de la iglesia. Pregunta: "¿Qué hace que la iglesia sea valiosa?" Analicen cómo las diversas facetas de la iglesia actúan y se coordinan unas con otras. ¿Qué sucede con la misión de la iglesia si esta es invadida por las divisiones? ¿De qué modo es posible restaurar las fracturas para que la misión divina pueda avanzar? ¿Cómo puede mantenerse la unidad sin la uniformidad? ¿En qué se diferencia la unidad de la uniformidad? ¿De qué manera la unidad contribuye al logro de los propósitos de Dios para la iglesia?

{ 2: ¡Explora!}

- **Solo para los maestros:** Al presentar esta lección necesitas hacer énfasis en tres cosas. La primera es teológica: ¿Por qué es necesaria e importante la unidad? La respuesta es más profunda que la bondad y el respeto mutuo, o la realización de la misión de Cristo. ¿Por qué estas son importantes? La segunda es práctica: ¿Cómo puede la iglesia cumplir la comisión evangélica si está dividida? La tercera se centra en nuestro Ejemplo: Dios. Si la falta de armonía, los celos o los conflictos hubieran dividido a la Deidad, ¿dónde estaríamos hoy los cristianos?

Comentario de la Biblia

I. El único fundamento de la iglesia: Cristo

(Repasa, con tu clase, Mat. 7:24, 25; 16:18; Hech. 4:11.)

Algunas teologías postulan que Mateo 16:18 indica que se designa a Pedro como el fundamento de la iglesia de Cristo. ¿Designaría Cristo a un Pedro cobarde, impetuoso, boca sucia, para ser el fundamento del cristianismo? ¡*Nuestra* mala conducta a veces hace que las cosas tengan esa apariencia! Pero, a pesar de eso, Jesús hizo algo infinitamente mejor: se ofreció a sí mismo. Más tarde, Pedro reconoció que Jesús era la principal piedra del ángulo de la iglesia de Dios (Hech. 4:11; 1 Ped. 2:4-8). La fuerza y la capacidad humanas fueron insuficientes para guiar a esa naciente institución a la victoria. Se necesitó el poder del Espíritu de Dios y su sabiduría infinita. Otros fundamentos podrían parecer temporariamente capaces, pero un Dios eterno, proveyendo sucesores guiados por el Espíritu (Efe. 2:20), era absolutamente necesario.

Considera: ¿Qué acciones de la iglesia contemporánea sugieren a los creyentes que la iglesia puede tener fundamentos meramente humanos? ¿Cómo pueden los cristianos determinar cuándo las tradiciones, los temperamentos obstinados, y las filosofías humanistas, han suplantado a Cristo y su Palabra como el único fundamento de la iglesia? ¿De qué manera los cristianos deben considerar esta condición y corregirla?

II. Líneas unidas de oración

(Repasa las líneas de la oración de Cristo pidiendo unidad, registrada en Juan 17, en especial los vers. 21-23.)

El contexto de la oración intercesora de Cristo se bosqueja en los versículos iniciales de Juan 17. La misión de Cristo era restaurar la relación quebrada entre Dios y su pueblo. La unión con Dios se realizó por medio de la expiación de Cristo. Conocer a Dios significa recibir vida eterna.

La preocupación de Cristo en Juan 17 era el éxito permanente de su misión. La crucifixión era inminente. No había predecesor junto al sendero que Cristo tomaba. Nunca un mortal había vencido el pecado y la muerte. Expresiones proféticas (Isaías) y literatura apocalíptica (Daniel) predecían su triunfo. Cristo confiaba en su Padre celestial y creía estas promesas, pero agonizaba al contemplar la tremenda empresa que tenía por delante. ¿Podrían los discípulos cumplir la misión durante su ausencia? Él les prometió al Consejero celestial, pero ¿estarían los discípulos dispuestos a someter a él sus opiniones, disposiciones y temperamentos divisivos? Poco después, Jesús ascendería al cielo, y su novia de corta edad sería confiada a los Hijos del Trueno (Santiago y Juan) y al canto rodado (Pedro). En las horas finales, discutían quién ocuparía el sitial más elevado dentro del gobierno de Cristo. Estos hombres comprendieron mal el marco armonioso que Jesús había ejemplificado (unidad con el Padre, unidad con el Espíritu). ¿Colapsaría el naciente movimiento?

La unicidad y la unidad aparecen en sus palabras finales. Esa unión con Dios que trae la salvación dependía de una entrega completa de ellos. Su unión mutua dependía de su unión con Dios. Estas dos uniones son paralelas. Destruir su unidad humana afectaría su unión con Dios, quien es vida eterna. La unidad perfecta los capacitaría para dar un testimonio efectivo al mundo y cumplir así la comisión evangélica. La desunión los incapacitaría para esa empresa y comprometería su misión.

Considera: ¿Qué cosas podrías estar haciendo que producen falta de unidad en tu iglesia? ¿Seguirías haciendo eso si te dieras cuenta de que esta testarudez compromete tu relación salvífica con Dios? ¿Qué harías si te dieras cuenta de que el testimonio de la iglesia está bloqueando la entrada de los no creyentes?

{ 3: ¡Aplica!}

- **Solo para los maestros:** La construcción de una rueda de bicicleta proporciona una ilustración útil con respecto a la unidad. Los rayos individuales están más alejados entre sí en el borde (la llanta) que junto al eje. Cuanto más cerca están del eje, más cerca están una de la otra. Jesús, que sacrificó su vida en el Calvario, es nuestro Eje. Sin embargo, muchos cristianos viven en la periferia, en el aro o la llanta. Trivializan la vida espiritual mediante una teología que se sirve a sí misma. Las almas sedientas quieren conocer a Dios para poder experimentar la vida eterna. Necesitamos compartir cómo ha llegado Dios a ser real en nuestras vidas. Nos acercamos al Eje mediante conversaciones sinceras con Dios y el estudio de las Escrituras. Al aproximarse los creyentes a Dios, se juntan con los hermanos que tienen el mismo pensamiento. Si la unidad fue necesaria alguna vez, realmente la necesitamos ahora. ¿Cómo pueden los creyentes alcanzar y experimentar la unidad que Dios generosamente les ofrece?

Actividad: Usa un dibujo de una rueda de bicicleta y analicen aquello que divide a las iglesias. ¿Qué cosas son periféricas? Analicen lo que nos llevan más cerca de Jesús individualmente y como iglesia ¿Qué cosas son esenciales? Recuerda que la verdad bíblica no puede comprometerse, y la unidad con el error es falsa; pero los elementos esenciales de la salvación no son complicados ni confusos. ¿Cuál es la fuente de las disputas teológicas? Cuando entremos al cielo, quedaremos asombrados de cuán sencilla era la clave para la unidad.

{ 4: ¡Crea!}

- **Solo para los maestros:** Mateo 18 bosqueja procesos y procedimientos con los que se pueden resolver los conflictos en la iglesia. Sin embargo, rara vez se sigue este consejo, aunque se lo conoce. Jesús estableció la reconciliación con los hermanos ofendidos como un prerrequisito para la adoración aceptable. La unidad cristiana no es un resultado deseado, sino un ingrediente esencial. Los globos sin aire son solo trozos de goma o plástico elásticos y coloridos. Como el aire en un globo, así es el Espíritu para la vida espiritual. Se da el Espíritu a aquellos que hacen de la reconciliación su primera prioridad.

Actividad: Prepara materiales promocionales, centrados en los tres pasos de la reconciliación bosquejados en Mateo 18:15 al 18. Un hábil dibujante de tu clase puede hacer algunos dibujos sencillos para ilustrar los principios. Prepara posters, folletos, panfletos o banderines. Puedes preparar una presentación con un Power Point o un video.

Lección 9: Para el 30 de agosto de 2014

NUESTRA **MISIÓN**

Sábado 23 de agosto

LEE PARA EL ESTUDIO DE ESTA SEMANA: Mateo 5:14-16; Lucas 24:48, 49; Juan 20:21; Mateo 28:19, 20; Apocalipsis 14:6-12.

PARA MEMORIZAR:
"Y será predicado este evangelio del reino en todo el mundo, para testimonio a todas las naciones; y entonces vendrá el fin" (Mat. 24:14).

AL PRINCIPIO DE SU MINISTERIO, JESÚS LLAMÓ A PEDRO y a Andrés para que fueran sus discípulos, lo cual significaba que debían traer a otras personas a Jesús. "Venid en pos de mí, y os haré pescadores de hombres", les dijo (Mat. 4:19). Más tarde, eligió a doce discípulos "para que estuviesen con él, y para enviarlos a predicar" (Mar. 3:14).

Cristo envió a los doce apóstoles y, más tarde, a setenta discípulos para evangelizar (Mat. 10:5-15, Luc. 10:1-12). Después de su resurrección, Cristo apareció varias veces a sus discípulos (1 Cor. 15:3-8) y colocó en sus manos la responsabilidad de predicar el evangelio (Hech. 1:2, 3). Vez tras vez les confió la comisión evangélica. Ninguno de los escritores de los Evangelios registró todas las palabras que dijo Jesús. Más bien, cada uno anotó algunas frases de las instrucciones del Señor. Cada uno enfatizó un aspecto diferente de la Comisión Evangélica y, de ese modo, nos proveyeron información valiosa en cuanto a su propósito, su metodología y su alcance.

Esta semana analizaremos la Comisión Evangélica tal como la presentó Jesús y la transmitieron los autores de los Evangelios.

SER LA LUZ DEL MUNDO

Lee Mateo 5:14 al 16. ¿Qué nos está diciendo Jesús aquí, a cada uno de nosotros en forma individual y como comunidad de la iglesia?

A lo largo de la Biblia, la luz se asocia íntimamente con Dios. "Jehová es mi luz", cantó David (Sal. 27:1), y Juan afirmó que "Dios es luz, y no hay ningunas tinieblas en él" (1 Juan 1:5). Dios es la fuente de luz. De hecho, lo primero que creó fue la luz, porque la luz es indispensable para la vida.

Dada la estrecha conexión que hay entre la luz y Dios, la Escritura con frecuencia utiliza la luz para simbolizar la verdad, el conocimiento y la piedad. Caminar en la luz significa tener un carácter como el de Dios (Efe. 5:8; 1 Juan 1:7). La luz representa a Dios; la oscuridad, a Satanás. Esa es la razón por la cual es un grave pecado hacer "de la luz tinieblas, y de las tinieblas luz" (Isa. 5:20).

Jesucristo, el Hijo eterno de Dios, es "la luz de los hombres [...] aquella luz verdadera, que alumbra a todo hombre" (Juan 1:4, 9). Solamente él es la luz que puede iluminar la oscuridad de un mundo envuelto en pecado. A través de él, podemos recibir la "iluminación del conocimiento de la gloria de Dios" (2 Cor. 4:6); es decir, su carácter.

Cuando aceptamos a Cristo como nuestro Salvador, nos convertimos en "hijos de la luz" (Juan 12:36; 1 Tes. 5:5). Pero, no tenemos luz en nosotros mismos. Al igual que la luna, lo único que podemos hacer es reflejar la luz que brilla sobre nosotros. Cuando permitimos que Jesús brille a través de nosotros, no haremos buenas obras para demostrar nuestra propia virtud, sino para llevar a las personas a glorificar a Dios.

"Si Cristo mora en el corazón, es imposible ocultar la luz de su presencia. Si los que profesan ser seguidores de Cristo [...] no tienen luz para difundir, es prueba de que no tienen relación con la Fuente de luz" (*ADJ Cap. 2, p. 70*).

¿No sería absurdo encender una lámpara solo para ponerla "debajo del almud, o debajo de la cama" (Mar. 4:21)? Entonces, ¿por qué a veces hacemos eso con la luz de Cristo? Un discípulo escondido no es más útil que una lámpara bajo una vasija en una noche oscura. Por lo tanto, "levántate, resplandece; porque ha venido tu luz, y la gloria de Jehová ha nacido sobre ti" (Isa. 60:1).

> La luz en sí misma es, en realidad, invisible. Debe reflejarse sobre un objeto; de otra manera no la podemos ver. ¿Qué lección espiritual podemos extraer de esto sobre el modo en que nuestra luz, como creyentes, debe mostrarse?

SER TESTIGOS

El primer encuentro de Jesús con sus discípulos, después de su resurrección, fue muy importante. Ellos estaban temerosos, angustiados, desanimados y perplejos. Se habían encerrado en el aposento alto por temor, pero Jesús fue a ellos y se apareció de pie en medio de ellos. Con una voz clara y cálida, dijo: "Paz a vosotros". Sorprendidos y aterrorizados como estaban, les fue difícil creer lo que veían y oían. Con amor, el Señor mostró sus manos y sus pies, y les explicó todo lo que las Escrituras decían sobre él. Esa noche, la presencia y las palabras de Jesús transformaron dramáticamente a los discípulos, disipando su ansiedad e incredulidad, y llenándolos de la paz y el gozo que provenían de la certeza de su resurrección.

Entonces, Cristo comenzó a explicarles la misión que les encomendaba, ayudándolos a captar gradualmente la importancia de la responsabilidad de ellos como testigos de la muerte, la resurrección y el poder de él para perdonar pecados y transformar vidas (Luc. 24:46-48). Los discípulos, con toda certeza, lo habían visto morir; pero, también, lo habían visto con vida nuevamente. Por lo tanto, podían testificar de él, y que él era el Salvador del mundo.

Un testigo es alguien que vio u oyó un incidente o acontecimiento. Cualquier persona puede ser un testigo, siempre y cuando haya visto u oído personalmente lo que ocurrió. No existe tal cosa como un testigo de segunda mano. Podemos testificar basados únicamente en nuestra propia experiencia, no en la de otros. Como pecadores rescatados, tenemos el privilegio de contar a otros lo que Jesús ha hecho por nosotros.

¿Cuál es la relación entre recibir al Espíritu Santo y testificar por Cristo? Luc. 24:48, 49; Hech. 1:8 (ver también Isa. 43:10, 12; 44:8).

El libro de Hechos muestra que el testimonio de los creyentes pudo tener poder de convencimiento solamente por la presencia del Espíritu Santo en sus corazones. Después de recibir al Espíritu, "con gran poder los apóstoles daban testimonio de la resurrección del Señor Jesús" (Hech. 4:33). Es decir, pudieron hablar, abiertamente y con gran poder, sobre lo que ellos mismos habían visto y experimentado. En un sentido muy real, nuestro testimonio acerca de Cristo siempre debe incluir nuestra propia experiencia con él.

¿Cuál ha sido tu experiencia personal con el Señor? ¿Qué ha hecho Dios en tu vida sobre lo cual puedes testificar de primera mano a otras personas? Lleva tu respuesta a la clase el sábado.

YO OS ENVÍO

El Evangelio de Juan también informa sobre el primer encuentro de Jesús con sus discípulos en el aposento alto, pero menciona otros elementos que no están incluidos en el Evangelio de Lucas.

Según Juan, ¿de qué manera definió Jesús la misión de los creyentes? Juan 20:21.

Jesús ya había mencionado este concepto unos pocos días antes, cuando oró: "Como tú me enviaste al mundo, así yo los he enviado al mundo" (Juan 17:18). Enviar a alguien implica que el que lo hace tiene autoridad sobre el que es enviado. También comprende un propósito, dado que uno es enviado con una misión que cumplir. Jesús fue enviado por el Padre para salvar al mundo (Juan 3:17), y nosotros lo somos por Jesús para proclamar la salvación a través de él. Evidentemente, nuestra misión es una continuación de la de Cristo, que consistió en un ministerio integral a todas las personas (Mat. 9:35). Él no solo espera que continuemos lo que inició sino, también, que vayamos más lejos. "El que en mí cree", dijo el Señor, "las obras que yo hago, él las hará también; y aun mayores hará" (Juan 14:12).

Jesús proveyó el Espíritu Santo a fin de darles poder a sus discípulos para llevar a cabo su misión. En la creación, Dios "sopló" en la nariz de Adán "aliento de vida" (Gén. 2:7). Ahora, Jesús "sopló" sobre los discípulos "el Espíritu Santo" (Juan 20:22). Así como el aliento de vida transformó el polvo inerte en un ser viviente, el Espíritu Santo transformó a los temerosos y desanimados discípulos en poderosos testigos vivientes, para continuar la obra de Jesús. El mismo poder es indispensable hoy para cumplir la misión que se nos encomendó.

> Jesús te ha llamado para ser un testigo. ¿De qué puedes testificar? Es decir, ¿qué has visto o experimentado acerca de Jesús que deberías compartir con otras personas?

HACER DISCÍPULOS

Después de su resurrección, Jesús se encontró con sus discípulos en Galilea, en el "monte donde Jesús les había ordenado" (Mat. 28:16). No solo los Once; también más de quinientos hermanos se reunieron allí para encontrarse con el Señor resucitado (1 Cor. 15:6). Aquel que había conquistado la muerte les dijo: "Toda potestad me es dada en el cielo y en la tierra" (Mat. 28:18). El Hijo ya no limita voluntariamente el uso de su poder y autoridad divinos como lo hizo durante su ministerio terrenal. Más bien, así como antes de la encarnación, la autoridad de Jesús incluye al universo entero. Basado en su autoridad incuestionable, Jesús confía una misión a sus seguidores.

Según el informe de Mateo, al dar la Gran Comisión, Jesús utilizó cuatro verbos: *ir*, *hacer discípulos*, *bautizar* y *enseñar*. Lamentablemente, muchas versiones de la Biblia no reflejan el hecho de que, en griego, el único verbo que está en imperativo es *hacer discípulos*, mientras los otros tres verbos son participios. Esto significa que el énfasis de la oración está en *hacer discípulos*, y que las otras tres actividades dependen de esta.

¿Cuál es el papel de ir, bautizar y enseñar, en relación con el cumplimiento del mandato de hacer discípulos? Mat. 28:19, 20.

El mandato de Jesús indica tres actividades involucradas en hacer discípulos. No es necesario que las tres actividades se den en un orden secuencial particular; más bien, se complementan entre sí. Al ir a diferentes lugares hasta alcanzar a todo el mundo, deberíamos enseñar todo lo que Jesús enseñó, y bautizar a aquellos que lo acepten como su Salvador y están dispuestos a observar todas las cosas que Jesús mandó.

Nos regocijamos cuando alguien se bautiza, pero el bautismo no es el fin de la historia. Es solamente parte del proceso de transformar a alguien en un discípulo. Nuestra tarea es invitar a las personas a seguir a Jesús, lo cual significa creer en él, obedecer sus enseñanzas, adoptar su estilo de vida e invitar a otros a ser discípulos también.

La palabra *todo* caracteriza este texto. Dado que Jesús tiene "toda potestad", debemos ir a "todas las naciones" y enseñarles a guardar "todas las cosas" relacionadas con el evangelio, con la seguridad de que Cristo estará con nosotros "todos los días", hasta el fin del mundo.

> Piensa en tu iglesia local. ¿Qué está haciendo para nutrir y discipular a los nuevos conversos? ¿Qué más se podría hacer? Pregúntate también: ¿Qué talentos tengo que podrían ser usados para cumplir esta parte importante de la Comisión evangélica?

PREDICAR EL EVANGELIO

Con su característica concisión y claridad, el Evangelio de Marcos presenta la comisión de Jesús en una breve frase: "Id por todo el mundo y predicad el evangelio a toda criatura" (Mar. 16:15). Al igual que en Mateo, el verbo *ir*, en griego, es un participio que no indica la tarea, sino el movimiento necesario para cumplir la tarea. La misión en sí misma está expresada por el verbo griego *kērusso*, usado aquí en el modo imperativo. *Kērusso* significa "proclamar en voz alta, anunciar, predicar". Marcos utiliza este término catorce veces, más que cualquier otro Evangelio. La iglesia debe *proclamar* el evangelio.

Durante el ministerio terrenal de Jesús, los Doce no habían sido enviados a los gentiles, sino solamente "a las ovejas perdidas de la casa de Israel" (Mat. 10:6). Ahora, Cristo los envía a "todo el mundo" y "a toda criatura". Los Once, por sí solos, nunca podrían haber anunciado el evangelio al mundo entero, y mucho menos a toda criatura viviente sobre la Tierra. Una tarea de una dimensión tan global requiere la participación de la iglesia entera; es confiada a todos los creyentes de todas las edades. Esto te incluye a ti y me incluye a mí.

Lee Apocalipsis 14:6 al 12. ¿De qué manera estos versículos abarcan la misión mundial de la iglesia?

Sin embargo, predicar el evangelio a toda criatura no significa automáticamente que todos lo aceptarán. Solo "el que creyere y fuere bautizado, será salvo" (Mar. 16:16). Deberíamos predicar con todo fervor, esperando que todos los que nos escuchen acepten la invitación del evangelio. No obstante, debemos ser conscientes de que muchos no aceptarán la Palabra, como lo muestra claramente la imagen de la puerta angosta (Mat. 7:13, 14).

¿Qué seguridad tenemos de que esta misión mundial puede cumplirse y, de hecho, se cumplirá? Mat. 24:14.

Hay un paralelismo alentador entre Marcos 16:15 y Mateo 24:14. Ambos textos se refieren a la proclamación del evangelio a todo el mundo. Mientras el primer pasaje presenta la *comisión* de Jesús de predicar, el segundo provee la *promesa* de Jesús de que la misión se llevará a cabo con toda seguridad.

> Cristo "proveyó ampliamente para la prosecución de la obra y tomó sobre sí la responsabilidad de su éxito. Mientras ellos [sus discípulos] obedeciesen su palabra y trabajasen en relación con él, no podrían fracasar" (*DTG* 761). La pregunta, entonces, que cada uno de nosotros debe hacerse es: ¿Cuán dispuesto estoy a ser utilizado por Jesús en esta obra crucial?

PARA ESTUDIAR Y MEDITAR: Lee "Id, doctrinad a todas las naciones", *El Deseado de todas las gentes,* pp. 757-768; y "La Gran Comisión", *Los hechos de los apóstoles,* pp. 21-28.

"Cada verdadero discípulo nace en el Reino de Dios como misionero. El que bebe del agua viva llega a ser una fuente de vida. El que recibe llega a ser un dador. La gracia de Cristo en el alma es como un manantial en el desierto, cuyas aguas surgen para refrescar a todos y da, a quienes están por perecer, avidez de beber el agua de la vida" (*DTG* 166).

"El mandato que dio el Salvador a los discípulos incluía a todos los creyentes en Cristo hasta el fin del tiempo. Es un error fatal suponer que la obra de salvar almas solo depende del ministro ordenado [...]. A todos los que reciben la vida de Cristo se les ordena trabajar para la salvación de sus semejantes. La iglesia fue establecida para esta obra, y todos los que toman sus votos sagrados se comprometen por ello a colaborar con Cristo" (*ibíd.* 761).

PREGUNTAS PARA DIALOGAR:

1. No todos pueden viajar por el mundo predicando el evangelio. ¿De qué formas puede cada uno de nosotros participar en la tarea de esparcir el evangelio al mundo, en el contexto del mensaje de los tres ángeles?
2. ¿De qué maneras está continuando tu iglesia local el ministerio de Jesús en tu comunidad? ¿Cómo podrías ayudar a mejorar el servicio misionero de la iglesia?
3. Jesús dijo que el evangelio iría a todo el mundo. Durante casi toda la historia desde que él pronunció estas palabras, los métodos de comunicación no variaron. Hace doscientos años, la comunicación no era mucho más rápida de lo que lo era hace dos mil, cuando Jesús pronunció la Comisión Evangélica. Por supuesto, todo eso ha cambiado, especialmente en los últimos cincuenta años, en los cuales han surgido medios de comunicación impensables anteriormente. ¿Cómo podemos utilizar más eficientemente la extraordinaria tecnología actual, a fin de realizar la tarea que se nos ha prometido que será realizada?
4. En la clase, basados en la pregunta que aparece al final de la lección del día lunes, permite que aquellos que estén dispuestos compartan su propia experiencia personal con Jesús. ¿De qué manera podemos utilizar nuestro propio testimonio para testificar a otros? ¿Por qué deberíamos utilizar nuestra propia experiencia?

El sábado enseñaré...

Texto clave: Mateo 28:19, 20.

Enseña a tu clase a:

Saber que la misión de la iglesia se centra en la comisión evangélica de Cristo.

Sentir el deseo de buscar oportunidades de participar en el plan de hacer discípulos.

Hacer: Orar fervientemente para que Dios abra puertas, comenzando esta semana, a fin de compartir la fe.

Bosquejo de la lección:

I. Saber: Los discípulos de Jesús iluminan al mundo.

A. ¿Por qué el Reino de Cristo está asociado con la luz?

B. La testificación cristiana se asocia con hacer prosélitos, ¿qué indica su significado original?

II. Sentir: La satisfacción personal resulta de participar en el discipular.

A. Los atletas gozan cuando superan sus marcas personales. ¿Cómo se siente el cristiano al guiar a alguien a aceptar a Cristo? ¿Por qué?

B. Los equipos son exaltados por los esfuerzos extraordinarios de uno de sus miembros. ¿De qué manera pueden inspirar a otros las victorias en la misión de hacer discípulos?

C. ¿De qué forma podemos desarrollar la actitud de aprovechar las oportunidades para compartir la fe?

III. Hacer: Dios da oportunidades para compartir la fe con quienes oran pidiendo su conducción.

A. ¿Por qué es tan importante la oración en la tarea de hacer discípulos?

B. ¿Qué peligros hay en usar las técnicas de persuasión seculares al hacer discípulos en vez de depender de Dios con oración?

C. ¿De qué modo puede la iglesia trabajar con mayor eficiencia para conducir personas a Cristo?

Resumen: La iglesia existe a causa de la misión guiada por el Espíritu. Aquellos que hacen discípulos están cumpliendo el propósito de Dios para su iglesia.

Ciclo de aprendizaje

Texto destacado: Mateo 28:19, 20.

Concepto clave para el crecimiento espiritual: A menos que cada miembro participe activamente en discipular, la iglesia llega a ser estéril y, finalmente, muere.

{ 1: ¡Motiva!}

- **Solo para los maestros:** El fuego existe al quemar. Las iglesias existen al cumplir su misión. Cristo comisionó a su iglesia para discipular. Cuando la iglesia olvida su misión, resulta en un institucionalismo estéril y sin fuego. Cada institución debería evaluar periódicamente su fidelidad a la misión. Los feligreses hacen muchas cosas valiosas, pero ¿están concentrados en la misión? La Administración de la iglesia supervisa centenares de actividades, gastando mucha energía. Las actividades que no cumplen la misión desperdician energías que deberían invertirse en discipular.

Actividad: Invita a los miembros a indicar dónde trabajan. Pregunta: "¿Cuál es la misión principal de tu lugar de trabajo?" Enumera misiones de apoyo, funciones o actividades. Después, sigue con las preguntas siguientes:

Considera: ¿Qué sucede cuando las empresas no tienen una misión bien específica? ¿Qué sucede cuando funciones secundarias ocupan el lugar de la misión o, incluso, llegan a ser más importantes que esta?

{ 2: ¡Explora!}

- **Solo para los maestros:** Jesús explicó la misión mediante varias metáforas, incluyendo lámparas, testigos y embajadores. Cristo prometió a sus seguidores, que eran pescadores, que pescarían hombres. Su misión incluía iluminación, testimonio, representación y adquisición. Cada lugar puede usar estas metáforas de diferente modo según lo indiquen las circunstancias, pero todos los elementos merecen atención especial porque forman los bloques de construcción del discipular.

Comentario de la Biblia

I. Testimonio esclarecedor

(Repasa, con tu clase, Mat. 5:14-16; Efe. 5:8; Luc. 24:46-49; Hech. 1:8.)

La luz simboliza a Dios en las Escrituras. La oscuridad simboliza lo opuesto. Cristo amonesta a sus seguidores para que no anden en la oscuridad. Más bien, deberían ser luces brillantes que disipen la oscuridad. Los cristianos tienen que iluminar su mundo, revelando el amante carácter de Dios mediante enseñanzas y actividades.

La tecnología contemporánea de dispersión de la luz ayuda a ilustrar este punto. Esa luz tiene capacidades increíbles: toma la luz natural de la noche, la concentra y canaliza ese brillo para iluminar amplios espacios interiores sin electricidad. Del mismo modo, los cristianos deberían ser canales concentradores de la benevolencia divina; difundiendo bendiciones, bondad, ánimo, compasión, generosidad, paciencia y verdad. Además, un "discipulado oculto" (luces bajo un cajón) es un oxímoron. Cristo se mezclaba con la humanidad, iluminando y transformando nuestro mundo.

Cuando las personas se adueñan del título de "cristiano" para sí mismas sin emitir luz ni gozar de una experiencia personal con Cristo, están representando mal la realidad. Su falsedad enturbia el testimonio auténtico de los creyentes genuinos. Imagínate tubos fluorescentes sin electricidad. Esos tubos pueden tener la forma, el largo y la ubicación correctos, y parecer un dispositivo de iluminación genuino, pero hasta que se encuentren con la electricidad son solo tubos. Las iglesias pueden estar llenas con "creyentes tubo" vacíos, cuando Dios demanda luces testigo en el mundo entero.

Considera: ¿De qué manera deben los miembros mantener su experiencia personal con Dios a fin de tener el poder para testificar en forma efectiva?

II. Los agentes dobles de Dios

(Repasa, con tu clase, Juan 3:17; 14:12; 17:18; Mat. 24:14; 28:19, 20.)

Un agente doble es alguien que no es digno de confianza, que trabaja en forma oculta. Pero, utilicemos esta terminología de otro modo: "Los representantes de un ministerio doble" son "agentes dobles". Nuestra doble comisión proviene de Cristo mismo. Jesús comisionó 1) la predicación y 2) el discipulado (hacer discípulos). Un *agente* es un representante, o embajador. Los embajadores son diplomáticos de alto rango de un país enviados a otro como representantes. Por ello, los cristianos son representantes con un ministerio doble: predicar y hacer discípulos.

Los países reciben a los embajadores basados en las reputaciones de los países que los envían, en vez de la agudeza personal del representante. Por lo tanto, nuestra recepción como embajadores no se basa en características personales, sino en el estatus de Dios. Los testigos desanimados deberían recordar esto cuando los rechazan (Juan 17:14-18; Luc. 10:5-16). El rechazo no es algo personal, sino que es el rechazo a quien representan. Los cristianos también deben reconocer el gran privilegio de servir como embajadores de Cristo. Así como Cristo fue enviado por su Padre celestial, los creyentes son enviados como sus representantes personales. ¿Qué podría ser más elevado que seguir en las pisadas de Jesús con la comisión divina?

Tal vez alguno diga: "Yo no soy predicador". Definir los términos puede ayudar. La expresión griega *kerujsésetai,* a menudo traducida "será predicado", está asociada con las antiguas tradiciones de los heraldos. Estos eran mensajeros enviados por los monarcas para transmitir anuncios o proclamas. No se necesitaba elocuencia ni eficiencia oratoria. Sin embargo, eran necesarias tres cosas: 1) ser enviado por un rey, 2) conocer su mensaje y 3) tener voluntad de transmitir la comunicación. Todo cristiano ha sido comisionado por un Rey, y los cristianos convertidos ya conocen el mensaje. El único impedimento es la voluntad de hacer los anuncios. Sin subirse a escenarios, usar púlpitos o controlar micrófonos, cada creyente puede "predicar" las buenas noticias. La proclamación bíblica es responsabilidad de cada creyente, no solo de los profesionales de la religión.

En forma similar, hacer discípulos es la responsabilidad de cada creyente. Las primeras fases del hacer discípulos no requieren educación en un seminario. Consisten en 1) mezclarse con la gente, 2) ganar la confianza de ella, 3) compartir el testimonio personal basado en la Biblia y 4) apelar para que tomen una decisión espiritual. El mejor siglo del cristianismo ocurrió antes de que se pensara en seminarios. Carpinteros, jardineros, soldados, mercaderes, fabricantes de tiendas, comerciantes y trabajadores comunes realizaron la expansión cristiana sin precedentes. ¿No deberían hacer hoy lo mismo los programadores de computación, los camioneros, los paramédicos, los agricultores, los ingenieros sanitarios, los vendedores de inmuebles y los vendedores telefónicos?

Considera: ¿Qué estimula tu pasión para involucrarte en la gran comisión evangélica de Cristo?

{ 3: ¡Aplica!}

- **Solo para los maestros:** Lee la siguiente parábola en voz alta y conversen sobre ella en la clase. ¿Cómo pueden evitar los creyentes las distracciones que entorpecen la misión?

Parábola: La Corporación Automotriz Motivada Universal (CAMU) fue creada para fabricar vehículos intergalácticos por el gran inventor José Ben Alegre. Los vehículos de la primera generación, combinando diseño de avanzada, ingeniería innovadora e inversiones exorbitantes, se vendieron muy bien. A pesar de la enorme competencia de los demás fabricantes, de la interferencia legislativa y de maniobras despiadadas, la corporación obtenía una porción creciente del mercado. La demanda alcanzó niveles sin precedentes, y las oficinas centrales autorizaron la expansión y dieron incentivos de lujo a sus empleados. Se olvidaron de las incomodidades y sacrificios que soportaron los empleados de la primera generación.

Gradualmente, se pasó del diseño del producto y el mercadeo a la satisfacción del personal. La declinación en las ventas se atribuyó a una competencia más fuerte, a variaciones estacionales y a la vacilación del mercado. Sin embargo, las grandes reservas adquiridas por las primeras ventas sirvieron para suavizar el impacto, y rara vez se oían voces preocupadas. Los empleados comenzaron a exigir salarios más altos, pausas más largas durante el día, mayor participación en las ganancias, menús más variados en el comedor y vacaciones más extensas. Las reservas bajaron y las finanzas se desviaron a las demandas de los salarios. Los departamentos de Diseño y Mercadeo sufrieron grandes recortes. La CAMU fue crecientemente marginada al disminuir los pedidos de viajes intergalácticos. La empresa progresivamente abandonó sus productos para comprar vehículos de un competidor, Viajeros Globales.

En la fábrica de CAMU alguien, por casualidad, combinó dos jugos de frutas en el comedor. El sabor fresco llegó a ser una sensación de inmediato, y las oficinas centrales instruyeron al departamento de mercadeo para que redirigiera sus energías para promover ese jugo. Esa empresa exitosa absorbió las energías de la corporación, y la fabricación de vehículos intergalácticos fue disminuyendo hasta detenerse. Siguieron cesantías masivas. Las malezas cubrieron el parque de la empresa. Viajeros Globales adquirió la empresa. Cuando José Ben Alegre iba a los talleres, nadie le prestaba atención. José lloró.

{ 4: ¡Crea!}

- **Solo para los maestros:** ¿Has visto alguna vez una varilla que brilla de noche? Cuando esas creaciones fosforescentes se exponen a una fuente de luz, brillan después en la oscuridad. Los cristianos, expuestos a Jesús, también reciben el poder para iluminar a su mundo oscurecido.

Actividad: En tu agenda semanal, incorpora más oportunidades para estar expuesto a Jesús.

Lección 10: Para el 6 de septiembre de 2014

LA LEY **DE DIOS**

Sábado 30 de agosto

LEE PARA EL ESTUDIO DE ESTA SEMANA: Mateo 5:17-19; 5:21-44; Marcos 7:9-13; Mateo 19:16-22.

PARA MEMORIZAR:
"Si me amáis, guardad mis mandamientos" (Juan 14:15).

AUNQUE MUCHOS LÍDERES EN ISRAEL sostenían muy en alto la Ley, algunos malentendían su propósito, creyendo que podían obtener la justicia al obedecerla. Como escribió Pablo, "ignorando la justicia de Dios, y procurando establecer la suya propia, no se han sujetado a la justicia de Dios" (Rom. 10:3).

Por esta razón, Jesús a menudo cuestionó e incluso rechazó las tradiciones de los líderes religiosos de su tiempo (Mar. 7:1-13). Y ellos, que no comprendían el propósito de la Ley, criticaron y confrontaron a Jesús por sus enseñanzas acerca de esta.

Es importante entender que, aunque reprendió las prácticas abiertamente legalistas de los fariseos, Jesús sostuvo en alto los Diez Mandamientos, afirmó claramente la perpetuidad del Decálogo, y explicó su significado y su propósito. Cristo mismo dijo que había venido a cumplir la Ley (Mat. 5:17). De muchas maneras, su muerte fue la máxima revelación de la permanente validez de la Ley de Dios.

Esta semana, analizaremos las enseñanzas de Jesús sobre la Ley y el impacto que deberían tener en nuestra propia vida.

JESÚS NO CAMBIÓ LA LEY

¿Qué enseña Mateo 5:17 al 19 acerca de la actitud de Jesús hacia la Ley?

Aunque la palabra *ley* a menudo es utilizada para referirse a los primeros cinco libros de la Biblia (también conocidos como el Pentateuco, o la *Torah*), en este caso el contexto pareciera indicar que Jesús se refería principalmente a los Diez Mandamientos. Al decir que no había venido para "abrogar" la Ley, Jesús está diciendo, literalmente, *no he venido para invalidar o abolir los Diez Mandamientos.* Esta declaración es muy clara y, probablemente, tiene el fin de mostrar que eran los líderes religiosos, no Jesús, quienes habían estado destruyendo la Ley, neutralizando su propósito mediante su tradición (Mat. 15:3, 6). En contraste, al *cumplir* la Ley y darle un significado más profundo, Cristo vino para darnos un ejemplo de obediencia perfecta a la voluntad de Dios.

Lee Hechos 7:38. ¿Quién fue el Ángel que habló con Moisés y le dio la Ley en el Monte Sinaí? Isa. 63:9; 1 Cor. 10:4. ¿Por qué es importante esto?

"Cristo no solo fue el que dirigía a los hebreos en el desierto [...] sino también fue él quien dio la Ley a Israel. En medio de la terrible gloria del Sinaí, Cristo promulgó a todo el pueblo los Diez Mandamientos de la Ley de su Padre, y dio a Moisés esa ley grabada en tablas de piedra" (*PP* 382).

El hecho de que Cristo mismo fue quien dio a Moisés la Ley en el Monte Sinaí hace que sea aún más importante que la tomemos en serio. Además, si el mismo dador de la Ley amplió su significado a través de sus enseñanzas, tal como las encontramos en los Evangelios, haríamos bien en obedecer esa Ley. Es imposible encontrar en la vida y las enseñanzas de Jesús alguna cosa que implique que los Diez Mandamientos ya no se aplican a los cristianos. Al contrario, las palabras y el ejemplo de Jesús nos enseñan lo opuesto.

> Si bien sabemos que la Ley aún está en vigencia, también sabemos que no puede salvarnos (Gál. 3:21). ¿De qué manera podemos entender, entonces, la relación entre la Ley y la gracia?

JESÚS PROFUNDIZÓ EL SIGNIFICADO DE LA LEY

Luego de establecer la perpetuidad de los Diez Mandamientos, Jesús continuó su Sermón del Monte exponiendo algunos ejemplos específicos de las leyes del Antiguo Testamento. El pueblo había malinterpretado tanto estos mandatos específicos que Jesús sintió que era de vital importancia explicar su verdadero significado.

¿Qué contraste presentó Jesús para cada aspecto de la Ley mencionado en el Sermón del Monte? ¿A qué autoridad apeló en todos los casos? Mat. 5:21-44.

Nota que, en cada caso, Jesús cita primeramente un texto del Antiguo Testamento (Éxo. 20:13, 14; Deut. 5:17, 18; Éxo. 21:24; Lev. 24:20; Deut. 19:21) y, luego, pareciera argumentar en contra de cada texto. ¿Estaba Jesús desacreditando la Ley? Por supuesto que no. Al explicar mejor y ampliar lo que los líderes religiosos habían reducido a nada más que formalidades, Jesús simplemente está contrastando las enseñanzas de los fariseos con el verdadero significado de la Ley.

Los rabinos citaban la tradición como la autoridad para sus interpretaciones de la Ley. En oposición a esto, Cristo habló basado en su propia autoridad, como el dador mismo de la Ley. La expresión "pero yo os digo" aparece seis veces en este capítulo. ¿Quién sino el Señor mismo podía hacer semejante aseveración?

Lo fascinante, también, es que los requerimientos de Cristo van radicalmente más allá de la simple forma de la Ley. Sus enseñanzas incluyen el espíritu que está detrás de la letra de la Ley; el espíritu que imparte significado y vida a lo que, de otro modo, sería mero formalismo. Guardar la Ley, por sí solo, como un fin en sí mismo, solo llevaría a la muerte, a menos que entendamos la Ley como una expresión de lo que significa ser salvos por gracia.

> Considera la actitud de los escribas y los fariseos, tal como está descrita en Mateo 23:3 al 5 y 23 al 28. ¿De qué manera podemos obedecer los Mandamientos de Dios de todo corazón, sin caer en una hipocresía y un legalismo similares? ¿Qué papel importantísimo juega la correcta comprensión de la gracia para evitar que caigamos en el legalismo?

JESÚS Y EL SÉPTIMO MANDAMIENTO

¿De qué manera amplió Jesús el significado de la Ley, en Mateo 5:27 y 28? ¿Qué dijo en los versículos 29 y 30? ¿Cómo entendemos estas palabras?

En este pasaje, Cristo se refiere a dos Mandamientos: el séptimo y el décimo. Hasta entonces, los israelitas habían considerado que el adulterio era solo el acto sexual físico con el cónyuge de otra persona. Jesús señala que, en realidad, el adulterio incluye también los pensamientos y los deseos inmorales.

En los versículos 29 y 30, Cristo utiliza un lenguaje figurado. Por supuesto, se podría argumentar que sería mejor sobrellevar esta vida mutilada antes que perder la eternidad con Cristo. Sin embargo, en vez de señalar la mutilación como la solución, lo cual sería contrario a otras enseñanzas bíblicas (Lev. 19:27, 28; 21:17-20), Jesús se refiere al control de los pensamientos e impulsos propios. Al referirse a sacarse un ojo o cortarse una mano, Cristo habla figuradamente de la importancia de tomar resoluciones y acciones firmes para guardarse de la tentación y del pecado.

¿Qué preguntaron los fariseos a Jesús en Mateo 19:3, y por qué se trataba de una pregunta tramposa? Ver el vers. 7. ¿Cuál fue la respuesta de Jesús? Mat. 19:4-9; compara con Mat. 5:31, 32.

Ambos textos (Mat. 5:31; 19:7) son citas de Deuteronomio 24:1. En los días de Jesús, dos escuelas rabínicas interpretaban este texto de dos maneras diferentes: Hillel entendía que permitía el divorcio casi por cualquier motivo, mientras que, para Shammai, la razón para el divorcio era solamente el adulterio explícito. Los fariseos intentaban que Jesús cayera en la trampa de elegir una escuela u otra. Sin embargo, no tomaron en cuenta que el plan original de Dios nunca fue que las parejas se divorciaran. "Lo que Dios juntó, no lo separe el hombre" (Mat. 19:6). Luego, los fariseos preguntaron por qué Dios había permitido que un hombre entregara a su esposa una "carta de divorcio". Cristo corrigió el mal uso de este pasaje al sostener en alto la santidad y perpetuidad del matrimonio: la única causa para el divorcio, ante Dios, es la "inmoralidad sexual", o "fornicación" (en griego, *porneia*, literalmente "falta de castidad").

¿Cuán seriamente tomamos lo que Cristo quiso decir a través de su advertencia de quitarse un ojo o cortarse la mano? ¿Podría haber una advertencia más fuerte que esta respecto del impacto que el pecado puede tener en nuestro destino eterno? Si esta advertencia te asusta, mejor. ¡Debería hacerlo!

JESÚS Y EL QUINTO MANDAMIENTO

Durante otro encuentro de Jesús con los escribas y los fariseos (Mat. 15:1-20; ver también Mar. 7:1-13), ellos lo interrogaron en cuanto a una tradición de los ancianos, que no figura en la ley de Moisés. Según esta tradición, se debía seguir el ritual de lavarse las manos antes de comer, algo que los discípulos de Jesús no habían hecho. Cristo respondió citando otra tradición de los fariseos que invalidaba el quinto Mandamiento.

Antes de analizar el argumento de Cristo, debemos entender que la tradición establecida por los fariseos, llamada *Corban*, proviene de una palabra que significa "un don". Cuando un hombre aplicaba las palabras "es Corban" a una cosa, era considerado un voto: algo dedicado a Dios y al Templo.

Lee Marcos 7:9 al 13. ¿De qué maneras la tradición de los fariseos era una forma sutil de violar el quinto Mandamiento? Considera la importancia de presentar ofrendas a Dios (Éxo. 23:15; 34:20) y la santidad de un voto hecho al Señor (Deut. 23:21-23).

Pareciera que los fariseos habían encontrado la excusa perfecta para negar a los padres el sustento que merecen. Habían ampliado los principios del Pentateuco y los habían transformado en mandamientos de hombres que, según su propio pensamiento, podían sustituir uno de los Mandamientos de Dios.

Esta no es la única ocasión en la que Jesús lidió con la misma perversión espiritual: "Mas ¡ay de vosotros, fariseos! Que diezmáis la menta, y la ruda, y toda hortaliza, y pasáis por alto la justicia y el amor de Dios. *Esto os era necesario hacer, sin dejar aquello*" (Luc. 11:42, énfasis añadido). Los fariseos debían haber guardado ambos mandamientos, honrar primero a su padre y a su madre, sin dejar de lado sus ofrendas al Señor.

No es sorprendente que Jesús haya resumido su argumento aplicando a los fariseos la descripción que Isaías había hecho de los israelitas: "Este pueblo de labios me honra; mas su corazón está lejos de mí. Pues en vano me honran, enseñando como doctrinas, mandamientos de hombres" (Mat. 15:8, 9). Una vez más, Cristo sostuvo en alto los Diez Mandamientos y contrastó su propia posición con la de los fariseos.

> ¿De qué forma podrías tú también estar buscando pequeños resquicios legales a fin de evitar cumplir con lo que, claramente, es tu deber?

JESÚS Y LA ESENCIA DE LA LEY

Lee Mateo 19:16 al 22. ¿Qué verdades importantes acerca de la Ley y de lo que implica guardarla podemos derivar de este incidente?

El joven rico no podía entender que la salvación del pecado no proviene de guardar la Ley, incluso si se lo hace estrictamente. La salvación proviene, más bien, del Dador de la Ley, el Salvador. Los israelitas habían conocido esta verdad desde el mismo comienzo, pero la habían olvidado. Ahora, Jesús expuso lo que ellos debían haber sabido desde el principio: que la obediencia y la entrega completa a Dios están tan ligadas que la una sin la otra es solo un fingimiento de vida cristiana. "No puede aceptarse algo que sea menos que la obediencia. La entrega del yo es la sustancia de las enseñanzas de Cristo. Con frecuencia es presentada y ordenada en un lenguaje que parece autoritario porque no hay otra manera de salvar al hombre que separándolo de aquellas cosas que, si las conservase, desmoralizarían todo el ser" (*DTG* 481).

En otro encuentro, los saduceos habían preguntado a Cristo acerca de la resurrección, y la respuesta de Jesús los había asombrado y dejado sin palabras. Por lo tanto, ahora los fariseos se reunieron para hacer un último intento por llevar al Salvador a decir algo que pudiera interpretarse como contrario a la Ley. Eligieron a cierto intérprete de la Ley para que interrogara a Jesús respecto de cuál era el Mandamiento más importante (Mat. 22:35-40).

La pregunta del intérprete probablemente surgió del intento de los rabinos de organizar los Mandamientos por orden de importancia. Si dos mandamientos parecían estar en conflicto, el que era considerado de mayor importancia tomaba prioridad y dejaba a la persona en libertad para transgredir el que no lo era tanto. Los fariseos exaltaban los primeros cuatro preceptos del Decálogo como más importantes que los últimos seis y, como resultado, erraban cuando se trataba de los asuntos prácticos de la religión.

Jesús respondió magistralmente: debe haber amor en el corazón antes de que alguien pueda comenzar a observar la Ley de Dios. La obediencia sin amor es imposible y carece de valor. Sin embargo, donde hay amor verdadero a Dios, la persona colocará su vida de manera incondicional en armonía con la voluntad de Dios, tal como es expresada en los Diez Mandamientos. Por eso Jesús, más tarde, dijo: "Si me amáis, guardad mis mandamientos" (Juan 14:15).

PARA ESTUDIAR Y MEDITAR: Lee "La espiritualidad de la ley", *Así dijo Jesús, pp. 79-126;* y "El Sermón del Monte" y "Controversias", *El Deseado de todas las gentes*, pp. 265-281; pp. 553-561.

"Al hablar de la Ley, dijo Jesús: 'No he venido para abrogar, sino para cumplir' [...], es decir, llenar la medida de lo requerido por la Ley, dar un ejemplo de conformidad perfecta con la voluntad de Dios.

"Su misión era 'magnificar la ley y engrandecerla' (Isa. 42:21). Debía enseñar la espiritualidad de la Ley, presentar sus principios de vasto alcance y explicar claramente su vigencia perpetua. [...] Jesús, la imagen de la persona del Padre, el esplendor de su gloria, el que fue abnegado Redentor en toda su peregrinación de amor en el mundo, era una representación viva del carácter de la Ley de Dios. En su vida se manifestó el hecho de que el amor nacido en el Cielo, los principios fundamentales de Cristo, sirven de base a las leyes de rectitud eterna" (*ADJ, Cap. 3, p. 85*).

PREGUNTAS PARA DIALOGAR:

1. ¿De qué maneras podemos caer en la tentación de ser legalistas en nuestra observancia de la Ley, como lo fueron los fariseos? Por otro lado, ¿qué peligro existe cuando suponemos que el amor a Dios nos exime de obedecer su Ley? Haz una lista de formas prácticas en las cuales podríamos evitar caer en una u otra trampa, en nuestros días. Lleva tus ideas para compartirlas con tu clase el sábado.
2. Como sabemos, el argumento contra la validez continua de los Diez Mandamientos a menudo no es más que un intento de evitar guardar el séptimo día, sábado. Repasa las historias de sanación en sábado registradas en los Evangelios. ¿De qué manera reafirman no solamente la validez continua de la Ley de Dios sino, también, el séptimo día, sábado?
3. Los teólogos a veces hablan de un "universo moral". ¿Qué significa eso? ¿De qué maneras nuestro universo es un lugar moral? Si lo es, ¿qué piensas que hace que lo sea? ¿Qué papel tendría la Ley de Dios en un universo moral? ¿Podría el universo ser un lugar moral si Dios no tuviera una Ley moral para regirlo? ¿De qué manera la idea de la Ley de Dios en un universo moral nos ayuda a explicar el intento de Satanás de socavar esa Ley?

El sábado enseñaré...

Texto clave: Juan 14:15.

Enseña a tu clase a:

Saber que la perpetuidad de la Ley tiene implicaciones para comunicar la salvación.

Sentir la certeza de que servimos a un Dios cuyo carácter y principios nunca cambian.

Hacer: Invitar a Cristo al corazón, pues es quien nos da el deseo de hacer su voluntad.

Bosquejo de la lección:

I. Saber: La muerte de Cristo testifica que la Ley de Dios es perpetua.

A. ¿Por qué Jesús no cambió la Ley para evitar así pagar por la transgresión?
B. ¿De qué maneras la vida de Jesús, sus enseñanzas y su muerte dan más significado a la Ley, y subrayan su importancia?

II. Sentir: Servimos a un Dios cuyo carácter expresado en la Ley nunca cambia.

A. ¿Cómo sería servir a un Dios "camaleón", cuyos caprichos cambiaran constantemente?
B. ¿De qué manera podemos asegurar a otros la consistencia de Dios cuando vemos tantas inconsistencias humanas?
C. ¿Qué efectos tienen los cristianos "camaleones" en la difusión del evangelio?

III. Hacer: Aunque la obediencia no es un deseo humano, el Espíritu de Dios puede darnos fuerzas para obedecer.

A. ¿De qué modo podríamos depender más del Espíritu Santo y así tener poder para hacer la voluntad de Dios?
B. ¿Cómo podemos ser ejemplos de los principios divinos para atraer a los no creyentes a una vida recta?

Resumen: La consistente Ley de Dios da estabilidad y seguridad. La gracia de Dios facilita vivir en armonía con sus provisiones.

Ciclo de aprendizaje

Texto destacado: Mateo 5:17-19.

Concepto clave para el crecimiento espiritual: Los cristianos que observan la Ley de Dios pueden recibir grandes bendiciones para comunicarlas a otros.

{ 1: ¡Motiva!}

- **Solo para los maestros:** Un universo armonioso depende de la consistencia. La ley de la gravedad existe cada día, en todo lugar. La ingeniería no podría funcionar sin depender de las leyes naturales.

De igual modo, la Ley espiritual es inmutable y se aplica universalmente. El adulterio era inmoral en el reinado de David, y sigue siendo inmoral hoy. El asesinato de Nabot que ordenó Jezabel fue perverso; de la misma manera, los homicidios lo son también hoy. Las ordenanzas divinas se aplican por igual, a pesar de la posición social, la nacionalidad, la prosperidad personal o el sexo. Cuando las leyes humanas son contrarias a las de Dios, la moral sufre. Sin embargo, las normas de Dios permanecen sin cambios. Las leyes humanas fluctúan por las opiniones de los hombres y las presiones sociales, pero "Jesucristo es el mismo ayer, y hoy, y por los siglos" (Heb. 13:8).

Actividad inicial: Elige un deporte popular cuyas reglas conozcas. Analiza qué sucedería si esas reglas cambiaran de un partido a otro, o fueran diferentes para los distintos equipos. ¿Existiría el concepto de justicia, imparcialidad y equidad? ¿Cómo afectarían los planes si se cambiaran los límites constantemente? ¿Qué ventajas resultan de tener reglas uniformes aplicadas a todos en forma consistente?

Considera: ¿Has jugado alguna vez con personas que aplican sus reglas personales a un juego en lugar de las que indica el fabricante? ¿Cómo te sientes al jugar con personas que inventan sus reglas? ¿Te resultaría difícil respetar a Dios si él cambiara continuamente sus mandamientos? ¿Por qué?

{ 2: ¡Explora!}

- **Solo para los maestros:** Desde el comienzo de la historia del cristianismo, los líderes cristianos han oscilado sobre el tema de la Ley. Algunos, deseando evitar los extremos farisaicos, eliminaron la Ley de sus enseñanzas. Los fanáticos religiosos practican una observancia selectiva de la Ley. Los adúlteros desean leyes sobre robos, pero no castigos por adulterio. Los estafadores quieren que el homicidio sea castigado, pero no los robos. Aun los pastores y los maestros quieren elegir qué mandamientos observar o ignorar. Sin embargo, cada desobediencia trae consecuencias.

Comentario de la Biblia

I. El carácter inmutable de Dios y una Ley inmutable

(Repasa, con tu clase, Mat. 5:17-44.)

El cristianismo ha tenido grandes desacuerdos en la comprensión de la Ley. El hereje Marción, del siglo II, que fue popular en el Asia Menor, distinguía entre la Ley y el evangelio. Según él, la Ley pertenecía al Dios del Antiguo Testamento, que ejecutaba justicia y castigos. El evangelio pertenecía al Dios del Nuevo Testamento, que ofrecía una salvación misericordiosa, reemplazando la justicia, el castigo y la Ley. Aunque negaba la acusación de rechazar la obediencia a la Ley divina, sus presuposiciones anulaban cualquier función adecuada de la Ley.

El antinomianismo (de *anti* "contra" y *nómos* "ley") fue una reacción contra el monasticismo legalista. Su antídoto para los fracasos morales eran las prácticas ascéticas; los deseos de la carne se purgaban por medio del silencio, la autoflagelación y otras "obras meritorias". La enseñanza cristiana de la libertad era contraria a estos castigos psicológicos y físicos; pero, los extremistas no enseñaban la libertad de la condenación de la Ley, sino la libertad de la obediencia a la Ley. Esta liberación no enfatizaba la necesidad de la confesión personal y la santificación guiada por el Espíritu. Al fin, esto conduce a gozar de placeres y al narcisismo espiritual.

El dispensacionalismo de John Darby incorporó los rasgos objetables de Marción. Su premisa era que Dios interactuó con la gente en forma diferente durante períodos históricos diferentes. Este ataque contra la coherencia divina reflejaba la creencia de Marción en dioses distintos, excepto que Darby creía en un solo Dios que actuaba de dos modos diferentes: 1) con misericordia durante el período evangélico, anulando la importancia de guardar la Ley; y 2) Dios había aprendido que las instrucciones mosaicas eran insostenibles, y las rechazaba.

Contrasta esta teología distorsionada con la declaración de Cristo: "No penséis que he venido para abrogar la ley o los profetas; no he venido para abrogar, sino para cumplir" (lee Mat. 5:17-19).

Considera: El quebrantar la Ley (pecado) causó la muerte de Cristo. ¿Por qué Jesús no cambió su Ley para terminar así con el quebrantamiento de esta? ¿No habría sido más fácil y menos doloroso? Analiza.

II. Aplicaciones específicas de una Ley consistente

(Repasa, con tu clase, Mat. 5:27-30; Mar. 7:1-13.)

Estos pasajes revelan cómo Jesús cumplió los Mandamientos divinos. La primera aplicación hace referencia al séptimo Mandamiento. La culpa por los pensamientos, y no solo las acciones, refleja la intención más profunda del Mandamiento, ya que meramente desear la esposa de otro es considerado una transgresión. Cristo aplicó este mismo principio a los otros Mandamientos. El asesinato no se limita solo al homicidio, sino también incorpora el odio, las recriminaciones airadas y aun las injurias abusivas. Así comprendido, este sexto Mandamiento rechaza la venganza personal y ordena el amor a los enemigos. Satisfacer los requerimientos mínimos ya no es satisfactorio. El servicio de todo corazón llega a ser la norma.

Cristo también confrontó las tradiciones farisaicas no bíblicas. Su argumento principal era que sus ceremonias ritualistas habían desplazado la conducta ética especificada en los Mandamientos. Los judíos consideraban altamente la paternidad e interpretaban que el quinto Mandamiento incluía el sostén de padres ancianos, pero el *Corbán* interfería con esa responsabilidad. Antiguamente, *Corbán* aparecía en los vasos para los sacrificios y significaba "consagrado". Lo declarado *corbán* estaba limitado a Dios y prohibido para los demás. Los hijos codiciosos declaraban que sus recursos financieros eran *corbán*. Por ello, quedarían para el Templo, y no estaban disponibles para ayudar a sus padres. En realidad, guardaban su riqueza para sí mismos, usando pretextos religiosos para justificar su codicia. Superficialmente, se sometían a la Ley de Dios, pero se comportaban de otro modo. "Este pueblo de labios me honra; mas su corazón está lejos de mí. Pues en vano me honran, enseñando como doctrinas, mandamientos de hombres" (Mat. 15:8, 9).

Considera: ¿Qué es mejor: tomar la posición antinominiana y atacar la obediencia a la Ley divina, o apoyarla públicamente y en secreto socavar la Ley? Da razones para tu respuesta. ¿En qué sentido el arrepentimiento puede cambiar estos dos enfoques?

{ 3: ¡Aplica!}

- **Solo para los maestros:** ¿Qué es más fácil: aprobar verbalmente la Ley de Dios o aplicarla en nuestra vida? "Hablar es muy fácil". "Las acciones hablan más alto que las palabras". Estos aforismos subrayan la importancia de la práctica.

Jesús habla de esto en la parábola en la que un padre envía a dos hijos a que fueran a atender la viña. El primero protestó, pero luego se arrepintió y fue. El segundo dijo que sí, pero no fue. Cristo pidió a sus oyentes que identificaran al hijo obediente. ¿Cómo se identificarían los miembros de tu clase? Cristo dijo: "Si me amáis, guardad mis mandamientos" (Juan 14:15). Santiago dijo lo mismo de otro modo (leer Sant. 2:18-20). Juan advirtió: "Hijitos míos, no amemos de palabra ni de lengua, sino de hecho y en verdad" (1 Juan 3:18). Las declaraciones más elocuentes que apoyan la perpetuidad de la Ley de Dios no vienen de disertaciones en un seminario, sino de vidas consistentes vividas en armonía con la voluntad de Dios. ¿Cómo pueden vivir así los creyentes?

Preguntas:

1. ¿De qué manera se podrían expresar activamente las intenciones positivas de la Ley divina? (Es decir, la intención positiva del mandato expresado en forma negativa "No cometerás adulterio" es "Sé fiel a tu cónyuge". La intención positiva de "No hablarás contra tu prójimo falso testimonio" es la honestidad absoluta.)
2. ¿Es posible guardar alegremente la Ley en vez de aceptar a regañadientes los Mandamientos divinos?
3. ¿De qué forma podemos comunicar la importancia de la observancia de la Ley a los no creyentes sin parecer farisaicos?
4. ¿De qué modo los cristianos pueden asegurarse de que la obediencia será genuina, y no una salvación orientada hacia las obras o una obediencia nominal?
5. ¿Cómo puede presentarse el evangelio para que los no creyentes comprendan la armonía que presentan las Escrituras entre el evangelio y la Ley?

{ 4: ¡Crea!}

- **Solo para los maestros:** El cristianismo auténtico no trata de lo que evitamos hacer, sino de lo que positivamente intentamos hacer. Las reglas están escritas en un lenguaje de limitaciones: "No excedan los cien kilómetros por hora". "No tomes las cosas que no te pertenecen". Estas limitaciones conservan el orden. Restringen acciones que destruyen las relaciones. Pero, no siempre promueven las relaciones positivas. Algunas veces, los esposos pueden ser fieles a sus cónyuges, pero desatentos. Algunas personas no roban, pero pasan de largo ante personas con hambre. Es decir, los principios del amor técnicamente no se violan, pero tampoco se abrazan activamente. El ignorar las expresiones positivas de los Mandamientos de Dios con frecuencia conduce al legalismo.

Actividad: Crea Diez Mandamientos "positivos" reescribiendo los originales para expresar maneras de establecer relaciones amantes. Luego, vean formas de promover estos principios mediante acciones. Elijan una acción que puedan comprometerse a realizar esta semana próxima.

Lección 11: Para el 13 de septiembre de 2014

EL **SÁBADO**

Sábado 6 de septiembre

LEE PARA EL ESTUDIO DE ESTA SEMANA: Juan 1:1-3; Mateo 12:1-5; Lucas 4:16-21; Juan 5:16, 17; Mateo 24:20.

PARA MEMORIZAR:
"También les dijo: El día de reposo fue hecho por causa del hombre, y no el hombre por causa del día de reposo. Por tanto, el Hijo del Hombre es Señor aun del día de reposo" (Mar. 2:27, 28).

A LO LARGO DE SU MINISTERIO, LOS LÍDERES RELIGIOSOS desafiaron la forma en que Cristo observaba el sábado. Ante la crítica, Cristo enfatizó su autoridad como Señor del sábado (Mat. 12:8; Mar. 2:28; Luc. 6:5). También mostró el modo correcto de observar del sábado.

Hoy, confrontamos no solo el desafío de la "correcta observancia" del sábado sino, también, la creencia popular de que el domingo es el día de descanso. Aquellos que argumentan a favor del domingo, sin embargo, no tienen en los Evangelios nada que sustente su postura. Las controversias acerca del sábado en estos cuatro libros solamente se refieren a *la forma en que* debe ser guardado, y no a *cuándo* debe ser observado. La vida y las enseñanzas de Jesús no dejaron dudas de que el séptimo día seguiría siendo el día de descanso de Dios, incluso después de su muerte y resurrección.

Esta semana, consideraremos la relación de Cristo con el origen del sábado y su señorío sobre él. Luego, estudiaremos el ejemplo y las enseñanzas de Jesús en cuanto a la observancia del sábado. Por último, veremos de qué modo las palabras de Jesús y el ejemplo de sus discípulos revelan la validez permanente del sábado después de su resurrección.

CRISTO, EL CREADOR DEL SÁBADO

¿Qué indican los siguientes versículos acerca del papel de Jesús en la Creación? ¿Por qué esto es tan importante, especialmente al considerar el origen del sábado? Juan 1:1-3; Col. 1:16; Heb. 1:1, 2.

Juan introduce su Evangelio con la famosa declaración: "En el principio era el Verbo [...]. Todas las cosas por él fueron hechas, y sin él nada de lo que ha sido hecho, fue hecho" (Juan 1:1-3). Tanto Juan como Pablo no dejan lugar a dudas en cuanto al papel de Cristo en la Creación. Dios el Hijo, Jesucristo, creó todas las cosas: "Porque en él fueron creadas todas las cosas, las que hay en los cielos y las que hay en la tierra, visibles e invisibles [...]; todo fue creado por medio de él y para él" (Col. 1:16, 17). A través de Cristo, Dios creó el universo, incluyendo el sistema solar, la Tierra y todo lo que hay en ella, animado e inanimado.

Cristo, que habría de ser el Redentor del hombre, también fue su Creador. Y allí mismo, al final de la semana de la Creación, el Señor nos dio un día de descanso. "Por haber sido hecho el sábado para el hombre, es el día del Señor. Pertenece a Cristo. [...] Como lo hizo todo, creó también el sábado. Por él fue apartado como un monumento recordativo de la obra de la Creación" (*DTG* 255).

El mismo Dios que creó a la humanidad con la necesidad de descansar también proveyó los medios para hacerlo: un día en la semana en el cual los seres humanos han de dejar a un lado las preocupaciones y los afanes de la vida cotidiana, y descansar en él, el Creador. Luego de terminar la Creación, Dios mismo descansó en el séptimo día, no porque estuviera cansado, sino a fin de bendecir y santificar el sábado, y darnos un ejemplo para seguir. Y él también reposó en sábado cuando consumó nuestra redención en la cruz, no porque lo necesitara, sino a fin de (entre otras cosas) confirmar el valor perpetuo del sábado. Cristo, que invita a los seres humanos inquietos a descansar en él (Mat. 11:28, 29), nos invita a hacerlo de un modo especial, una vez a la semana, cada sábado.

> El descanso sabático nos une, al principio de la creación de la Tierra, a las mismas bases de nuestra existencia. ¿Qué mejor momento para meditar en la importante pregunta: *¿Qué estoy haciendo con la existencia que Dios me ha dado?*

CRISTO, EL SEÑOR DEL SÁBADO

Lee Mateo 12:1 y 2. ¿Qué está sucediendo aquí? ¿Por qué los fariseos considerarían "no lícita" esta acción?

Deuteronomio 23:25 afirma: "Cuando entres en la mies de tu prójimo, podrás arrancar espigas con tu mano; mas no aplicarás hoz a la mies de tu prójimo". El problema, entonces, no era la acción en sí misma, sino el día en el que se realizaba. Las normas rabínicas específicamente prohibían muchos tipos de trabajo en sábado, tales como segar, trillar y aventar el grano. Según los fariseos, al arrancar las espigas, frotarlas con las manos y separar el grano de la cáscara, los discípulos eran culpables de realizar todos esos trabajos.

¿Qué importancia tienen los ejemplos que Jesús utilizó al responder a los fariseos? Mat. 12:3-5.

Con el primer ejemplo (1 Sam. 21:1-6), Cristo argumentó que, aunque en circunstancias normales David y sus hombres no debían comer el pan que solo consumían los sacerdotes (Lev. 24:9), por causa del peligro que amenazaba sus vidas, sus acciones debían ser consideradas una transgresión permitida de una regla ceremonial. El segundo ejemplo que mencionó Jesús (Mat. 12:5) se refiere a los sacrificios y ofrendas ordenados para el sábado en los servicios del Templo, que eran el doble de los sacrificios ofrecidos en cualquier otro día (Núm. 28:9, 10). Los judíos mismos reconocían que el servicio del Templo era más importante que el sábado.

Luego de citar estos ejemplos, Jesús pronunció dos declaraciones que vindican su autoridad para redefinir la pesada observancia del sábado requerida por los fariseos: (1) "El día de reposo fue hecho por causa del hombre, y no el hombre por causa del día de reposo" (Mar. 2:27). Con esto, Jesús reafirma el origen edénico del sábado y redefine las prioridades incorrectas de los fariseos en cuanto al hombre y el día de reposo: el sábado fue creado para beneficiar a los seres humanos y sigue siendo un don, otorgado por Dios, al servicio de la humanidad en vez de estar la humanidad al servicio del sábado. Y (2), al decir: "el Hijo del Hombre es Señor aun del día de reposo" (Mar. 2:28), Cristo ratificó su posición como Creador y Legislador del sábado. Por lo tanto, solamente él tenía la autoridad para liberar el sábado de estos mandamientos de hombres.

¿De qué maneras tu observancia del sábado puede corroborar que el Señor del sábado es también el Señor de tu vida?

EL EJEMPLO DE JESÚS

¿Qué nos dice Lucas 4:16 acerca de la actitud de Jesús hacia el sábado? ¿Por qué esto es tan importante para nosotros hoy? Juan 14:15; 1 Ped. 2:21.

La palabra *costumbre*, que Lucas utilizó en el versículo 16, proviene de una palabra griega relacionada con hábitos constantes en el tiempo y la práctica. En otras palabras, Jesús asistía con regularidad a la sinagoga todos los sábados que podía. De hecho, esto es tan importante para Lucas que, en todo su Evangelio, menciona cuatro veces que Jesús asistió a la sinagoga en sábados diferentes (Luc. 4:16; 4:31; 6:6; 13:10). Además, Lucas identifica especialmente el sábado como el séptimo día de la semana (Luc. 23:54-24:1). El hecho de que Jesucristo, durante su ministerio terrenal, observó el sábado junto con los judíos, testifica que el ciclo semanal no se había perdido desde que la Ley había sido dada en el Sinaí o, incluso, desde la Creación. Su ejemplo como observador del sábado es un modelo para seguir por los cristianos, tanto en cuanto al día correcto como en la forma apropiada de guardarlo.

¿Qué leyó Jesús en esa ocasión especial en la sinagoga? ¿Por qué es importante? Luc. 4:16-21.

Esta no era la primera vez que Jesús leía y hablaba en la sinagoga. Más de un año había pasado desde su bautismo en el río Jordán. Sin embargo, esta era la primera visita de Jesús a Nazaret después de haber dejado el taller de carpintería, donde había estado cerca de treinta años y donde había asistido a la sinagoga local. Durante su juventud, "a menudo, en la sinagoga, los sábados, se le pedía que leyese la lección de los profetas, y el corazón de los oyentes se conmovía al ver irradiar una nueva luz de las palabras familiares del Texto Sagrado" (*DTG* 55).

Pero, esta vez fue diferente. Jesús seleccionó un pasaje específico, Isaías 61:1 y 2, que explica la obra del Mesías y cómo vendría "a predicar el año agradable del Señor" (Luc. 4:19). El texto se refería al año sabático, o jubileo, un tiempo de descanso. Apropiadamente, Jesús eligió el día de descanso, el sábado, para anunciar su ministerio de redención, liberación y sanidad. Podemos encontrar verdadero reposo en Jesús, un descanso expresado de manera tangible cada sábado.

MILAGROS EN SÁBADO

Los Evangelios mencionan varios milagros de sanación que Jesús llevó a cabo en sábado. Es interesante notar que, en la mayoría de los casos, la sanidad llegó por iniciativa de Jesús, como si tuviera la intención de sanar en sábado aunque hubiese podido hacerlo en cualquier otro día. Jesús estaba tratando de enfatizar una verdad: sanar en sábado no era ilícito. Al contrario, era más lícito que lo que muchos de los fariseos y los líderes religiosos estaban acostumbrados a hacer en sábado.

¿Qué argumentos se presentan en cada uno de estos textos para justificar los milagros de sanidad realizados por Jesús en sábado? Mat. 12:10-12; Luc. 13:15, 16; Juan 5:16, 17.

Si bien es cierto que debemos dejar a un lado nuestros propios intereses durante el día sábado (Éxo. 20:9; Isa. 58:13), nunca debiera ser considerado como un tiempo de ociosidad inútil. En sus controversias con los fariseos, Cristo señaló claramente que "es lícito hacer el bien en los días de reposo" (Mat. 12:12). Según las tradiciones rabínicas, una persona enferma podía ser tratada en sábado si la situación era de vida o muerte. Del mismo modo, si una oveja o un buey se caían en un pozo, estaba permitido sacar al animal en día sábado para salvarle la vida. ¿No era la vida de una persona más valiosa que la de un animal? Lamentablemente, los críticos de Cristo mostraban más compasión hacia sus propios animales que hacia los seres humanos sufrientes. Aprobaban dar de beber a un animal, pero no restaurar a una persona.

Jesús también declaró: "Mi Padre hasta ahora trabaja, y yo trabajo" (Juan 5:17), refiriéndose a la obra de Dios por sus criaturas. Incluso en el día sábado, él sigue dando vida y sustentando el universo (Heb. 1:2, 3).

Jesús enseñó que no deberíamos ser legalistas al observar el sábado. Guardar el sábado significa "descansar" de nuestras propias obras (Heb. 4:10) y, más importante aún, detenernos de intentar obtener la salvación por nuestros propios méritos, lo que es imposible de todos modos. Satanás desea convencernos de que guardemos el sábado de un modo egoísta. Si no logra hacernos transgredir el sábado, intenta empujarnos al otro extremo: el legalismo.

Aunque es fácil ser legalistas en cuanto al sábado, otras personas podrían ser muy negligentes para guardarlo. ¿De qué modo podemos lograr la observancia correcta?

EL SÁBADO DESPUÉS DE LA RESURRECCIÓN

Muchos cristianos guardan el domingo en vez del sábado, justificándose en que Cristo resucitó en ese día. Sin embargo, no hay nada en el Nuevo Testamento, incluyendo los pasajes sobre la resurrección, que enseñe que el domingo debe reemplazar al sábado. Al contrario, el Nuevo Testamento muestra que Cristo deseaba que el sábado se guardara incluso después de su resurrección.

¿Qué tiene para decir Mateo 24:20 acerca del sábado en los años posteriores a la resurrección de Jesús?

Las palabras de Cristo en Mateo 24:20 muestran que, en el año 70 d.C., unos cuarenta años después de su muerte, el sábado debía ser considerado tan sagrado como siempre lo había sido. La conmoción, la agitación, el temor y el viaje necesarios para huir de Jerusalén serían inapropiados para un día sábado.

¿Qué otras evidencias podemos encontrar en el Nuevo Testamento que muestran que el séptimo día permaneció sagrado luego de la resurrección de Cristo? Hech. 13:14, 42; 14:1; 17:1, 2; 18:4.

Para los discípulos, ir a la sinagoga era lo que asistir a la iglesia sería para nosotros hoy: una de las mejores formas de observar el sábado. Esto puede verse especialmente en la vida del apóstol Pablo, quien habitualmente se encontraba presente en los servicios de culto de la sinagoga los días sábado. Era su costumbre, siguiendo el ejemplo de Jesús (Hech. 17:2). Aunque era el apóstol a los gentiles y el campeón de la justificación por la fe, Pablo solía ir a la sinagoga los sábados, no solamente para predicar a los judíos sino, también, para santificar el día sábado.

Cierto sábado, luego de culminar el servicio de la sinagoga, los gentiles le rogaron a Pablo que les predicara el evangelio. El apóstol podría haberlos invitado a escucharlo el siguiente día, domingo, pero esperó una semana. "El siguiente día de reposo [sábado] se juntó casi toda la ciudad para oír la palabra de Dios" (Hech. 13:44). Estos textos proveen una evidencia poderosa de que la iglesia del tiempo de los apóstoles no consideraba en absoluto que el primer día de la semana hubiera reemplazado al séptimo.

¿De qué modo podemos mejorar nuestra comunión con el Señor en su santo día? Al mismo tiempo, ¿de qué manera el guardar el sábado nos puede ayudar a ser cristianos más compasivos, amantes y afectuosos?

PARA ESTUDIAR Y MEDITAR: Lee "El sábado", *El Deseado de todas las gentes,* pp. 248-257.

"'El Hijo del Hombre es Señor aun del sábado'. Estas palabras rebosan instrucción y consuelo [...]. [El sábado] nos presenta a Cristo como Santificador tanto como Creador. Declara que el que creó todas las cosas en el cielo y en la Tierra, y mediante quien todas las cosas existen, es cabeza de la iglesia, y que por su poder somos reconciliados con Dios. Porque, hablando de Israel, dijo: 'Díles también mis sábados, que fuesen por señal entre mí y ellos, para que supiesen que yo soy Jehová que los santifico' (Eze. 20:12), es decir, que los hace santos. Entonces, el sábado es una señal del poder de Cristo para santificarnos. Es dado a todos aquellos a quienes Cristo hace santos. Como señal de su poder santificador, el sábado es dado a todos los que por medio de Cristo llegan a formar parte del Israel de Dios" (*DTG* 255).

PREGUNTAS PARA DIALOGAR:

1. Pertenecemos a Cristo, tanto por creación como por redención. ¿De qué manera el sábado nos recuerda en forma especial estas verdades cruciales?
2. ¿Cuál es el problema de una obediencia legalista al cuarto Mandamiento? Por otro lado, ¿por qué una observancia descuidada del sábado no es la solución para el legalismo? ¿Cuál es el elemento clave que hace que la observancia del sábado sea una verdadera bendición?
3. ¿Por qué el sábado, y la oportunidad de descansar en ese día, debería ser un recordativo especial para nosotros de que no somos salvos por nuestras obras, sino por los méritos de Cristo en nuestro favor?
4. ¿De qué forma podemos aprender a tener una experiencia más profunda y enriquecedora con el Señor, cada sábado?
5. ¿Qué lecciones sobre el modo de guardar el sábado podemos aprender del ejemplo de Cristo de sanación en sábado? ¿De qué manera estas sanaciones nos ayudan a entender mejor el propósito del sábado?
6. Se nos dice que debemos "santificar" el sábado. Reflexiona acerca de algunas de tus actividades sabáticas. ¿Cuán santas son?

El sábado enseñaré...

Texto clave: Marcos 2:27, 28.

Enseña a tu clase a:

Saber comparar la observancia legalista del sábado con el ejemplo de Cristo y sus enseñanzas con respecto a ese día.
Sentir aprecio por el descanso sabático y el compañerismo con Dios.
Hacer: Guardar el sábado para lograr refrigerio espiritual, rejuvenecimiento físico y el cultivo de las relaciones.

Bosquejo de la lección:

I. Saber: El ejemplo de Jesús con respecto al sábado fomenta el desarrollo espiritual.

A. ¿De qué forma la creación del sábado nos hace comprender su importancia?
B. ¿Cómo nos afecta el ejemplo de Cristo en nuestra observancia del sábado?
C. Los milagros de Cristo hechos en sábado ¿nos ayudan a comprender su señorío sobre ese día?

II. Sentir: El sábado nos ofrece la bendición del descanso y del compañerismo.

A. ¿En qué sentido el descanso y el compañerismo sabático afectan nuestra actitud hacia los demás días?
B. ¿De qué modo observar el sábado sana los golpes y las heridas emocionales experimentados en la semana?
C. ¿Vigilar la "observancia" del sábado ¿hace que las personas se alejen del espíritu de la observancia del sábado? ¿De qué manera? Explica tu respuesta.

III. Hacer: Observar el sábado como santo y deleitarse en ello tiene propósitos espirituales y rejuvenecimiento físico.

A. ¿En qué sentido observar el sábado nos protege de creer que somos los únicos responsables de sostenernos?
B. ¿De qué forma los padres pueden dar reglas positivas y crear una expectativa agradable del sábado a sus niños?

Resumen: Cristo creó el sábado para que tengamos refrigerio espiritual y rejuvenecimiento físico.

Ciclo de aprendizaje

Texto destacado: Marcos 2:27, 28.

Concepto clave para el crecimiento espiritual: Las bendiciones de observar el sábado están disponibles para cuantos confían en Cristo para la salvación.

{ 1: ¡Motiva!}

- **Solo para los maestros:** Los capítulos 3 y 4 de Hebreos repasan la rebelión de los israelitas en el desierto. Jehová había prometido descanso en la Tierra Prometida, pero Israel rehusó entrar. Sus corazones endurecidos provocaron su desobediencia. No obstante, Dios les dio otra oportunidad para el reposo y la liberación: su sábado.

El séptimo día es un emblema de la liberación espiritual del pecado, que se ofrece a quien la anhele. Ella nos libera de los inútiles esfuerzos para alcanzar la bondad. Lo que da renovación física y refrigerio espiritual recibe nueva importancia soteriológica (relacionada con la salvación). La observancia del sábado reconoce que seis séptimos de tiempo con la bendición de Dios proveen más abundancia que siete séptimos sin ella. Las emociones a veces impulsan a los cristianos a hacer obras meritorias como si Dios pudiera ser calmado por sus esfuerzos. La observancia del sábado reconoce que el descanso espiritual proporciona mayor seguridad espiritual que la que podría dar toda una vida de obras motivadas por la culpa. Esta semana ayuda a los miembros a experimentar el descanso físico y el espiritual.

Actividad inicial: Permite que varios miembros describan vacaciones o retiros espirituales memorables que vivieron. Analiza los beneficios físicos de vacaciones y retiros, y cómo esos cambios de rutina se comparan con los horarios de trabajo. Describe la condición física y emocional antes de las vacaciones y después de ellas. Luego, compara la situación física y emocional de la persona llena de culpa antes de la salvación y después de ella.

Considera: Analiza cómo la auténtica observancia del sábado aumenta la salud emocional y física.

{ 2: ¡Explora!}

- **Solo para los maestros:** Durante la vida terrenal de Jesús, uno de los temas preferidos de los fariseos era debatir acerca de la observancia del sábado. Especificaban la longitud de los viajes, el peso de la carga que se podía llevar, y otras docenas de criterios rigurosos para la observancia del sábado. ¿Honraban a Cristo con esas reglas meticulosas? La Escritura indica que, en lugar de ello, Cristo se sentía triste. Pero, la historia se repite entre los observadores del sábado actuales. Las discusiones acerca de cómo guardar el sábado son interminables. Sin embargo, tal vez se ha pasado por alto el propósito y la importancia del sábado. La conducción del Espíritu transformará la preparación externa de modo que el sábado sea la experiencia gozosa que Dios desea. Conversen sobre el significado del sábado, en vez de gastar tiempo en discutir minucias.

Comentario de la Biblia

I. Jesús: Mesías, Creador, Ejemplo, Señor Soberano

(Repasa, con tu clase, Col. 1:16; Luc. 4:16-21; Mat. 12:1-8.)

La sentencia apocalíptica de Juan de no añadir nada ni quitar nada a la Escritura nos da un criterio inteligente para observar el sábado. Los fariseos sobrecargaban esa observancia con requerimientos humanos. A veces hacemos hoy lo mismo; otra tendencia diluye la observancia del sábado, le quita toda santidad y lo reduce a un día feriado o un día más. Estas posiciones dejan de recibir las bendiciones prometidas. Los creyentes descuidados llegan a mezclar preocupaciones mundanas y no experimentan el descanso. Otros creyentes vigilan las prácticas sabáticas de otros, y no encuentran tiempo para el reposo. Solo los que siguen una observancia dirigida por el Espíritu y las Escrituras reciben sus bendiciones.

El ejemplo de Jesús al observar el sábado es ideal. ¿Cómo guardó Jesús el sábado? 1) Jesús se reunía con otros creyentes para estudiar la Biblia y adorar (Luc. 4:16-21); 2) Gozaba de la naturaleza (Mat. 12:1-8); 3) Aliviaba el sufrimiento humano (Mat. 12:9-14; Luc. 13:15, 16; Juan 5:16, 17); 4) Descansaba del trabajo (Gén. 2:1-3); 5) Por su adhesión a las Escrituras, vemos que Jesús se refrenaba de comprar y vender (Mat. 5:17-19; *cf.* Neh. 13:15-22); 6) También podemos inferir de la conducta de sus discípulos que él observaba el día de preparación (Luc. 23; 24; *cf.* Éxo. 16). Basados en el ejemplo de Jesús, hoy deberíamos practicar la observancia del sábado en forma concienzuda.

Considera: ¿Qué podría ocurrir si ciertos cristianos intentaran ser la conciencia de otros sobre el sábado? ¿Por qué deberíamos guardar silencio cuando las Escrituras no han hablado explícitamente? ¿Cómo pueden los cristianos confrontar en forma amante a quienes quebrantan el sábado?

II. Asombrarse con el sábado

(Repasa, con tu clase, Mat. 12:10-12; 24:20; Luc. 23, 24.)

Las curaciones milagrosas de Jesús hechas en sábado asombran de forma especial. El rejuvenecimiento físico alcanzaba a los débiles.

Cristo guardó lo mejor para el final. En un día de preparación, Cristo estuvo colgado de una cruz. La agonía y la desesperanza envolvían a la humanidad. El único adversario digno de muerte estaba aparentemente derrotado. Al acercarse el sábado, los romanos retiraron de la cruz el cadáver de Cristo. Jesús descansó en sábado como lo hacía por costumbre. La tumba de José permaneció sellada. Restaurado por el Espíritu de Dios después de ese descanso, Cristo salió de la tumba, preparado para la obra de sumosacerdocio celestial. Podemos compartir el asombro milagroso del sábado, que nos llega cada semana para afrontar los desafíos de la nueva semana, restaurados espiritualmente.

Considera: ¿De qué manera los creyentes pueden experimentar esa maravilla sabática semanal?

{ 3: ¡Aplica!}

- **Solo para los maestros:** Discusiones sinceras con respecto a lo que es apropiado para la observancia del sábado pueden estancarse en aspectos legalistas; por ejemplo, lo que es lícito y lo que no es lícito hacer en sábado. Aplicar los principios de Cristo será óptimo para llevar esas discusiones a un campo más útil. Con respecto a la posesión demoníaca, Jesús advirtió que expulsar demonios sería inútil a menos que el vacío resultante fuera llenado; de lo contrario, el vacío se llenaría con más demonios. Muchos creyentes han cometido el mismo error. Abrumados por prácticas sabáticas puntillosas, han descartado el sábado. ¿Qué llena el vacío resultante? Exceso de trabajo, materialismo, filosofías anticreacionistas, ocio frívolo, búsqueda de placeres: "demonios" igualmente malos o aún más destructivos que los ocupantes anteriores.

Quejarse acerca de la puntillosidad en la observancia del sábado no es suficiente. Ese vacío *debe* recibir expresiones positivas de cómo observar el sábado, lo que impedirá su abandono. ¿Cómo pueden las bendiciones del sábado expresarse positivamente? ¿De qué modo las características de Dios incluidas en el sábado (Creador, Redentor, Sustentador) pueden incorporarse en algunas prácticas contemporáneas? ¿En qué sentido se pueden apreciar mejor la práctica histórica de la observancia del sábado y las bendiciones que ofrece? ¿De qué forma se puede alcanzar un enfoque equilibrado de la observancia del sábado?

Actividad: Con los miembros de tu clase, hagan una lista de características divinas incorporadas en las enseñanzas bíblicas acerca del sábado. Dialoguen sobre actividades que sean apropiadas para los niños, los adolescentes, los jóvenes y los adultos. Recuerda estos objetivos: 1) Estas actividades deben ser *gozosas*; 2) son mejores si son *multisensoriales*; 3) pueden ser más útiles si son *interculturales* e *incluyen a ambos sexos;* 4) que sean *apropiadas en el tiempo*; y lo más importante es 5) que *fortalezcan lo espiritual.*

{ 4: ¡Crea!}

- **Solo para los maestros:** El judaísmo históricamente reflejó dos corrientes de pensamiento. Una de ellas (judía, o *halaká*) protegía la observancia del sábado. Mil patriotas judíos fueron masacrados por los soldados sirios durante el periodo macabeo por no violar el sábado por razones de la guerra. Otro ejemplo fueron los defensores judíos que abandonaron sus fortificaciones durante el sitio de Jerusalén, al mando de Pompeyo, porque había llegado el sábado. Esta forma de pensar el sábado se refleja en el tratado titulado *Shabbath*, incluido en la Mishná, que bosqueja 39 diferentes categorías de actividades prohibidas en sábado. La secta de los esenios prefería que los animales o los humanos se ahogaran antes que realizar esfuerzos para salvarlos, porque eso violaba sus reglas sobre el sábado. Positivamente, los comandantes romanos reclutaron menos soldados judíos porque temían que los judíos abandonaran las filas si los obligaban a pelear en sábado.

Los judíos *haggadah* (comentarios sobre las Escrituras) revelaban otra línea de pensamiento. Esta segunda corriente enfatizaba la belleza del sábado. Una de estas tradiciones sostenía que la primera composición musical de la humanidad fue un himno al sábado que Adán cantaba el séptimo día al saber del perdón de Dios. Algunos comentadores aseguraban que se había conservado como el Salmo 91. Otra tradición sostenía que los israelitas cruzaron el Mar Rojo en sábado, ofreciendo otra conexión soteriológica con la observancia del sábado. El *Protocolo del Tabernáculo* también destaca la adoración en sábado, pues aumentaba los sacrificios en comparación con los ritos diarios (Núm. 28:9, 10). El sábado era especial, digno de ser celebrado.

Actividad: Crea un poema o la letra de un canto basado en la observancia *histórica* del sábado. Arriba se señalaron algunos puntos de partida. Otras posibilidades históricas incluyen la investigación de la observancia del sábado entre los etíopes y los celtas.

Lección 12: Para el 20 de septiembre de 2014

MUERTE **Y RESURRECCIÓN**

Sábado 13 de septiembre

LEE PARA EL ESTUDIO DE ESTA SEMANA: Juan 11:11; 1:1-4; Lucas 8:54, 55; Juan 5:28, 29; Mat. 5:22, 29; Juan 11:38-44.

PARA MEMORIZAR:
"Le dijo Jesús: Yo soy la resurrección y la vida; el que cree en mí, aunque esté muerto, vivirá" (Juan 11:25).

LOS SERES HUMANOS TENEMOS UNA REPULSIÓN innata hacia la muerte, porque fuimos creados solamente para vivir y nunca morir. La muerte es un intruso; no debió haber existido nunca.

Por eso, durante su ministerio terrenal, Jesús demostró una inmensa simpatía hacia los allegados de los difuntos. Cuando vio a la viuda de Naín llevando a la tumba a su único hijo, "se compadeció de ella, y le dijo: No llores" (Luc. 7:13). Cristo consoló al padre descorazonado de una niña de doce años que acababa de fallecer, y le dijo: "No temas, cree solamente" (Mar. 5:36). Cada vez que la muerte se lleva a un ser querido, Jesús se conmueve entrañablemente por nuestro dolor. Su corazón compasivo llora con nosotros.

Pero, Cristo hace mucho más que llorar. Habiendo conquistado la muerte con su propia muerte y su resurrección, él tiene las llaves de la muerte y promete resucitar para vida eterna a todos los que creen en él. Esta es, por lejos, la mayor promesa que se nos ha dado en la Palabra de Dios; de lo contrario, si la muerte tuviera la última palabra, toda nuestra vida y todo lo que alguna vez logremos sería en vano.

EL ESTADO DE LOS MUERTOS

Los escritores del Antiguo Testamento sostenían que el ser humano es un ser indivisible. Los varios términos hebreos generalmente traducidos como *carne*, *alma* y *espíritu* son solamente formas alternativas para describir, desde diferentes puntos de vista, a la persona humana como un todo. En armonía con esta perspectiva, las Escrituras utilizan diferentes metáforas para describir la muerte. Entre ellas, el sueño se destaca como un símbolo adecuado para reflejar la comprensión bíblica de la condición de los muertos (Job. 3:11-13; 14:12; Sal. 13:3; Jer. 51:39; Dan. 12:2). La muerte es el completo fin de la vida. La muerte es un estado de inconsciencia en la cual no hay pensamientos, emociones, trabajo ni comunicación de ningún tipo (Ecl. 9:5, 6, 10; Sal. 115:17; 146:4).

En tiempos de Jesús, sin embargo, esta visión del ser humano y, especialmente, de la muerte, estaba siendo desafiada por el concepto dualista pagano de la inmortalidad del alma, que se estaba propagando rápidamente por todo el mundo conocido.

¿De qué manera describió Jesús la muerte de su amigo Lázaro? Juan 11:11.

A pesar de este y otros pasajes, muchos cristianos argumentan que Jesús creía en la inmortalidad del alma, pues dijo al ladrón en la cruz: "En verdad te digo: hoy estarás conmigo en el paraíso" (Luc. 23:43, LBA). El significado de este texto cambia completamente dependiendo de dónde se colocan los dos puntos, ya que los manuscritos más antiguos del Nuevo Testamento no tenían signos de puntuación. Si los dos puntos son colocados después de "digo", como lo hace la mayoría de las versiones (o agregan "que", aunque no está en el original), significaría que Jesús y el ladrón fueron al paraíso ese mismo día. Si los dos puntos son colocados después de "hoy", el texto expresa que Jesús le dio al ladrón la seguridad de la salvación, y no el tiempo en el que el ladrón iría al cielo. El contexto confirma que esta última manera de leer el texto es la correcta. En primer lugar, el ladrón no había pedido una transferencia inmediata al cielo al morir, sino que el Señor lo recordara cuando viniera en su Reino. Además, tres días más tarde, Jesús mismo afirmó que aún no había ascendido al paraíso (Juan 20:17). Este texto, por lo tanto, no enseña que las almas de los muertos van al cielo luego de su muerte.

> Dado que entendemos que la muerte es un sueño inconsciente, ¿por qué la enseñanza de la resurrección es tan crucial para nosotros?

LA ESPERANZA DE LA RESURRECCIÓN

En la creación, "Jehová Dios formó al hombre del polvo de la tierra, y sopló en su nariz aliento de vida". Como resultado, "fue el hombre un ser viviente" (Gén. 2:7). Mientras Dios mantiene el aliento de vida en las criaturas vivientes, estas viven. Pero, cuando él quita el aliento de vida, las criaturas mueren y regresan al polvo (Sal. 104:29; Ecl. 12:7). Esta no es una decisión arbitraria de Dios; es la consecuencia inevitable del pecado. Sin embargo, las buenas noticias son que, a través de Cristo, hay esperanza. Incluso ante la muerte.

Lee Juan 1:1 al 4. ¿Qué está implícito en estos versículos, que nos muestra el poder de Jesús para resucitar a los muertos?

Cristo tiene vida en sí mismo, pues él es la vida (Juan 14:6). Él creó todas las cosas y tiene el poder para dar vida a quien él desee (Juan 5:21). Por lo tanto, él puede resucitar a los muertos.

¿De qué forma ocurre la resurrección? Luc. 8:54, 55.

Según la Biblia, la resurrección es el proceso inverso de la muerte. La vida es restaurada cuando el aliento de vida regresa de Dios. Así fue como Lucas explicó la resurrección de la hija de Jairo. Después de enterarse de que la niña de doce años había fallecido, Jesús se dirigió hasta su casa y dijo a las plañideras que la niña dormía. Entonces, "tomándola de la mano, clamó diciendo: Muchacha, levántate. Entonces su espíritu [*pneuma*] volvió, e inmediatamente se levantó" (Luc. 8:54, 55). Ante el mandato divino de Jesús, el principio de vida impartido por Dios retornó a la niña. El término griego utilizado por Lucas, *pneuma*, significa "viento", "aliento" o "espíritu". Cuando la Biblia lo utiliza en relación con los seres humanos, nunca denota una entidad consciente capaz de existir separada del cuerpo. En este texto claramente se refiere al aliento de vida.

La muerte es tan común que la damos por sentada. Entonces, ¿cómo podemos aprender a confiar en las promesas de Dios acerca de la vida eterna, aun cuando, por ahora, la muerte parece ser la vencedora?

LA RESURRECCIÓN Y EL JUICIO

Lo que hemos estudiado hasta ahora podría llevarnos a pensar que la resurrección será solamente para unos pocos. Pero, Jesús afirmó que llegaría el tiempo en el que "*todos* los que están en los sepulcros oirán su voz; y [...] saldrán a resurrección" (Juan 5:28, 29; énfasis añadido). Creyentes y no creyentes, justos y pecadores, salvos y perdidos, todos serán resucitados. Tal como lo declaró Pablo: "ha de haber resurrección de los muertos, así de justos como de injustos" (Hech. 24:15).

Si bien todos, finalmente, seremos resucitados de entre los muertos, cada uno tendrá uno de dos destinos eternos. ¿Cuáles son estos? Juan 5:28, 29.

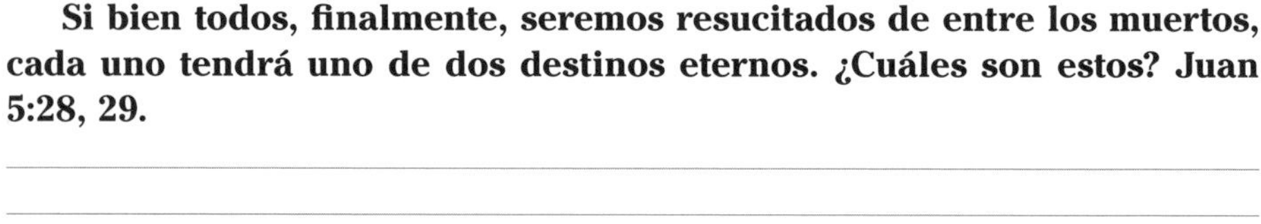

La universalidad de la resurrección no significa que en el día final todos serán llevados a una vida eterna, maravillosa y feliz. "Los que duermen en el polvo de la tierra serán despertados, unos para vida eterna, y otros para vergüenza y confusión perpetua" (Dan. 12:2).

La Biblia enseña que Dios juzgará la vida de todo ser humano, decidiendo el destino eterno de cada persona que alguna vez vivió (Ecl. 12:14; Rom. 2:1-11). La ejecución de la sentencia divina, no obstante, no ocurre de inmediato luego de la muerte de cada individuo, sino solamente después de su resurrección. Hasta entonces, tanto los salvos como los perdidos descansan inconscientes en el polvo de la tierra. La resurrección, en sí misma, no es ni una recompensa ni un castigo. Es la precondición para recibir la vida eterna o la condenación eterna.

Al referirse a las dos resurrecciones, Jesús indicó que nuestro destino será decidido sobre la base de la calidad moral de nuestros actos (buenos o malos). Este hecho, sin embargo, no significa que son las obras las que nos salvan. Al contrario, Jesús enseñó claramente que nuestra salvación depende exclusivamente de nuestra fe en él como nuestro Salvador (Juan 3:16). ¿Por qué, entonces, son tomadas en consideración las obras? Porque estas muestran si nuestra fe en Cristo y nuestra entrega a él son genuinas o no (Sant. 2:18). Nuestras obras demuestran si aún estamos "muertos en" nuestros "delitos y pecados" (Efe. 2:1) o "muertos al pecado, pero vivos para Dios en Cristo Jesús, Señor nuestro" (Rom. 6:11).

> Medita en el destino final que nos espera a cada uno. Si hay alguna cosa interponiéndose entre la vida eterna y tú, ¿por qué no eliges, ahora mismo, deshacerte de eso? Después de todo, ¿puede haber algo más valioso que la vida eterna?

LO QUE DIJO JESÚS SOBRE EL INFIERNO

Jesús utilizó dos términos griegos, *hadēs* y *gehena*, para hablar de la muerte y el castigo de los impíos. Dada la creencia popular en el "infierno", necesitamos analizar su significado.

Hadēs es equivalente al Hebreo *she'ōl*, el término más común utilizado en el Antiguo Testamento para referirse al lugar de los muertos. Estos nombres simplemente representan la tumba o el lugar al cual todos descienden al morir, sin connotación de castigo ni recompensa. Hay un texto, sin embargo, en el que *hadēs* (no el infierno, el lugar de los muertos) parece estar relacionado con el castigo. Es la parábola del rico y Lázaro.

Lee Lucas 16:19 al 31. ¿Qué lección transmite esta parábola (especialmente en los versículos 27 al 31)? ¿Cuál es el problema de usar esta parábola para enseñar que los seres humanos van al paraíso o al infierno inmediatamente después de la muerte?

Esta parábola no está centrada en el estado del ser humano al morir. Una creencia popular, pero no bíblica, que muchos de los contemporáneos de Jesús sostenían proveyó el contexto para esta parábola, que enseña una lección importante: nuestro destino eterno está determinado por las decisiones que tomamos a diario en esta vida. Si rechazamos la luz que Dios nos otorga aquí, no habrá oportunidad después de la muerte. Cualquier intento por interpretar esta parábola literalmente lleva a muchos problemas irresolubles. En realidad, los detalles del cuadro parecen extraños a propósito, para mostrarnos que no era la intención de Jesús que sus palabras fueran tomadas literalmente, sino en sentido figurado.

¿Qué advertencias pronunció Jesús con respecto al infierno? Mat. 5:22, 29, 30; 23:33.

En los Evangelios, la palabra *infierno* aparece once veces en labios de Jesús. En realidad, él utilizó el término griego *gehena*, del nombre hebreo *Gê Hinnom*, "Valle de Hinom". Según el Antiguo Testamento, en este desfiladero al sur de Jerusalén, los reyes Acaz y Manasés realizaron ritos paganos horrendos, quemando niños en sacrificio a Moloc (2 Crón. 28:3; 33:6). Más tarde, el rey Josías puso fin a esta práctica (2 Rey. 23:10). Debido a los pecados perpetrados en este valle, Jeremías profetizó que Dios lo convertiría en un "Valle de la Matanza" (Jer. 7:32, 33; 19:6). Por lo tanto, el valle se convirtió en un símbolo del Juicio Final y el castigo de los impenitentes. Jesús utilizó el nombre en sentido figurado, sin explicar ningún detalle con respecto al tiempo y el lugar del castigo, algo que sí encontramos en otros pasajes de la Biblia. El infierno, sin embargo, no es un lugar de castigo eterno.

JESÚS CONQUISTÓ LA MUERTE

¿Por qué la resurrección de Lázaro fue el milagro supremo del ministerio terrenal de Cristo? Juan 11:38-44.

Aunque Jesús había resucitado a dos personas más de entre los muertos, ninguna resurrección fue tan dramática como esta. Lázaro había estado muerto durante cuatro días, un hecho que Marta corroboró cuando se encontraban frente a la tumba. Jesús realizó el milagro a plena luz del día y frente a una multitud de testigos respetables de Jerusalén. La evidencia no podía ser descartada.

Sin embargo, más importante que la resurrección de Lázaro fue la resurrección de Jesús mismo. Dado que él tiene vida en sí mismo, no solamente tiene el poder para levantar a los muertos y dar vida a quien él quiere (Juan 5:21), sino también tiene poder para poner su vida y volverla a tomar (Juan 10:17, 18). Su resurrección probó esto de manera convincente.

¿Cuál es la relación entre la resurrección de Cristo y la nuestra? ¿Por qué su resurrección es tan importante para nuestra salvación? 1 Cor. 15:17-20.

Mientras Jesús estaba en el sepulcro, Satanás parecía haber triunfado. Pero Jesús no pertenecía al enemigo, pues nunca pecó. Así que, cuando Satanás vio que Cristo resucitaba, supo que había sido derrotado para siempre.

El poder de Cristo para romper las ligaduras de la muerte es indisputable. Él se levantó del sepulcro como las primicias de los que durmieron en él. Su resurrección es la garantía de la resurrección de cada creyente, pues él tiene las llaves de la muerte (Apoc. 1:17, 18).

"Para el creyente, Cristo es la Resurrección y la Vida. En nuestro Salvador, la vida que se había perdido por el pecado es restaurada; porque él tiene vida en sí mismo para vivificar a quienes él quiera. Está investido con el derecho de dar la inmortalidad. La vida que él depuso en la humanidad la vuelve a tomar y la da a la humanidad" (*DTG* 730, 731).

La muerte es tan poderosa que solamente aquel que creó la vida puede restaurarla. ¿Qué nos dice esta verdad acerca de por qué debemos confiar en que Jesús puede resucitarnos tal como lo prometió, y que lo hará?

PARA ESTUDIAR Y MEDITAR: Lee "'Lázaro, ven fuera'" y "'El Señor ha resucitado'", *El Deseado de todas las gentes,* pp. 485-494; 725-731.

"El Hijo de Dios llama a la vida a los santos dormidos. Dirige una mirada a las tumbas de los justos y, levantando luego las manos al cielo, exclama: '¡Despertaos, despertaos, despertaos, los que dormís en el polvo, y levantaos!' Por toda la superficie de la Tierra, los muertos oirán esa voz; y los que la oigan vivirán. Y toda la Tierra repercutirá bajo las pisadas de la multitud extraordinaria de todas las naciones, tribus, lenguas y pueblos. De la prisión de la muerte sale revestida de gloria inmortal gritando '¿Dónde está, oh muerte, tu aguijón? ¿Dónde, oh sepulcro, tu victoria?' (1 Cor. 15:55). Y los justos vivos unen sus voces a las de los santos resucitados en prolongada y alegre aclamación de victoria. [...]

"Todos se levantan con la lozanía y el vigor de eterna juventud. [...] Todas las imperfecciones y deformidades quedan en la tumba. Reintegrados en su derecho al árbol de la vida, en el desde tanto tiempo perdido Edén, los redimidos crecerán hasta alcanzar la estatura perfecta de la raza humana en su gloria primitiva" (*CS* 702).

PREGUNTAS PARA DIALOGAR:

1. Todos hemos luchado con la realidad de la muerte, su aparente carácter irreversible y su aparente sinsentido. Si no hubiera Dios, como muchos creen, ni esperanza de vida eterna ni resurrección, entonces, ¿qué significado tendría la vida humana misma? ¿Qué significaría la vida si, tarde o temprano, todos los que alguna vez vivieron mueren y cada memoria de ellos desaparece para siempre? ¿De qué manera nuestra comprensión de la resurrección responde a este dilema que, de otro modo, no tendría resolución?
2. ¿Cuáles son algunos de los peligros inherentes en la idea de la inmortalidad del alma? ¿Por qué Satanás está tan ansioso por propagar esta creencia no bíblica? ¿Qué papel jugará este concepto en el escenario religioso del tiempo del fin? Piensa en todos los engaños que circulan por allí, de los cuales estamos libres los que entendemos la muerte como un sueño hasta la resurrección.

El sábado enseñaré...

Texto clave: Juan 11:25.

Enseña a tu clase a:

Saber reconocer la certeza de la resurrección de Cristo, que hace posible nuestra resurrección.
Sentir la experiencia del poder de la resurrección, que da energía a los creyentes en la vida presente y en la futura.
Hacer: Vivir la vida con plenitud, basados en el poder de la resurrección disponible para todos los creyentes.

Bosquejo de la lección:

I. Saber: La resurrección de Cristo es un ancla para la fe de los creyentes.

A. ¿Qué sucedería si la iglesia perdiese la doctrina central del cristianismo, la certeza de la resurrección de Cristo?
B. ¿Qué otras doctrinas se convertirían en inútiles si no hubiera resurrección?
C. ¿Por qué la doctrina del alma inmortal rebaja a Jesús, dado que él es *la* Resurrección y *la* Vida?

II. Sentir: La doctrina de la resurrección de Cristo da poder espiritual ahora y en el futuro.

A. ¿Qué alivio deberíamos experimentar ahora que la muerte fue vencida y ya no tiene poder sobre nosotros?
B. ¿Cómo podría compararse la constitución emocional de los que viven la esperanza de la eternidad con los que no la tienen?
C. ¿Qué sensaciones acompañan al cristiano al saber que se reunirá con los amados que los precedieron en la muerte?

III. Hacer: La resurrección venció la muerte, y nos liberó del poder de Satanás.

A. ¿De qué forma la resurrección afecta la manera en que enfocamos la tentación?
B. ¿De qué modo la resurrección da poder al testimonio de los creyentes?

Resumen: Sin la resurrección, nuestra religión sería sencillamente otra opción religiosa en vez de ser el camino único a la vida eterna.

Ciclo de aprendizaje

Texto destacado: Juan 11:25.

Concepto clave para el crecimiento espiritual: La doctrina de la resurrección les da vida a los creyentes y los arraiga en cada faceta de la creencia cristiana.

{ 1: ¡Motiva!}

- **Solo para los maestros:** Se dice que un entrenador deportivo declaró: "Ganar no es lo más importante. Es lo único". La mala aplicación de esta cita a algo tan trivial y efímero como ganar un juego es lamentable. Considera reescribirlo en términos de la vida eterna: "La resurrección no es lo más importante. Es lo único". Este fenómeno merece ese énfasis.

El cristianismo *no* es otra opción; es singular porque se apoya en la resurrección de Cristo. Buda, Abraham, Mahoma y Confucio permanecen en sus tumbas. Solo el cristianismo tiene un Fundador viviente. Si su resurrección fuera una suposición religiosa, separada de la realidad, el cristianismo no podría sobrevivir mucho tiempo.

Pablo comprendió esta verdad, tal como lo muestra en sus cartas. Al combatir la herejía en Corinto, escribió: "Y si Cristo no resucitó, vana es entonces nuestra predicación, vana es también vuestra fe. Y somos hallados falsos testigos de Dios; porque hemos testificado de Dios que él resucitó a Cristo, al cual no resucitó, si en verdad los muertos no resucitan. Porque si los muertos no resucitan, tampoco Cristo resucitó; y si Cristo no resucitó, vuestra fe es vana; aún estáis en vuestros pecados. Entonces también los que durmieron en Cristo perecieron. Si en esta vida solamente esperamos en Cristo, somos los más dignos de conmiseración de todos los hombres" (1 Cor. 15:14-19).

Actividad inicial: Repasa himnos acerca de la resurrección y la ascensión. ¿Qué agitaba la imaginación de quienes escribieron la letra de ellos? ¿Qué metáforas incluyeron para transmitir sus pensamientos? Pide a los miembros de la clase que compartan los versículos que, para ellos, son más significativos e intensos. Inicia la clase con uno de esos himnos.

Considera: ¿De qué modo estas alabanzas fortalecen nuestra esperanza en la resurrección?

{ 2: ¡Explora!}

- **Solo para los maestros:** Solo una religión tiene el poder de transportar a la humanidad más allá del planeta Tierra. Una sola religión puede emocionar a la gente. Otras religiones promueven objetivos grandiosos, pero no tienen el poder de llevar a la gente hasta allí. Solo el cristianismo puede proveer el poder viviente para una transformación espiritual mediante el Cristo resucitado. ¿Cómo pueden los miembros de la clase convencerse acerca de lo singular que es tener fe en la resurrección?

Comentario de la Biblia

I. ¿Destino de esperanza o destino de desesperación?

(Repasa, con tu clase, Luc. 8:54, 55; Juan 5:28, 29.)

El apóstol Juan registra la instrucción de Cristo sobre la resurrección en Juan 5. En otra parte (Apoc. 20), Juan clarifica estas declaraciones, indicando que la primera resurrección involucra solo a los justos y precede a la segunda resurrección por "mil años". Las dos resurrecciones expresan el juicio divino: "apartar las ovejas de los cabritos". La primera resurrección incluye únicamente a los que fueron juzgados favorablemente. El segundo juicio incluye solo a los declarados culpables. Estos grupos son mutuamente excluyentes.

Al aparecer, la creencia en cualquier resurrección fue desafiada temprano en la historia de la iglesia. La correspondencia de Pablo con los Corintios (especialmente 1 Cor. 15) se explaya en la resurrección, refutando la enseñanza que negaba la resurrección corporal de un cadáver como si fuera resultado de la imaginación. Irónicamente, seis años antes (*c.* 51 d.C.), Pablo había escrito a los tesalonicenses desde Corinto sobre la resurrección de los justos, para contrarrestar una falsa enseñanza que había allí.

Lamentablemente para Pablo, tales enseñanzas falsas no eran eventos aislados. Circulaba otro error teológico acerca de la resurrección, fomentado por "Himeneo y Fileto, que se desviaron de la verdad, diciendo que la resurrección ya se efectuó" (2 Tim. 2:17, 18). Tal vez más pernicioso fue el docetismo, que surgió durante el siglo II, favorecido especialmente por los gnósticos y, más tarde (s. IV), por los maniqueos. Creyendo que la materia es inherentemente mala, su cristología rechazaba la encarnación porque, desde su punto de vista, la carne comprometía la pureza de Cristo. Cristo aparecía como humano, pero la apariencia era meramente la de un fantasma. En su opinión, Cristo no poseía cuerpo, y no era posible una resurrección. La cristología auténticamente encarnacional, sin embargo, postula que Cristo era completamente humano y completamente divino. Jesús, habiendo sufrido una muerte corporal real, podía realmente experimentar una resurrección corporal.

Los revisionistas cristológicos modernos han producido teologías que recuerdan al antiguo docetismo. Sus esfuerzos son separar al "Cristo histórico" (es decir, la persona tangible) del "Jesús mitológico de la fe religiosa" (es decir, el objeto adorado por los creyentes). Es como un paralelo extraño con las interpretaciones más antiguas de la resurrección de Cristo. Estas interpretaciones sugerían que, si Cristo había resucitado corporalmente, no era importante. Lo que importaba es que "Cristo se levantara dentro de vuestros corazones" (sentimientos subjetivos), y no "Cristo levantándose de la tumba" (realidad objetiva). La Palabra de Dios no es silenciosa sino radiantemente clara: la resurrección de Cristo es real, y constituye el único poder que llevará a la humanidad con éxito al Hogar.

Considera: ¿Cómo podrían los creyentes asegurarse de tener parte en la primera resurrección, y no en la segunda?

II. Rompe la prisión

(Repasa, con tu clase, Juan 11:38-44.)

La expresión traducida como "infierno", con mayor frecuencia en el Nuevo Testamento, es *hádes*. Esa ubicación universal para los muertos no sugería ni recompensa ni castigo. Allí no existía ningún movimiento ni pensamiento consciente. Por eso Jesús comparó su situación como un "sueño". Este reposo, sin embargo, es temporario porque, finalmente, todos oirán su voz y resucitarán en una de las dos resurrecciones. La cárcel de la muerte será vaciada. Todo depende de la resurrección personal de Cristo, pero tres resurrecciones, registradas durante su ministerio terrenal, presagiaron su triunfo final: 1) la hija de Jairo, 2) el hijo de la viuda de Naín y 3) Lázaro. La resurrección de Lázaro fue ciertamente la más dramática porque su cadáver había estado en la tumba por cuatro días. Siguiendo a la resurrección de Jesús, varias personas muertas fueron igualmente restauradas (Mat. 27:51-53). Estos "primeros liberados" prefiguraron la destrucción de la cárcel cuando Cristo regrese para destruir los candados de la mazmorra de Satanás.

Considera: Imagínate la escena de la resurrección cuando Cristo regrese.

{ 3: ¡Aplica!}

- **Solo para los maestros:** La resurrección no solo constituye el fundamento de la bendita vida eterna; provee ahora la transformación espiritual. Pablo razonaba: "Así como Cristo resucitó de los muertos por la gloria del Padre, así también nosotros andemos en vida nueva" (Rom. 6:4). Asesinos, prostitutas, terroristas, estafadores, ladrones y otros pecadores reciben la promesa de un futuro celestial *y* una restauración espiritual contemporánea. La conversión incluye la justificación y la santificación. La muerte de Cristo, su sepultura y su resurrección sostienen ambas. ¿De qué manera los creyentes pueden asegurarse de no olvidar este segundo énfasis?

Preguntas:

1. El poder espiritual provisto por medio de la resurrección de Cristo ¿de qué forma podría aplicarse a las batallas diarias que libramos con las tentaciones de Satanás, a los sentimientos de depresión y a las ansiedades con respecto al futuro?
2. ¿Cómo podría la resurrección ayudarnos a preparar a los creyentes para la pérdida de sus seres queridos?
3. ¿De qué modo una comprensión adecuada de la resurrección de Cristo puede proteger a los creyentes contra las tendencias espiritistas o modernistas de espiritualizar el evento de la resurrección?
4. ¿En qué sentido una comprensión adecuada de la resurrección impide que los creyentes caigan presa de la perniciosa doctrina de un infierno que arde eternamente?
5. ¿De qué manera los creyentes pueden compartir su esperanza arraigada en la resurrección con los que están presos en la desesperanza?
6. ¿Cómo pueden los creyentes pasar esta antorcha de esperanza a las generaciones futuras?

{ 4: ¡Crea!}

- **Solo para los maestros:** Las producciones dramáticas bien escritas plantean la culminación durante la escena final. El drama apocalíptico de Cristo se conforma a este modelo. Acompañado de legiones de ángeles, Cristo lanza un sonido de trompeta incomparable. Los terremotos sacuden la Tierra, mientras los truenos despiertan a los redimidos dormidos. Las tumbas se abren con energía volcánica, mientras sus anteriores ocupantes son impulsados hacia el cielo, a los brazos de Cristo, que los está esperando. El regocijo aumenta cuando los amados se reúnen. Lágrimas de felicidad caen mientras las voces se unen en alabanzas. Con un significado nuevo, los redimidos claman: "¡Hecho es!"

Actividad: Distribuye papeles a los miembros de la clase, e invítalos a redactar cartas que describan lo que esperan hacer después de reunirse con sus amados. Estas cartas deberían servir para expresar en forma creativa y concreta la fe en la resurrección de los justos, en anticipación de su gozo futuro.

(Si no deseas hacerlos escribir, puedes invitarlos a contar en voz alta lo que desean hacer luego de reunirse con sus seres queridos.)

Lección 13: Para el 27 de septiembre de 2014

LA SEGUNDA **VENIDA DE CRISTO**

Sábado 20 de septiembre

LEE PARA EL ESTUDIO DE ESTA SEMANA: Juan 14:1-3; Mateo 16:27; 1 Tesalonicenses 4:13-18; Mateo 24:3-14, 42, 44.

PARA MEMORIZAR:
"No se turbe vuestro corazón; creéis en Dios, creed también en mí. En la casa de mi Padre muchas moradas hay; si así no fuera, yo os lo hubiera dicho; voy, pues, a preparar lugar para vosotros. Y si me fuere y os preparare lugar, vendré otra vez, y os tomaré a mí mismo, para que donde yo estoy, vosotros también estéis" (Juan 14:1-3).

LA SEGUNDA VENIDA DE CRISTO, mencionada más de trescientas veces en el Nuevo Testamento, es el toque final de nuestras enseñanzas. Es esencial para nuestra identidad como cristianos adventistas del séptimo día. La doctrina está grabada en nuestro nombre y es una parte crucial del evangelio que somos llamados a proclamar. Sin la promesa de su venida, nuestra fe sería en vano. Esta verdad gloriosa nos da un sentido de destino y motiva nuestra tarea misionera.

Se podría argumentar que la demora del tiempo más allá de nuestras expectativas socavaría nuestra creencia en la promesa de Jesús de regresar. Sin embargo, esto no ha sucedido, pues "ahora está más cerca de nosotros nuestra salvación que cuando creímos" (Rom. 13:11). Para muchos, nuestra pasión por el regreso de Cristo es más fuerte que nunca.

Esta semana, repasaremos lo que Jesús dijo acerca de "la esperanza bienaventurada y la manifestación gloriosa de nuestro gran Dios y Salvador Jesucristo" (Tito 2:13).

LA PROMESA

Al terminar la Última Cena, Jesús dijo a sus discípulos que iría a un lugar al que, al menos por el momento, ellos no podían ir (Juan 13:33). El pensamiento de que el Maestro no estaría más con ellos llenó de dolor y temor los corazones de los discípulos. Pedro preguntó: "Señor, ¿a dónde vas? [...] ¿por qué no te puedo seguir ahora?" (Juan 13:36, 37). Cristo conocía el deseo de los discípulos y les aseguró que la separación sería temporaria.

Lee la promesa de Cristo para nosotros en Juan 14:1 al 3. Aplica esas palabras a ti mismo. ¿Por qué deberían ser tan importantes para ti?

La promesa de nuestro Señor no pudo haber sido más enfática. En griego, la frase "vendré otra vez" está en el tiempo presente, acentuando la certeza. Podría ser traducida, literalmente, "yo estoy volviendo otra vez".

Jesús nos ha dado la seguridad de su segunda venida. Él no dijo: "Puede ser que vuelva otra vez", sino que dijo: "Yo *vendré* otra vez". Cada vez que Jesús mencionó su regreso, lo hizo con total certeza.

A veces, hacemos promesas que después no podemos cumplir, incluso a pesar de nuestros mejores esfuerzos y determinación. Ese no es el caso con Cristo. Muchas veces probó, sin lugar a dudas, que su palabra es fidedigna.

Refiriéndose a su encarnación, el Señor había anunciado proféticamente a través de David: "He aquí, vengo" (Sal. 40:7). Y lo hizo (Heb. 10:5-7). La realidad de su primera venida sustenta la certeza de su segunda venida.

Durante su ministerio terrenal, Jesús prometió a un padre desesperado: "No temas; cree solamente, y será salva" (Luc. 8:50). Y, efectivamente, la hija de Jairo fue sanada, incluso aunque había estado muerta. Cristo anunció que tres días después de su propia muerte se levantaría de la tumba; y lo hizo. Prometió el Espíritu Santo a sus discípulos; y lo envió justo en el tiempo indicado. Si nuestro Señor honró todas sus promesas en el pasado, incluso aquellas que, desde una perspectiva humana, parecían imposibles de cumplirse, podemos estar totalmente seguros de que mantendrá su promesa de regresar otra vez.

> ¿Cómo puedes mantener viva en tu corazón la llama de la esperanza de la segunda venida de Jesús?

EL PROPÓSITO DE LA SEGUNDA VENIDA DE JESÚS

El gran plan de redención hallará su culminación en la segunda venida. Sin el regreso de Cristo a esta Tierra, su encarnación, muerte y resurrección no tendrían efecto alguno en nuestra salvación.

¿Cuál es uno de los propósitos básicos de la segunda venida de Jesús? Mat. 16:27.

La vida no siempre es justa; de hecho, a menudo no es justa. No siempre vemos la justicia en nuestra sociedad. Las personas inocentes sufren mientras que los impíos parecen prosperar. Muchas personas no reciben lo que merecen. Pero, el mal y el pecado no reinarán para siempre. Jesús vendrá "para recompensar a cada uno según sea su obra" (Apoc. 22:12).

Esta aseveración implica que debe realizarse un juicio antes del regreso de Cristo. Cuando Jesús vuelva, el destino de cada ser humano ya habrá sido decidido. Jesús claramente se refirió a este juicio investigador en la parábola de la fiesta de bodas (Mat. 22:11-13). El hecho de que somos juzgados por nuestras obras no significa que seamos salvos por ellas ni por nuestros propios méritos. La salvación es por la gracia divina y es recibida por la fe en Jesús (Mar. 16:16; Juan 1:12), que demostramos en nuestras acciones.

Lo importante de la promesa de Mateo 16:27 es que se hará justicia. Simplemente, debemos esperar a que llegue.

Además, en la segunda venida, aquellos que durmieron en Cristo serán resucitados para vida eterna. Jesús repitió varias veces esta promesa (Juan 6:39, 40, 44, 54). Como vimos anteriormente, dado que los muertos están durmiendo en la tumba, la promesa de la segunda venida y la resurrección para vida eterna es de especial importancia para nosotros. Al igual que Marta, podemos decir confiadamente respecto de nuestros seres amados que pasaron al descanso creyendo en el Señor: "Yo sé que resucitará en la resurrección, en el día postrero" (Juan 11:24).

¿Qué ocurrirá con todos los redimidos, vivos y resucitados, cuando regrese Jesús? Mateo 24:30, 31.

> Somos seres sociales por naturaleza, y el Señor reunirá a todos los redimidos. Ya no estaremos separados por grandes distancias. Los ángeles nos reunirán y no estaremos separados nunca más.

¿DE QUÉ MANERA VENDRÁ JESÚS?

En su sermón profético, Cristo expresó preocupación por las enseñanzas erróneas que aparecerían con respecto a su segundo advenimiento, y advirtió a sus discípulos sobre personas que vendrían en su nombre, "diciendo: Yo soy el Cristo" (Mat. 24:5; ver también vers. 23-26). Él no desea que sus seguidores sean engañados. Por lo tanto, claramente indicó la manera en que vendría.

¿Qué nos dice Mateo 24:27 acerca de cómo regresará Jesús?

Los relámpagos no pueden ser ocultados ni falsificados. Destellan y alumbran todo el cielo de tal manera que todos pueden verlos. Así será la segunda venida de Jesús. No se necesitará ningún aviso para llamar la atención de las personas. Todos los seres humanos, buenos y malos, salvos y perdidos, incluso "los que le traspasaron" (Apoc. 1:7), lo verán venir (Mat. 26:64).

¿De qué forma 1 Tesalonicenses 4:13 al 18 nos ayuda a entender cómo será la segunda venida?

En su segunda venida, Cristo será visto con toda su gloria como "REY DE REYES Y SEÑOR DE SEÑORES" (Apoc. 19:16). En la encarnación, el Hijo vino solo y sin esplendor externo, "sin atractivo para que le deseemos" (Isa. 53:2). Pero, esta vez, descenderá con toda su majestad y magnificencia, rodeado por "todos los santos ángeles" (Mat. 25:31) y "con gran voz de trompeta" (Mat. 24:31). Y, como si todo esto no fuera suficiente, los muertos en Cristo resucitarán para la inmortalidad.

> Si confiamos en el Señor con respecto a un evento tan increíble como la segunda venida, ¿por qué no confiamos en él en cada aspecto de nuestra vida?

¿CUÁNDO VENDRÁ JESÚS?

Cuando Jesús dijo, con respecto al Templo, que "no quedará aquí piedra sobre piedra, que no sea derribada" (Mat. 24:2), los discípulos quedaron atónitos. "Dinos, ¿cuándo serán estas cosas, y qué señal habrá de tu venida, y del fin del siglo?" (vers. 3), preguntaron. En el pensamiento de los discípulos, la destrucción del Templo coincidiría con el fin de la historia, en la segunda venida de Jesús.

La respuesta de Jesús combinó hábilmente las señales de ambos eventos: la caída de Jerusalén en el año 70 d.C. y su segundo advenimiento, porque los discípulos no estaban preparados para captar la diferencia entre ellos.

Es importante entender la naturaleza y el propósito de estas señales. No fueron dadas para que determinemos la fecha del regreso de Jesús, pues "del día y la hora nadie sabe, ni aun los ángeles de los cielos, sino sólo mi Padre" (Mat. 24:36). Más bien, las señales muestran la tendencia histórica de los eventos a fin de alertarnos que su venida está cerca, incluso a las puertas. Aunque nunca debemos colocar fechas para su venida, tampoco debemos ignorar el tiempo en el que vivimos.

Lee Mateo 24:3 al 14, 21 al 26, 29 y 37 al 39 (ver también Mar. 13: Luc. 21). ¿Qué cuadro del mundo presenta Jesús aquí? ¿De qué manera encaja con el mundo en el que vivimos ahora?

La idea más importante que Jesús deseaba grabar en la mente de los discípulos era que su venida estaba cerca. De hecho, en todo su sermón profético, Jesús se dirigió a los apóstoles como si ellos fueran a estar vivos cuando él regresara (Mat. 24:32, 33, 42).

En un sentido muy real, desde la perspectiva personal de cada uno de nosotros, la segunda venida nunca está más lejos que el instante después de nuestra muerte. La muerte es un profundo sueño inconsciente. Cerramos nuestros ojos al morir y, ya sea que pase un año o mil años, lo próximo que sabremos es que Jesús está regresando. Por lo tanto, el sentido de inminencia de la venida de Cristo, que compartían Pablo, Pedro y Santiago, tiene mucho sentido. Para cada uno de nosotros, en forma individual, su venida nunca está más lejos que el instante luego de morir.

¿Cómo nos ayuda este concepto a entender la "inminencia" de la segunda venida de Cristo?

VELAR Y ESTAR PREPARADOS

¿Por qué es crucial que siempre estemos preparados para la venida de Jesús? Mat. 24:42, 44.

La clave del sermón profético de Jesús es el imperativo de *velar.* No significa esperar ociosamente, sino estar activamente alerta, así como el dueño de casa que está prevenido contra cualquier posible ladrón (Mat. 24:43). Mientras esperamos velando, tenemos una tarea que realizar, como la tuvo el siervo fiel que realizó las tareas que su señor le encomendó que realizara durante su ausencia (Mat. 24:45; Mar. 13:34-37).

¿Qué actitud sería fatal para nosotros que afirmamos creer en el segundo advenimiento de Jesús? Mat. 24:48-51; Luc. 21:34, 35. ¿De qué manera podemos evitar caer en esa actitud? ¿Por qué es tan fácil cometer ese error si no somos cuidadosos?

La parábola del siervo malvado da mucho que pensar, especialmente para nosotros como adventistas del séptimo día. Este siervo representa a aquellos que profesan creer que Cristo vendrá otra vez, pero no inmediatamente. Creyendo que el Señor está demorando, piensan que todavía tienen tiempo para vivir con egoísmo y entregarse a placeres pecaminosos, porque, más adelante, seguramente, habrá suficiente tiempo a fin de prepararse para la segunda venida. Por desgracia, esta idea es una trampa mortal, pues nadie sabe cuándo vendrá Jesús. De hecho, incluso si Cristo aún no vuelve, cualquiera de nosotros podría ser llamado al descanso de modo inesperado, lo que terminaría repentinamente con nuestra oportunidad de arreglar las cosas con Dios. Pero, por sobre todo, ceder en forma repetida al pecado endurece e insensibiliza gradualmente la conciencia, de manera que se hace cada vez más difícil arrepentirse. Al diablo no le importa que creamos en la segunda venida de Jesús teóricamente, siempre y cuando pueda hacernos posponer nuestra preparación para ella.

¿Cómo podemos estar preparados hoy? Arrepintiéndonos y confesando nuestros pecados a Jesús, renovando nuestra fe en su muerte expiatoria por nosotros en la cruz y entregando nuestra voluntad completamente a él. Al caminar en comunión con él, podemos disfrutar la profunda paz de estar cubiertos por su manto de justicia.

¿Cuánto piensas en la segunda venida? ¿Cuánto impacta la realidad de la segunda venida en tu vida? ¿De qué manera podemos lograr el equilibrio correcto mientras realizamos nuestras tareas diarias y, a la vez, vivimos esperando el retorno de Cristo?

PARA ESTUDIAR Y MEDITAR: Lee "En el Monte de las Olivas", *El Deseado de todas las gentes*, pp. 581-591; y "Heraldos de una Nueva Era", *El conflicto de los siglos*, pp. 344-363.

"Pronto aparece en el este una pequeña nube negra, de un tamaño como la mitad de la palma de la mano. Es la nube que envuelve al Salvador y que, a la distancia, parece rodeada de oscuridad. El pueblo de Dios sabe que es la señal del Hijo del Hombre. En silencio solemne la contempla mientras va acercándose a la Tierra, volviéndose más luminosa y más gloriosa hasta convertirse en una gran nube blanca, cuya base es como fuego consumidor, y sobre ella el arco iris del Pacto. Jesús marcha al frente como un gran conquistador. [...] Con cantos celestiales los santos ángeles, en inmensa e innumerable muchedumbre, lo acompañan en el descenso. El firmamento parece lleno de formas radiantes, 'millones de millones, y millares de millares'. Ninguna pluma humana puede describir la escena, ni mente mortal alguna es capaz de concebir su esplendor. [...] A medida que va acercándose la nube viviente, todos los ojos ven al Príncipe de la vida. Ninguna corona de espinas hiere ya sus sagradas sienes, ceñidas ahora por gloriosa diadema. Su rostro brilla más que la luz deslumbradora del sol de mediodía. 'Y en su vestidura y en su muslo tiene escrito este nombre: Rey de reyes y Señor de señores' (Apoc. 19:16)" (*CS* 698).

PREGUNTAS PARA DIALOGAR:

1. Aunque necesitamos creer en la inminencia del regreso de Jesús, ¿de qué manera podemos evitar los peligros del fanatismo? Eso no siempre es fácil. Después de todo, ¿cuántos fanáticos realmente reconocen que son fanáticos?
2. Medita más en la idea de que la segunda venida de Cristo nunca está lejos de ninguno de nosotros en lo personal, porque nuestra muerte nunca está muy lejana, no importa cuánto vivamos. ¿Qué nos dice esta idea acerca de cuán cerca está realmente la segunda venida, en lo que concierne a cada uno de nosotros individualmente?
3. ¿De qué forma responderías a aquellos que se burlan de la idea de la segunda venida?
4. ¿Qué piensas del concepto de que nosotros, como pueblo de Dios, podemos ayudar a apresurar o demorar la segunda venida? (ver 2 Ped. 3:11, 12).
5. Si supieras que Jesús regresa la semana próxima, ¿qué cambiarías ahora en tu vida?

El sábado enseñaré...

Texto clave: Juan 14:1-3.

Enseña a tu clase a:

Saber comprender la naturaleza del retorno de Cristo, que fue prometido.
Sentir la seguridad de la segunda venida de Cristo.
Hacer: la preparación espiritual necesaria para encontrarse con el Señor en el aire.

Bosquejo de la lección:

I. Saber: Cristo claramente bosqueja la naturaleza y las condiciones que rodearán su retorno.

A. ¿Cuáles son las características distintivas del prometido regreso de Jesús?
B. Para los redimidos y para los condenados, ¿cuáles serán las consecuencias de la segunda venida de Cristo?
C. ¿Qué señales hay de la cercanía del regreso de Cristo?

II. Sentir: La venida de Cristo da a cada creyente un sentido de paz, seguridad y certeza.

A. ¿Qué sentimientos podrán experimentar los creyentes cuando contemplen la venida de Jesús?
B. ¿Por qué las señales de la proximidad del regreso de Cristo deberían generar gozo antes que ansiedad?
C. El propósito del regreso de Cristo ¿intensifica nuestro aprecio del amor de Dios por la humanidad? Explica tu respuesta.

III. Hacer: Es necesario prepararse para encontrase con Cristo en el aire.

A. ¿Qué rutinas y prácticas diarias preparan a los creyentes para el regreso de Cristo?
B. ¿De qué forma pueden los creyentes ayudar a los no creyentes a prepararse para la segunda venida?
C. ¿Qué función podría tener el compañerismo cristiano en la preparación espiritual? ¿Sería una contribución?

Resumen: El prometido regreso de Jesús es más que un sueño distante. Tampoco es escapismo religioso. Reconoce el hecho de un Salvador amante que desea profundamente esta reunión con su pueblo elegido. Se amonesta a los creyentes a prepararse espiritualmente a diario y a tener una vigilancia constante, de modo que la venida de Cristo no los encuentre desprevenidos.

Ciclo de aprendizaje

Texto destacado: Juan 14:1-3.

Concepto clave para el crecimiento espiritual: La gloriosa culminación de la fe cristiana será reunirse con Cristo en su prometido regreso.

{ 1: ¡Motiva!}

- **Solo para los maestros:** Enfatiza que la importancia del regreso de Cristo está subrayada por su frecuente mención en las Escrituras.

Actividad inicial: Piensa en una clase o en una reunión de familia a la que asististe. Tal vez fue un aniversario de tu graduación de la escuela secundaria o la universidad. ¿Cómo te sentiste al ver otra vez a tus viejos compañeros?

Pide a los miembros de la clase que se imaginen el momento de la reunión más maravillosa de todas: la segunda venida. Según las descripciones bíblicas, ¿cómo será? Anímalos a utilizar tantos sentidos como sea posible, pintando un cuadro colectivo, como clase, del pronto regreso de Cristo. ¿Cómo se vería y oiría ese evento, y cómo se imaginan que los haría sentir? Pero, más importante, pide a algunos miembros que compartan con sus propias palabras la respuesta a la siguiente pregunta: ¿Qué significa para ti, personalmente, reunirte con Jesús?

Considera: Reunirse significa juntarse *nuevamente*. Siendo que la mayoría de los que resuciten, excepto los discípulos de Jesús, no lo habrán visto cara a cara, ¿por qué su segunda venida es, de todas formas, una reunión entre Cristo y su pueblo? ¿En qué sentido ya hemos *visto* cara a cara a aquel a quien no hemos visto todavía con nuestros ojos?

{ 2: ¡Explora!}

- **Solo para los maestros:** Aunque claramente divididos acerca de otras doctrinas y los detalles de la segunda venida, muchos cristianos están de acuerdo en que Jesús viene otra vez para reunirse con su pueblo.

Comentario de la Biblia

I. La promesa y el propósito del regreso de Jesús
(Repasa, con tu clase, Juan 14:1-3; Mat. 16:27.)

Mateo 16:27 alude a la profecía apocalíptica de Daniel con respecto al Juicio Final (Dan. 7:13, 14). Las enseñanzas de Cristo conjugaron declaraciones del Antiguo Testamento (de Zacarías, Daniel, Isaías y otros), para formular la enseñanza del Nuevo Testamento acerca de su retorno. La certeza de esta enseñanza constituyó el fundamento de lo que Cristo ordenó: "No se turbe vuestro corazón". Sobre este planeta, plagado por guerras, enfermedades incontrolables, genocidio, accidentes nucleares, racismo, divorcio, incertidumbres económicas, etc., esa certeza llega a ser una orden que desafía. Sin embargo, cualquier sufrimiento que experimentemos aquí no se puede comparar con la compensación que Dios prometió. "Aunque este nuestro hombre exterior se va desgastando, el interior no obstante se renueva de día en día. Porque esta leve tribulación momentánea produce en nosotros un cada vez más excelente y eterno peso de gloria" (2 Cor. 4:16, 17).

Considera: Muchos teólogos eliminan o rebajan el Juicio como algo que disminuye la gracia de Dios, la justificación y el perdón. ¿Por qué la gracia de Dios y el perdón no tienen sentido sin el Juicio?

II. La forma y el momento de su regreso

(Repasa, con tu clase, Mat. 24; Apoc. 1:7.)

Hay tres posiciones teológicas básicas con respecto al momento del regreso de Cristo.

Los posmilenialistas creen que mil años de progreso ocurrirán antes del regreso de Cristo. Durante el siglo XIX, cuando el progreso tecnológico fue creciendo, muchos aceptaron esta creencia. Las expectativas disminuyeron a causa, principalmente, de las guerras extendidas, que casi anularon esta creencia.

Los amilenialistas no creen que haya mil años literales, sino que es un lenguaje figurado. Por lo tanto, el momento de la venida de Cristo con referencia al milenio es irrelevante para ellos.

El grupo final, conocidos como premilenialistas, está dividido en dos subgrupos: los dispensacionalistas y los historicistas. Los dispensacionalistas creen que Dios obra de forma distinta con la gente en períodos diferentes. Desde el Calvario hasta el comienzo de la gran tribulación es uno de esos períodos, llamado "la edad de la iglesia". El rapto secreto de la iglesia sucede al concluir la edad de la iglesia, y la segunda venida de Cristo sucederá siete años más tarde, al término de los siete años de la tribulación (hay variaciones menores dentro de este grupo con respecto a la secuencia exacta). Los pecadores tendrán otra oportunidad de arrepentirse durante este período de siete años de tribulación.

Las inconsistencias bíblicas de esta postura son demasiado numerosas para detallarlas en este espacio limitado, pero, sin duda, algunas ya son evidentes. La posición bíblica está mejor expresada por medio de la exégesis historicista premilenialista. Esta enseña que *Cristo viene al comienzo del milenio* (y después de la tribulación o "tiempo de angustia") para redimir tanto a los santos vivientes como a los muertos (mediante la primera resurrección). Los pecadores vivos son destruidos por el brillo de esa venida. Ellos entonces dormirán, junto con todos los injustos de la historia, hasta el fin del milenio, cuando ocurrirá la resurrección de los condenados. Después de esa segunda resurrección, ellos son finalmente destruidos.

La forma del regreso de Cristo se menciona en varios lugares, revelando claramente sus características sobresalientes. 1) Pública (*contrasta con "secreta"*, Apoc. 1:7; 1 Tes. 4:15-18); 2) Universal y simultánea (*en contraste* con *"localizada"*, Mat. 24:5, 23-30); 3) Anunciada con conmoción atronadora (*contrastación "secreta"*, 1 Tes. 4:15-18; Mat. 24:31); 4) Literal y personal (*en contraste* con *"figurada"*, Hech. 1:11; Luc. 24:36-43); 5) Inesperada (1 Tes. 5:2-6; Mat. 24:43, 44); 6) Cataclísmica (Dan. 2:32-35). Con respecto a la manera y el momento del regreso de Cristo, Dios nos da información abundante para que podamos creer, pero no tan abundante como para darla por sentada.

Considera: La procrastinación aflige a muchas personas; ¿qué harían muchos si creyeran que tendrán dos oportunidades a fin de prepararse para el retorno de Cristo, tal como enseñan los dispensacionalistas? ¿Cuál es el peligro de esta enseñanza?

{ 3: ¡Aplica!}

- **Solo para los maestros:** La información puede motivar. La información puede anestesiar. La información ¿puede producir movimiento o somnolencia?

En Mateo 24, Jesús responde las preguntas de los discípulos acerca del momento de su regreso. Al tener información abundante, ¿se beneficiarán? ¿Serán vigilantes o somnolientos?

En Mateo 25, Jesús ofrece tres parábolas de preparación y vigilancia, modelos de preparación espiritual. Repasa estos modelos con la clase: 1) diez vírgenes, 2) tres siervos (parábola de los talentos), 3) ovejas y cabritos. ¿Qué principios podemos obtener de estas parábolas que nos ayuden a prepararnos para el regreso de Cristo? ¿Qué acciones podrían expresar esos principios por medio de nuestra vida? ¿Cómo puede nuestra clase estar lista para encontrarse con Jesús? (Si la clase es grande, divídela en grupos menores, y asigna una parábola a cada uno.)

Actividad: Con las Biblias abiertas en Mateo 25, analicen cada parábola, buscando principios que puedan aplicarse a circunstancias del siglo XXI. Estas historias reales contienen enseñanzas más allá de sus situaciones inmediatas.

Piensa metafóricamente. ¿Qué se dice acerca de vivir en el Reino? ¿Qué se dice sobre la preparación espiritual?

Analiza el contenido. ¿Qué hacen bien los protagonistas? ¿En qué se equivocan algunos? ¿De qué modo podrían éstos haber tomado mejores decisiones? ¿En qué momento se dio el punto de inflexión que los separó del resto? ¿Qué cambios hubiesen sido necesarios para obtener resultados más felices? ¿De qué modo estos principios se aplican a la espiritualidad individual?

¿Por qué las diferencias entre un grupo y otro no están expresadas en el nivel de los pensamientos, sino como acciones efectivamente llevadas a cabo?

{ 4: ¡Crea!}

- **Solo para los maestros:** Otra sesión se inició. Los maestros están distribuyendo bosquejos de la materia, indicando las expectativas de los diversos cursos. Algunos estudiantes programarán su estudio en armonía con ellas, cumpliendo los requisitos puntualmente. Otros jugarán, procrastinarán y, finalmente, fracasarán. Los mejores alumnos se preparan para el examen final; otros juegan, postergan y demoran. La escuela de la vida funciona con principios similares. Pasar el examen final significa obtener la vida eterna. El fracaso se explica por sí mismo. Estudiar a último momento no producirá el éxito. El progreso gradual durante toda la vida dará el éxito.

Actividad: Esta semana, haz un repaso fotográfico de tu vida. Estudia tu historia personal mediante imágenes. Prepara un álbum que cuente la historia de tu vida. Clasifica las fotos según las formas en que la situación representada en cada una de ellas te preparó para la siguiente. ¿Qué hizo que en ciertos eventos tuvieras éxito? ¿Qué lecciones espirituales acerca de la preparación para la vida eterna podrías obtener de estas circunstancias? (Como alternativa, utiliza tu memoria e imaginación para revivir tu vida. Usa estas ideas como si fueran el álbum indicado en el párrafo anterior.)

TRES *libros* EN UNO

LAS ENSEÑANZAS DE JESÚS

JERRY D. THOMAS

Las enseñanzas de Jesús
Es una producción

Asociación Publicadora Interamericana
2905 NW 87 Ave. Doral, Florida 33172 EE.UU.
tel. 305 599 0037 - fax 305 599 8999
mail@iadapa.org - www.iadpa.org

Agencia de Publicaciones México Central, A.C.
Uxmal 431, Col. Narvarte, Del. Benito Juárez, México, D.F. 0302
tel. (55) 5687 2100 - fax (55) 5543 9446
ventas@gemaeditores.com.mx - www.gemaeditores.com.mx

Presidente: **Pablo Perla**
Vicepresidente Editorial: **Francesc X. Gelabert**
Vicepresidente de Producción: **Daniel Medina**
Vicepresidenta de Atención al Cliente: **Ana L. Rodríguez**
Vicepresidenta de Finanzas: **Saúl Ortiz**

Presidente: **David Javier Pérez**
Vicepresidente de Finanzas: **Fernando Quiroz O.**
Vicepresidente Editorial: **Pablo Partida G.**
Vicepresidente de Producción: **Abel Sánchez Á.**
Vicepresidente de Ventas: **Hortencio Vázquez V.**

Traducción y edición: **ACES**
Diagramación: **Jaime Gori**
Diseño de portada: **Kathy Polanco**

ISBN: 978-1-61161-304-9

Impresión y encuadernación
3 Dimension
Doral, Florida, EE.UU.

Inpreso en EE.UU.
Printed in USA

1ª edición: marzo 2014

Contenido

1

"Mi Padre y vuestro Padre"

"Tú, cuando ores, entra en tu aposento, y cerrada la puerta, ora a tu Padre que está en secreto; y tu Padre que ve en lo secreto te recompensará en público. Y orando, no uséis vanas repeticiones, como los gentiles, que piensan que por su palabrería serán oídos. No os hagáis, pues, semejantes a ellos; porque vuestro Padre sabe de qué cosas tenéis necesidad, antes que vosotros le pidáis" (Mateo 6:6-8).

Los discípulos estaban sentados tranquilamente en la quietud de la mañana, esperando a que el cielo aclarara más y que el trinar de las aves sonara más fuerte. Como siempre, se maravillaban con la vida de oración de su Maestro. En su experiencia, la oración era una actividad formal, realizada en público por los rabinos y maestros, o repetida al unísono en la sinagoga. O era una reacción a un peligro o a una crisis: un clamor por ayuda y protección.

Pero Jesús oraba en privado, diaria y regularmente: oraba como si estuviera hablando con Alguien que él conocía. Oraba de una manera que ninguno de ellos había conocido antes.

Esta mañana, cuando Jesús regresó a ellos de su tiempo en soledad, uno de los discípulos habló, y le dijo:

–Señor, enséñanos a orar.

Jesús debió haber sonreído. Cuánto habrá querido compartir esto con sus seguidores. Su respuesta nos introduce a todos a una nueva relación, con un nuevo Pariente.

"Cuando oréis, decid: Padre nuestro que estás en los cielos, santificado sea tu nombre..." (Luc. 11:2).

Padre. Nuestro Padre. Nuestro Padre en el cielo. ¿Es posible que debiéramos dirigirnos al Creador del universo tan informalmente, tan íntimamente? Tal vez, Jesús estaba usando el término "Padre" para indicar a una figura paterna distante, una figura de autoridad común a la mayoría de los humanos.

En este versículo del Evangelio de Lucas no era la primera vez que alguien se refirió a Dios como "Padre". En el Antiguo Testamento hay varias referencias a Dios como "Padre". Por ejemplo, en Isaías:

"Ahora pues, Jehová, tú eres nuestro padre; nosotros barro, y tú el que nos formaste; así que obra de tus manos somos todos nosotros" (Isa. 64:8).

Este "Padre" parece ser una referencia a Aquel que trajo a todos los seres humanos a la existencia, que los moldea en los hijos que están destinados a ser. ¿Podría ser esta la clase de "Padre" a quien Jesús estaba animando a sus discípulos a hablarle?

No. Jesús les presenta a Dios como un "Padre" que se interesa en ellos a nivel personal, un Padre con quien estos hombres pudieran reconocerse e identificarse. "¿Si su hijo le pide pan, le dará una piedra? ¿O si pescado, en lugar de pescado le dará una serpiente? ¿O si le pide un huevo, le dará un escorpión? Pues si vosotros, siendo malos, sabéis dar buenas dádivas a vuestros hijos, ¿cuánto más vuestro Padre celestial dará el Espíritu Santo a los que se lo pidan?" (Luc. 11:11-13).

Jesús estaba presentando algo extraordinario –la idea de que el Dios del cielo, el Creador del universo, se interesa íntimamente por cada uno de nosotros–, así como un buen padre humano se interesa en su hijo precioso. ¡Jesús estaba pintando el cuadro de un Padre que escucha los pedidos de sus hijos, que se preocupa por las necesidades de sus hijos, que quiere ver felices a sus hijos!

Ese cuadro estaba en agudo contraste con lo que los discípulos habían aprendido de los maestros religiosos de sus días. El Dios que ellos conocían era un Dios crítico, que se preocupaba más por los detalles menores de la ley que por las necesidades de la gente; que se preocupaba más por la adoración adecuada que por el amor.

Durante muchos años, el pueblo judío se había concentrado en agradar a Dios guardando la ley. Para evitar quebrantar cualquiera de las leyes de Dios, habían construido sus propias leyes. En lugar de solamente: "Acuérdate del sábado para santificarlo", habían creado leyes acerca de cuán lejos podía caminar una persona en sábado y todavía estar guardando el día. Había reglas acerca de cuándo se podía encender un fuego, y cómo podía prepararse la comida para el sábado. Habían transformado el hecho de seguir a Dios en una lista siempre creciente de cosas que no había que hacer.

Jesús vino para mostrarles cómo es realmente Dios. Vino para mostrarles al Padre. ¿Por qué nuestra visión de Dios es importante?

En el Jardín del Edén, la serpiente no dijo simplemente: "Coman esta fruta, les va a gustar". No, Satanás planteó un problema mucho mayor. Le preguntó a Eva:

–¿No dijo Dios que podían comer del fruto de cualquier árbol del huerto?

–Bueno, sí –respondió Eva–. Es decir, cualquier árbol menos éste que está en el medio del huerto. Dios dijo que si comemos su fruta, o siquiera lo tocamos, moriremos.

–Eso no es cierto –le dijo la serpiente–. Dios sabe que cuando lo coman, llegarán a ser como él, y conocerán tanto el bien como el mal.

Satanás tentó a Eva haciéndola dudar de Dios, haciéndole creer que les estaba mintiendo. Y ese ha sido el problema de la gran controversia a lo largo de toda la historia humana: ¿Podemos confiar en Dios? ¿Se interesa realmente en nosotros, o es egoísta y cruel?

Esa era la misión de Jesús en la tierra. Vino para mostrar a los humanos cómo es realmente Dios. En Juan 14, Jesús pasa sus últimos momentos con los discípulos antes de ser arrestado y muerto. Dijo: "Si me conocieseis, también a mi Padre conoceríais; y desde ahora le conocéis, y le habéis visto" (vers. 7).

Entonces Felipe le dijo algo doloroso: "Señor, muéstranos al Padre, y nos basta" (vers. 8).

¿Pueden ver cómo los hombros de Jesús bajaron, sus ojos se cerraron por un instante con desánimo? Pero, entonces, con su paciencia eterna, levantó la vista y dijo: "¿Tanto tiempo hace que estoy con vosotros, y no me has conocido, Felipe? Si me has visto, has visto al Padre. Si me conoces, conoces al Padre".

Jesús deja bien en claro que él está en la Tierra en favor de su Padre, para reparar el daño hecho en el Edén: "Las palabras que yo os hablo, no las hablo por mi propia cuenta, sino que el Padre que mora en mí, él hace las obras" (vers. 10, 11).

Padre del hijo perdido

Durante toda su vida sobre la Tierra, Jesús fue criticado por perder el tiempo con la gente equivocada. Él no se mantuvo "puro" y "limpio" evitando a los pecadores. Se lo vio en compañía de prostitutas conocidas, con los odiados romanos y con los, aún más odiados, recaudadores de impuestos. En Lucas 15, encontramos esto nuevamente, es criticado por sentarse entre los publicanos y los pecadores. "¡Hasta come con ellos!", señalaron los fariseos a todo el que quisiera escucharlos.

Yo me imagino a Jesús sentándose para compartir algún tipo de comida con estos "pecadores", mientras los otros hombres "más santos" están parados más atrás para criticar todo lo que él dice o hace. Allí les contó tres historias que daba seguridad a sus compañeros de mesa y, a la vez, respondía a los críticos.

Cada una de las historias plantea algo que se perdió y que luego fue encontrado. Primero, Jesús habla de ovejas. "¿Qué hombre de vosotros, teniendo cien ovejas, si pierde una de ellas, no deja las noventa y nueve en el desierto, y va tras la que se perdió, hasta encontrarla?" (vers. 4). ¡Qué cosa maravillosa pudieron escuchar los "pecadores" que comían con él! ¡No importa cómo se perdieron, el Pastor vendrá, los buscará y los llevará a casa!

Jesús añadió algo para los críticos. "Hay más gozo en el cielo por un pecador que se arrepiente, que por noventa y nueve justos que no necesitan de arrepentimiento" (vers. 7).

En la segunda historia, Jesús habla de una moneda perdida. En aquellos días, cuando no existían los bancos ni las cuentas de ahorro, era común que la gente llevara consigo el dinero todo el tiempo. Las mujeres casadas a menudo vestían un collar de monedas; de esta manera, mantenían seguros los recursos familiares.

En la historia de Jesús, una mujer descubre que una de sus monedas se había perdido. Sabiendo que ella estaba sola en casa ese día, enciende sus lámparas y comienza a barrer el piso con cuidado. Cuando encuentra la moneda, llama a sus amigas para que celebren con ella. Otra vez, los "pecadores" oyen que se encuentra a un perdido. Los críticos oyen que los ángeles de Dios se alegran por un pecador que se arrepiente (vers. 8-10).

La tercera historia es acerca de un hijo perdido. A diferencia de la oveja y la moneda, que se perdieron por accidente, el hijo se pierde intencionalmente. Pero, aun cuando a menudo nos referimos a esta historia como "El hijo pródigo" o "El hijo perdido", esta historia realmente trata sobre el padre. Y, siendo que Jesús la cuenta en estas circunstancias, sabemos que realmente se trata de su Padre.

En la historia que contó Jesús, un hombre tenía dos hijos. El menor vino a él y le dijo: "Padre, estoy cansado de esperar. Dame mi herencia ahora". Los oyentes debieron de haberse quedado sin aliento. Jesús no lo dijo, pero todos sabían el hecho insultante e irrespetuoso que había cometido el hijo. Bien podría haber dicho: "Desearía que murieras hoy". Sin duda, la multitud esperaba escuchar que el padre le imponga un castigo al hijo malo.

Pero el padre, de la historia, hizo algo inesperado. Determinó el valor de todas sus posesiones: sus tierras, su casa... todo. Luego, vendió lo suficiente para darle a este hijo menor la mitad de aquel valor. La otra mitad pertenecería al hijo mayor cuando el padre muriera.

La multitud que escuchaba a Jesús entendía cómo ese padre había sido humillado. No existía mayor insulto que este: su propia familia le estaba faltando el respeto. En una sociedad en la que el honor y el respeto de la comunidad significaban todo, sus vecinos debieron haberse burlado de él a sus espaldas y llamarlo tonto.

El hijo menor salió en dirección a la gran ciudad para gastar su dinero en una vida "pródiga". Hemos utilizado esta palabra tan a menudo que pareciera ser parte del nombre del hijo, pero sencillamente significa "desperdiciador" o "extravagante". Él no buscó un trabajo; simplemente vivía feliz con el dinero que le habían dado... hasta que se terminó.

Al no tener más dinero, sufrió. Hubo una hambruna, y no había ofertas de empleo. Finalmente, consiguió un trabajo alimentando cerdos. Mientras trabajaba, él tenía tanta hambre como para comer lo que comían esos animales, pero nadie le ofrecía a él.

Sus pensamientos volvieron a su casa, donde había abundancia de comida. "Aquí estoy, muriéndome de hambre", se dijo a sí mismo, "mientras los peones de mi padre tienen suficiente para comer. Volveré a casa, encontraré a mi padre, y le diré: "Padre, sé que hice mal. Lamento cómo te traté. Ya no soy digno de ser llamado tu hijo, pero ¿me podrías dar algún trabajo aquí?"

Mientras Jesús contaba esta parte de la historia, probablemente algunos de sus críticos habrán pensado que sabían lo que él diría a continuación: *Les dirá a esos pecadores que el padre perdonó a su hijo y le dio un trabajo. Les dirá que Dios también los perdonará, no importa cuánto lo hayan ofendido a Dios. Ellos están deshonrando a Dios tanto como ese hijo deshonró a su padre.*

Pero Jesús tenía más cosas que enseñar que solo el perdón. Tenía algo sorprendente que decir acerca de Dios el Padre.

El hijo perdido se encaminó hacia su casa. Puede haber planificado entrar a escondidas, en silencio, pero su padre estaba vigilando y esperando, como lo había hecho cada día desde que el hijo se fue. Entonces, cuando lo vio regresar, corrió hacia su hijo, echó sus brazos alrededor de su cuello, y lo besó.

El hijo quedó en estado de shock, pero comenzó a dar el discurso que había estado practicando. "Padre, lo lamento. Ya no soy digno de ser llamado tu hijo, pero..."

Pero su padre no lo estaba escuchando. Llamó a sus siervos. "¡Rápido! Traigan mi mejor manto para ponerlo sobre él. Pongan un anillo en su dedo y sandalias en sus pies. ¡Cocineros! ¡Busquen el ternero más gordo y comiencen a preparar una fiesta! Mi hijo, a quien daba por muerto, vive. Estaba perdido, pero está otra vez en casa".

¿Notan lo que Jesús estaba diciendo acerca de su Padre? Como el padre del hijo perdido, él nunca nos abandona. Aun si nosotros elegimos seguir nuestro propio camino, aun si volvemos las espaldas a todo lo que sabemos que es lo correcto, él espera –ansiosamente– para darnos la bienvenida a casa cuando nos arrepentimos.

Como el padre de la historia, Dios el Padre nos ama por lo que somos. No importa lo que hagamos, no dejamos de ser sus hijos.

Los críticos que escuchaban a Jesús ese día probablemente protestaron, en voz alta, que Dios exigía obediencia, que su perdón no era tan asequible. Pero, en lo profundo de sus corazones, también debieron sentirse asombrados por la idea de que exista esa clase de amor, esa clase de Dios.

Lo que Jesús enseñó acerca de su Padre debería asombrarnos también a nosotros. Esta idea de que el Rey del universo quiere una conexión íntima y personal con cada uno de nosotros es demasiado maravillosa y casi increíble.

Ningún capítulo de nuestras vidas es demasiado vergonzoso para que él lo lea. No hay problemas tan difíciles que no podamos entregarle a él. Nuestro Padre celestial está velando sobre nosotros, preocupado por cada problema, compartiendo cada gozo, oyendo cada oración. "Él sana a los quebrantados de corazón, y venda sus heridas" (Sal. 147:3). La conexión de Dios con cada uno de nosotros es tan fuerte y profunda como si fuéramos los únicos seres humanos de la tierra, como si fuésemos los únicos por los cuales él dio a su amado Hijo (adaptado de *El camino a Cristo*, p. 100).

Puede ser que resistamos esta clase de pensamiento porque la Escritura dice que Dios nos juzgará a todos. En nuestro sistema occidental de justicia, el juez es imparcial: no favorece ni perjudica al que está juzgando, solo quiere escuchar los hechos del delito antes de decidir la suerte de la persona.

Pero Dios, nuestro Padre y nuestro Juez, no es imparcial. Tiene un prejuicio a nuestro favor. Somos sus hijos y él hará cualquier cosa, excepto quitarnos nuestra libertad de elección, para salvarnos.

Un cambio sencillo en el modo en que reflexionamos acerca de este sublime pasaje bíblico mantendrá presente lo que Jesús enseñó acerca de su Padre: "Porque de tal manera amó Dios [el Padre] al mundo, que ha dado a su Hijo unigénito, para que todo aquel que en él cree, no se pierda, mas tenga vida eterna. Porque no envió Dios a su Hijo al mundo para condenar al mundo sino para que el mundo sea salvo por él" (Juan 3:16, 17; corchetes añadidos).

2

Jesús... ¿quién?

"El Padre ama al Hijo, y le muestra todas las cosas que él hace; y mayores obras que estas le mostrará, de modo que vosotros os maravilléis. Porque como el Padre levanta a los muertos, y les da vida, así también el Hijo a los que quiere da vida" (Juan 5:20, 21).

¿Cómo te identificas a ti mismo?

Para la mayoría de nosotros, comienza con el sencillo proceso de presentarnos. En muchas culturas, nos presentamos compartiendo nuestros nombres: "Yo soy Santiago"; "Yo soy Anita". Algunas veces, incluye una indicación de nuestro trabajo: "Yo soy el Dr. Mejías"; "Yo soy el pastor González"; "Yo soy el oficial Carrizo".

Pero ¿cómo respondes a la siguiente pregunta?: "¿Qué hace Ud.?" "¿Qué clase de tareas realiza usted?" "Hábleme acerca de usted".

Muchos respondemos primero con el tipo de trabajo que realizamos, es decir, nuestra profesión: "Yo soy escritor"; "Yo atiendo el servicio de computación"; "Yo estoy en casa al cuidado de mis niños".

Algunas veces compartimos algo de nuestro origen o cultura: "Soy mexicano"; "Soy de España"; "Vengo del Perú". O hablamos de nuestras familias: "Soy hijo de colombianos"; "Mis abuelos son guatemaltecos"; "Mi familia es de Panamá".

Y así nos identificamos ante los demás. ¿Cómo crees que Jesús se identificó? ¿Te imaginas que se acercara a un extraño y le dijera: "Hola, soy Jesús, el Mesías"?

Al considerar lo que Jesús enseñó acerca de sí mismo, debemos comenzar a reflexionar en la manera en que se identificó a sí mismo y cómo lo identificaron los demás.

¿Quién es usted?

Jesús y sus discípulos habían caminado varios días. Después de un largo viaje por Tiro y Sidón, cerca del Mar Mediterráneo, regresaron caminando a Galilea y allí, sobre una colina que mira al mar, Jesús se sentó para enseñar y sanar. Grandes multitudes vinieron para escucharlo, y para traer a sus enfermos y heridos. Cuando la gente oyó hablar a sus amigos mudos, cuando vieron caminar a sus vecinos lisiados, cuando vieron que los ciegos tenían su visión restaurada, quedaron atónitos. Todo lo que podían hacer era alabar a Dios, y a Jesús.

Como lo había hecho antes, Jesús aceptó esta alabanza. A veces les decía a las personas que no dijeran quién los había sanado, pero nunca les dijo que no le dieran las gracias.

Piensa en eso: si Jesús quería ser visto como un profeta, un sanador enviado por Dios, encargaría a la gente que "Alabara a Dios" por su curación en lugar de hacerlo a él. Pero Jesús no era simplemente un profeta o un sanador: era el Hijo de Dios. Aceptar la alabanza de los humanos era una de las maneras en que revelaba esta verdad al mundo.

En esta ocasión, Jesús hizo algo diferente para mostrar quién era él. Llamó a sus discípulos y les dijo:

–Esta gente me ha estado escuchando aquí durante tres días y ahora no tienen nada que comer. No quiero que se vayan hambrientos, podrían desmayarse antes de llegar a su casa.

Los discípulos miraron el desierto alrededor. ¿Dónde conseguirían suficiente alimentos allí para dar de comer a toda esa gente?

Jesús sencillamente los miró y preguntó:

–¿Cuánta comida tenemos? ¿Cuántos panes?

Miraron en sus bolsas y canastas.

–En total, hemos visto siete panes y unos pocos pececitos. No es suficiente para hacer una diferencia.

Jesús asintió y sonrió mientras aceptaba lo que le ofrecían. Volviéndose hacia la multitud, les dijo:

–Siéntense, por favor. Todos sentados en el suelo.

Cuando lo hicieron, Jesús levantó los panes y los peces. Oró, dando gracias por los alimentos, y comenzó a romperlos en pedazos. Luego se los dio a los discípulos.

Al principio los discípulos se miraron entre sí, después a los trozos de pan y pescado en sus manos. Más tarde, Andrés sintió que tiraban de su manto. Miró hacia abajo, y vio a un niñito con una mirada hambrienta.

–Aquí tienes, pequeño, toma esta comida –le dijo rápidamente, mientras le daba un pedazo de pan; luego se dirigió hacia la multitud y comenzó a repartir el resto. Los otros discípulos hicieron lo mismo.

Y cuanto más daban, más comida había. Anduvieron entre la muchedumbre, dándoles pan y pescado a todos hasta que nadie quedó con hambre. En realidad, recogieron lo que sobró, y llenó siete canastas.

–¡No puedo creerlo! –le susurró Andrés a Pedro–. Hay más de cuatro mil personas aquí, y muchas más mujeres y niños. Y solo teníamos siete panes y unos pocos peces. (Ver Mat. 15:32-38.)

Ahora que estaban satisfechos, Jesús envió a la gente de vuelta a casa. Luego, él y sus discípulos entraron al bote y navegaron hacia la región cerca de Magdala. Allí los alcanzaron los fariseos y los saduceos.

–Muéstranos una señal –le dijeron a Jesús–. Muéstranos una señal del cielo de que tú realmente eres un maestro enviado por Dios, y creeremos en ti.

Jesús sacudió la cabeza.

–Ustedes pueden mirar al cielo y saber qué tiempo hará mañana. Pueden leer esas señales. Pero no pueden leer las señales de los tiempos que los rodean. ¡Hipócritas! Esta generación malvada quiere una señal, pero no se le dará señal excepto la señal de Jonás.

Después los dejó y se fue a la otra orilla del lago.

Cuando los discípulos lo alcanzaron, le dijeron:

–Perdón, Maestro. Estábamos tan apurados por encontrarte que nos olvidamos de traer pan.

Jesús no estaba preocupado por esto.

–Cuídense de la levadura del pan de los fariseos y saduceos –les dijo.

–¿Qué quiere él decir con "levadura"? –susurraron unos a otros–. Debe ser porque nos olvidamos de traer el pan.

–Esto no tiene nada que ver con el pan –dijo Jesús cuando los oyó susurrar–. ¿Todavía no entienden? ¿No recuerdan cómo cinco panes alimentaron a cinco mil personas? ¿O cómo siete panes alimentaron a cuatro mil, con tantas canastas llenas de comida que sobraron? Ustedes deben entender que no estaba hablando del pan. Cuidado con la levadura de los fariseos y saduceos.

Finalmente, ellos comprendieron que Jesús les advertía acerca de las enseñanzas de los fariseos y saduceos.

¿Quién es Jesús?

Ahora estamos llegando a los versículos que buscábamos. Después de las curaciones milagrosas, de las alabanzas de la gente, la alimentación de tantos miles con tan poco y la discusión con los fariseos y saduceos, Jesús tenía una pregunta para sus discípulos. Es una pregunta que todos debemos responder en algún momento.

Habían viajado hacia el norte del lago de Galilea, a la región de Cesarea de Filipo. Ahora parece que estaban solo Jesús y sus discípulos, no había multitudes que lo siguieran ni críticos a su alrededor. Entonces, Jesús les hizo una pregunta: "¿Quién dicen los hombres que es el Hijo del hombre? Ellos dijeron: Unos, Juan el Bautista; otros, Elías; y otros, Jeremías, o alguno de los profetas. Él les dijo: Y vosotros, ¿quién decís que soy yo? Respondiendo Simón Pedro, dijo: Tú eres el Cristo, el Hijo del Dios viviente" (Mat. 16:13-16).

Pedro tenía la respuesta correcta. Jesús no era solo un profeta vuelto del pasado, o un sanador enviado por Dios. Era el Cristo –el Mesías– y el Hijo de Dios.

Jesús se quedó contento al escuchar la respuesta de Pedro. "Bienaventurado eres, Simón, hijo de Jonás, porque Dios mismo te reveló esta verdad".

El Hijo del Hombre

Jesús se refirió a sí mismo como "el Hijo del Hombre" muchas veces. Nunca nadie lo llamó de ese modo. Era una expresión que se usaba comúnmente en el Antiguo Testamento para referirse a los seres humanos. Por ejemplo, se usó a menudo en los Salmos: "Oh Jehová, ¿qué es el hombre, para que en él pienses, o el hijo de hombre, para que lo estimes?" (Sal. 144:3, 4).

Dios a menudo llamó a Ezequiel, el profeta, como hijo de hombre al instruirlo para que hable a la nación de Israel. "Hijo de hombre, ve y entra a la casa de Israel, y habla a ellos con mis palabras" (Eze. 3:4).

Así, cuando Jesús se refería a sí mismo como el "Hijo del Hombre", estaba enfatizando su humanidad, la naturaleza que tenía en común con todos nosotros. ¿Por qué es importante para nosotros el saber que él es tan humano como nosotros?

Él nos mostró cómo los humanos deben relacionarse con Dios

Jesús presentó una idea muy diferente de cómo relacionarse con Dios. La adoración entre los judíos era muy formal, concentrada en los ritos del templo y las enseñanzas de los rabinos. Era una religión árida e intelectual, concentrada en ser justo en vez de ser bondadoso. Veían a Dios como un juez, una fuerza que castigaba el mal con maldiciones de ceguera y enfermedad.

Jesús enseñó que los seres humanos podían relacionarse con Dios como con un Padre. Y no un padre distante, que es solo responsable por el origen de la persona, sino como un Padre interesado, que anhela dar a sus hijos lo que necesitan. Jesús nos mostró un Padre que se interesa en la vida diaria de sus hijos, y en su vida eterna.

Él nos enseñó que los seres humanos debemos hablar personalmente con su Padre celestial mediante la oración. Enseñó que debemos seguir la ley de Dios. "Amarás al Señor tu Dios, con todo tu corazón, y con toda tu alma, y con toda tu mente. Este es el primero y grande mandamiento. Y el segundo es semejante: Amarás a tu prójimo como a ti mismo. De estos dos mandamientos depende toda la ley y los profetas" (Mat. 22:37-40).

Nos mostró cómo deben relacionarse los seres humanos con el mal

Jesús no consideró el mal como una abstracción: para él el mal era demasiado real y demasiado presente. En el desierto trató directamente con el mal. "Respondiendo Jesús, le dijo: Vete de mí, Satanás, porque escrito está: Al Señor tu Dios adorarás, y a él solo servirás" (Luc. 4:8).

Jesús nos enseñó que los seres humanos deben responder a la tentación con la Palabra de Dios. También enseñó que debemos responder al mal con el bien. "Oísteis que fue dicho: Ojo por ojo, y diente por diente. Pero yo os digo: No resistáis al que es malo; antes, a cualquiera que te hiera en la mejilla derecha, vuélvele también la otra; y al que quiera ponerte a pleito y quitarte la túnica, déjale también la capa; y a cualquiera que te obligue a llevar carga por una milla, ve con él dos. Al que te pida, dale; y al que quiera tomar de ti prestado, no se lo rehúses" (Mat. 5:38-42).

En la mayoría de las ocasiones, cuando Jesús hablaba acerca del mal, estaba hablando de cómo la gente se trataba mutuamente.

Nos mostró cómo los seres humanos deben relacionarse unos con otros

Mucho de lo que Jesús dijo e hizo giraba en torno a la manera en que las personas deben tratarse unas a otras. En la historia del "Buen samaritano", Jesús invirtió el deber religioso y redefinió lo que significa cuidar a alguien. Nos enseñó que es un deber cristiano tratar a cada persona como si fuera un vecino por el cual nos interesamos en gran manera. Lo definió claramente en el Sermón del Monte. "Oísteis que fue dicho: Amarás a tu prójimo, y aborrecerás a tu enemigo. Pero yo os digo: Amad a vuestros enemigos, bendecid a los que os maldicen, haced bien a los que os aborrecen, y orad por los que os ultrajan y os persiguen; para que seáis hijos de vuestro Padre que está en los cielos, que hace salir su sol sobre malos y buenos, y que hace llover sobre justos e injustos" (Mat. 5:43-45).

Esta forma de tratar a otros debía ser una señal distintiva de sus seguidores, de su nueva iglesia. "Un mandamiento nuevo os doy: Que os améis unos a otros; como yo os he amado, que también os améis unos a otros. En esto conocerán todos que sois mis discípulos, si tuviereis amor los uno con los otros" (Juan 13:34, 35).

El Hijo de Dios

Jesús no se presentó como el "Hijo de Dios". Así lo llamó el ángel antes de su nacimiento, y otros lo llamaron así algunas veces, pero él evitó usar ese nombre para referirse a sí mismo. Por supuesto, el Padre mismo afirmó que Jesús era su Hijo en ocasión de su bautismo y en la transfiguración.

¿Por qué importa que Jesús sea también el Hijo de Dios? ¿Habría sido suficiente que Jesús fuera una persona muy buena, un profeta o un sanador?

Mostró cuánto se interesa Dios en sus hijos humanos

Al enviar a su Hijo al mundo cruel y peligroso, el Padre mostró cuánto significaban sus hijos para él. Mostró que ningún precio era demasiado alto para reclamar la raza humana mantenida en esclavitud por el pecado. "De tal manera amó Dios al mundo" que dio a su Hijo.

Mostró cuán serio es el pecado, y qué precio costaría pagar su pena

Ningún ser humano –sin importar cuán bondadoso o justo sea– podía pagar la pena por el pecado en favor de otra persona. Ninguno tiene esa clase de valía. Ninguno, es decir, excepto Dios mismo. Antes de que el pecado siquiera levantara su horrible cabeza, antes de que la tierra siquiera fuera creada, Dios tenía un plan para salvar a los que cayeran en su mortal abrazo. El Apocalipsis cuenta que se levantará un poder de pecado, y solo los que siguen al Cordero de Dios estarán seguros. "Y lo adoraron todos los moradores de la tierra cuyos nombres no estaban escritos en el libro de la vida del Cordero que fue inmolado desde el principio del mundo" (Apoc. 13:8).

Pero nota que los que están a salvo del pecado son los que siguen al Cordero "inmolado desde el principio del mundo". Antes de que la Tierra fuera creada, existía el plan de pagar por el pecado. Antes de que los seres humanos siquiera existieran, Dios sabía el precio que tendría que pagar para salvarlos.

Mostró que aquel que pagó el precio por el pecado sería el que lo destruiría para siempre

Como Jesús es el Hijo de Dios, él será quien regrese para reclamar a sus hijos. Cuando la edad del pecado haya terminado, cuando el reloj que marca el reinado de Satanás se haya detenido al fin, Jesús mismo regresará. "E inmediatamente después de la tribulación de aquellos días, el sol se oscurecerá, y la luna no dará su resplandor, y las estrellas caerán del cielo, y las potencias de los cielos serán conmovidas. Entonces aparecerá la señal del Hijo del Hombre en el cielo; y entonces lamentarán todas las tribus de la tierra, y verán al Hijo del Hombres sobre las nubes del cielo, con poder y gran gloria. Y enviará sus ángeles con gran voz de trompeta, y juntarán a sus escogidos, de los cuatro vientos, desde un extremo del cielo hasta el otro" (Mat. 24:29-31).

Como Jesús es quien habla acerca de su propio regreso, usa la expresión "el Hijo del Hombre".

¿Quién decís vosotros que soy?

La pregunta que ese día Jesús les formuló a sus discípulos junto al camino, es la misma que nos dirige a nosotros: ¿Quién decimos que es Jesús? ¿Qué derecho tiene sobre nuestras vidas? Si es simplemente un milagrero, un sanador de enfermos, podemos asombrarnos. Si él es simplemente un profeta, podemos escuchar sus palabras. Si es simplemente un "buen hombre", entonces podemos seguir su ejemplo y tratar de hacer lo que es correcto en nuestras vidas.

Pero si Jesús es, como dijo Pedro, "el Mesías, el Hijo del Dios viviente", entonces debemos elegir si lo aceptamos como nuestro Salvador. Si él es el Mesías, entonces debemos creer que puede salvarnos de nuestros pecados. Si él es el Hijo de Dios, entonces debemos creer que regresarán pronto, como lo prometió.

Por ser quien es Jesús, debemos seguirlo.

3

El Espíritu en verdad

"Yo rogaré al Padre, y os dará otro Consolador, para que esté con vosotros para siempre: el Espíritu de verdad, al cual el mundo no puede recibir, porque no le ve, ni le conoce; pero vosotros le conocéis, porque mora con vosotros, y estará en vosotros" (Juan 14:16, 17).

Cuando Jesús comenzó su ministerio, historias acerca de él se difundían por el país. No pasó mucho tiempo antes que los siervos en las bodas de Caná repitieran su historia. Aún si no estaban seguros de quién era, estaban seguros de que había sucedido algo notable.

–Los huéspedes se quedaron sin vino antes de que la fiesta terminara. ¡Era un escándalo vergonzoso! –explicó uno de los siervos.

–Cuando se lo dijimos a esa señora, María, quien era parte de la familia o algo así –añadió otro siervo–, ella llamó a su hijo que viniera a la cocina. Yo pensé que lo enviaría corriendo a comprar más vino.

–¡Pero no hizo eso! –interrumpió el primer siervo– Sencillamente nos dijo que hiciéramos lo que él nos dijera, y salió. Él nos dijo entonces que llenáramos los jarrones de vino con agua.

Pensamos que estaba loco: ya había suficiente agua por allí. Pero, de todos modos, lo hicimos, esperando que nadie nos echara la culpa a nosotros por el error.

–Llevé el primer jarrón a la fiesta, y comencé a servirlo. Cuando el primer invitado levantó su copa, esperaba que me la tirara por la cara. Pero tomó un sorbo profundo y sostuvo en alto su copa. "Este es el mejor vino que alguna vez gusté" –les dijo a todos–. "¡El dueño de casa guardó lo mejor para el final!"

–Y, créanlo o no, cada uno de los jarrones estaba lleno de vino. ¡Jesús de Nazaret había transformado el agua en vino!

No todos oyeron la historia de la boda, pero no se perdieron de lo que hizo Jesús después. Estaba en Jerusalén para la fiesta de la Pascua. Cuando visitó el templo, ¡casi no podía llegar a la puerta! "¡Vendo ovejas!", gritaba un mercader. "¡Compre aquí sus palomas!", gritaba otro. Y los que más alto gritaban eran los que cambiaban dinero. "¡Cambio! ¡Cambio! ¡Cambie su dinero por las monedas del templo! ¡Las necesitan para dar su ofrenda!"

Jesús tomó un momento para contemplar las escena. Jaulas de animales por todas partes, y vendedores regateando con los compradores, ¡parecía más el mercado de una ciudad que un lugar de adoración! Se inclinó, recogió un trozo de soga, y se encaminó a la parte alta de los escalones. Allí hizo sonar la soga como un látigo, y gritó: "¡No traten la casa de mi Padre como un mercado! ¡Saquen esto de aquí!"

Todos se dieron vuelta para mirar, inmóviles en sus lugares por el tono de su voz. Por un momento, hasta los animales quedaron en silencio. Entonces Jesús volcó la mesa del cambiador de dinero más cercano, y las monedas cayeron rodando por el piso. Arrancó la puerta de una jaula y las ovejas salieron corriendo en todas direcciones. El templo estalló otra vez con el ruido mientras Jesús iba de jaula en jaula liberando a los animales y volcando las mesas. Los vendedores, huyendo del sonido de la voz de Jesús, salieron por la puerta a la calle casi tan rápidamente como los animales que escapaban.

Nada semejante había ocurrido alguna vez en el templo. A medida que la historia se difundía por Jerusalén, todos se hacían la misma pregunta: ¿Quién es este hombre?

En el Evangelio de Juan encontramos que, después de la escena en el templo, Jesús permaneció en Jerusalén para la Pascua, y "muchos creyeron en su nombre, viendo las señales que hacía" (Juan 2:23). No sabemos qué fueron esas " · señales" o "milagros", y no tenemos ningún registro de sermones o enseñanzas de Jesús de ese momento, pero deben haber sido poderosos e impresionantes. Aunque muchas personas creyeron en Jesús, los líderes religiosos no creyeron. Su posición de autoridad en el país se veía amenazada. Manejaban las cosas en el templo, y este campesino de Galilea les estaba faltando al respeto, ¡y arruinando su negocio!

Pero un líder religioso quedó profundamente impresionado.

Como el viento

Uno de los fariseos, el grupo religioso-político que manejaba el país, quería hablar más con este Hombre extraño que había dicho y hecho tantas cosas asombrosas.

Nicodemo había leído las profecías mesiánicas. Había escuchado las palabras de Jesús con un corazón abierto y honesto. Pero no podía arriesgarse a que lo vieran conversando con Jesús: él era demasiado importante. En cambio, esperó hasta que estuviera oscuro.

Después de determinar dónde Jesús pasaría la noche, se vistió con su manto menos llamativo, se cubrió la cabeza dejando ver únicamente su cara, y se fue a su encuentro.

Imagine a Nicodemo moviéndose sigilosamente por una calle, bajo la cubierta de las sombras y evitando las luces de las pocas lámparas encendidas. Se preguntaba si un ladrón lo esperaba detrás del siguiente muro. Le preocupaba que algún buen ciudadano lo viera y lo acusara de una actividad criminal. ¿Cuántas veces habrá considerado volverse y olvidarse de sus preguntas? ¿Qué impulsaba a Nicodemo a asumir este riesgo?

Cuando finalmente estuvo cara a cara ante Jesús, Nicodemo no se presentó. Probablemente pensaría que Jesús lo vería sencillamente como uno más de sus seguidores. Pero, por supuesto, Jesús sabía quién era él. "Había un hombre de los fariseos que se llamaba Nicodemo, un principal entre los judíos. Este vino a Jesús de noche, y le dijo: Rabí, sabemos que has venido de Dios como maestro; porque nadie puede hacer estas señales que tú haces, si no está Dios con él" (Juan 3:1, 2).

Nicodemo comenzó con una apelación al ego de Jesús. "Maestro, sabemos que has venido de Dios. Claramente, tú eres importante y sabio". ¿Pensaría él que Jesús sonreiría y asentiría con orgullo, invitándolo a formular sus preguntas importantes?

Si lo pensó, Nicodemo calculó muy mal. Jesús ignoró su declaración y se lanzó directamente a lo que Nicodemo necesitaba escuchar. "Respondió Jesús y le dijo: De cierto, de cierto te digo, que el que no naciere de nuevo, no puede ver el reino de Dios" (vers. 3).

Nicodemo no había preguntado acerca de ser parte del reino de Dios. En realidad, Nicodemo no había hecho ninguna pregunta. Jesús estaba respondiendo a la pregunta que estaba en su corazón. Él no necesitaba nueva información, o una mejor comprensión intelectual de la Escritura. Lo que necesitaba era un corazón nuevo. Pero él no lo entendía. "Nicodemo le dijo: ¿Cómo puede un hombre nacer siendo viejo? ¿Puede acaso entrar por segunda vez en el vientre de su madre, y nacer?" (vers. 4).

Aun Nicodemo debió saber que esa era una pregunta tonta. Los conversos del paganismo a la religión judía eran conocidos, a veces, como niños recién nacidos, de modo que la idea de nacer de nuevo no era novedosa para él. Claramente, estaba confundido y agitado porque Jesús estuviera contestando una pregunta que él no había formulado.

La función del Espíritu

Para responder la pregunta de Nicodemo, Jesús presentó la función del Espíritu Santo. Aquí comenzamos a ver lo que Jesús enseñó acerca del Espíritu Santo y su rol en nuestras vidas. "Respondió Jesús: De cierto, de cierto te digo, que el que no naciere de agua y del Espíritu, no puede entrar en el reino de Dios. Lo que es nacido de la carne, carne es; y lo que es nacido del Espíritu, espíritu es. No te maravilles de que te dije: Os es necesario nacer de nuevo. El viento sopla de donde quiere, y oyes su sonido; mas ni sabes de dónde viene, ni a dónde va; así es todo aquel que es nacido del Espíritu" (vers. 5-8).

La pregunta de Nicodemo es la misma que nosotros nos hacemos: ¿Qué significa nacer del Espíritu? "Respondió Nicodemo y le dijo: ¿Cómo puede hacerse esto?" (vers. 9).

La respuesta de Jesús incluye algunas de las palabras más preciosas de la Escritura. Él le dijo a Nicodemo: "Si no puedes aceptar lo que te digo acerca de las cosas terrenales, ¿cómo creerás lo que te digo acerca de las cosas celestiales?" Y entonces compartió la hermosa verdad celestial que todos recordamos: "Porque de tal manera amó Dios al mundo, que ha dado a su Hijo unigénito, para que todo aquel que en él cree, no se pierda, mas tenga vida eterna. Porque no envió Dios a su Hijo al mundo para condenar al mundo, sino para que el mundo sea salvo por él" (vers. 16, 17).

La historia de Nicodemo enmarca mucho de lo que Jesús enseñó acerca del Espíritu Santo. En ella vemos al Espíritu en acción, y comenzamos a ver cómo el Espíritu puede actuar en la vida de una persona.

El Espíritu Santo actúa sobre la gente antes de que se den cuenta de ello

Los otros dirigentes colegas de Nicodemo, y los sacerdotes, odiaban a Jesús. Estaban seguros de que era falso, un impostor que destruiría a su nación. Pero Nicodemo todavía quería escuchar lo que Jesús enseñaba.

Si alguno lo veía hablar con Jesús, Nicodemo sería criticado públicamente, tal vez hasta destituido del Sanedrín. ¿Por qué Nicodemo asumía ese riesgo?

El Espíritu Santo lo estaba guiando. Las preguntas planteadas en su corazón por el Espíritu tenían que ser respondidas. Nicodemo no se daba cuenta de esta influencia: él no sabía lo que sucedía. El Espíritu Santo actúa en nuestros corazones antes de que percibamos su presencia. Esa voz suave, nos sigue guiando en cada paso del camino.

El Espíritu Santo nos ayuda a entender las cosas celestiales

Nicodemo vino a Jesús suponiendo que él tenía una información que necesitaba, alguna nueva comprensión de la Escritura o la profecía. Pero lo que él necesitaba era un corazón nuevo. El Espíritu Santo usó las palabras que Jesús le dirigió para abrirle los ojos. Nicodemo no entendió todo esa noche, pero con el tiempo comenzó a ver la diferencia entre una religión "de la mente" y una religión "del corazón". Comenzó a captar que no es lo que sabes lo que importa, sino a quién conoces.

Como el viento, el Espíritu es invisible. Pero podemos ver sus efectos sobre las personas

Jesús comparó el "nacer del Espíritu" con el viento: es invisible, pero sus efectos no lo son. Todos hemos visto el resultado de "nacer del agua", o ser bautizado. El resultado es visible: una persona que acaba de ser bautizada ¡está mojada! Pero lo que ha ocurrido adentro –nacer del Espíritu– no lo podemos ver.

No obstante, los resultados de un cambio de corazón son muy visibles. No hay mayor testimonio del poder de Dios que una vida transformada. Cuando un esposo abusivo se vuelve un compañero amante, el Espíritu ha estado allí. Cuando un mentiroso de toda la vida comienza a vivir con integridad, el Espíritu ha estado allí. Cuando alguien cambia de estar centrado en sí mismo a estar centrado en las necesidades de otros, el Espíritu ha estado allí.

El Espíritu Santo opera en nosotros a largo plazo. Año tras año, toca nuestros corazones y mentes

El Espíritu Santo impulsó a Nicodemo a arriesgarse para hablar con Jesús. El Espíritu entreabrió el corazón de Nicodemo para comenzar a comprender lo que Jesús le decía. Pero en una manera que nos anima más, el Espíritu no se detuvo allí. Nicodemo no se unió a los discípulos: no dejó su "trabajo" para seguir a Jesús de pueblo en pueblo. Hasta donde sabemos, no tuvo ninguna otra interacción con Jesús: hasta que Jesús murió. Según Juan 19, fueron Nicodemo y José de Arimatea los que hicieron los arreglos para sepultar a Jesús después de su crucifixión.

El Espíritu Santo actuó sobre el corazón de Nicodemo durante dos años, y no abandonó la meta de ayudarle a entender las "cosas celestiales". Cuando los discípulos huyeron de Jesús y se escondieron llenos de temor, Nicodemo se apresuró para cuidar del cuerpo de su Maestro.

Qué ánimo nos da a cada uno de nosotros, el saber que el Espíritu Santo no nos abandona después de un solo sermón o de un solo culto de adoración. Él no se retira después de una serie de evangelización y nos deja solos para encontrar nuestro camino. El Espíritu Santo permanece con nosotros, y con los que amamos, guiando nuestros corazones hacia Dios y su amor.

El Espíritu de verdad

En su última noche con sus discípulos, Jesús les dijo que se estaba por ir. Pero les hizo una promesa. Les prometió enviar el Espíritu Santo, el Ayudador, el Consolador, el Consejero. Aunque el Espíritu de Dios siempre estuvo con sus hijos, Jesús estaba prometiendo algo más: una presencia del Espíritu que nunca habían sentido antes. De una manera especial, el Espíritu Santo continuaría haciendo la obra de Jesús como su Maestro.

"Os he dicho estas cosas estando con vosotros. Mas el Consolador, el Espíritu Santo, a quien el Padre enviará en mi nombre, él os enseñará todas las cosas, y os recordará todo lo que yo os he dicho" (Juan 14:25, 26).

"Pero cuando venga el Consolador, a quien yo os enviaré del Padre, el Espíritu de verdad, el cual procede del Padre, él dará testimonio acerca de mí. Y vosotros daréis testimonio acerca de mí, porque habéis estado conmigo desde el principio" (Juan 15:26, 27).

Pero a nosotros se nos da esta misma promesa. El mismo Espíritu que había de enseñar a los discípulos a comprender "cosas celestiales" también abrirá nuestras mentes a aquellas cosas. Cuando oramos por el Espíritu de Dios para iluminar nuestras mentes antes de estudiar la Biblia, no hemos de repetir simplemente palabras memorizadas. Hemos de recordar la promesa de Jesús a sus discípulos, y a nosotros.

"Él os guiará a toda la verdad"

En la ausencia de Jesús, los discípulos tendrían que hablar en lugar de él, y compartir su Palabra con el mundo. Pero ellos no estarían solos en esta tarea. En realidad, por duro que haya sido para ellos creer eso en aquella tarde, Jesús les dijo: Os conviene que yo me vaya; porque si no me fuese, el Consolador no vendría a vosotros; mas si me fuere, os lo enviaré" (Juan 16:7). Luego describió que el Espíritu:

Convencería al mundo de pecado, porque no creen en Jesús.

Convencería al mundo de justicia, porque Jesús no estaría allí en persona para hacerlo.

Convencería al mundo de juicio, porque Satanás y todos los que lo siguen serán juzgados cuando Jesús retorne (vers. 8-11).

Jesús debió haberlos mirado a los ojos y pensado en todas las cosas que quería decirles, todo lo que había querido enseñarles. Ahora, al final del tiempo que pasaría con ellos, solo podía prometerles que Alguien vendría y les enseñaría más cosas.

"Aún tengo muchas cosas que deciros, pero ahora no las podéis sobrellevar. Pero cuando venga el Espíritu de verdad, él os guiará a toda la verdad; porque no hablará por su propia cuenta, sino que hablará todo lo que oyere, y os hará saber las cosas que habrán de venir" (vers. 12, 13).

Esa promesa también es para nosotros. El Espíritu Santo no nos dejará solos, sino que nos guiará a toda la verdad si estudiamos la Biblia y oramos.

"En cualquier lugar y tiempo que nos sintamos impotentes y solos, el Espíritu Santo vendrá a consolarnos si oramos, pidiendo con fe. Aun si estamos separados de todo amigo en la Tierra, nada puede separarnos de nuestro Consolador celestial" (*Messiah: A Contemporary Adaptation of the Classic Work on Jesus' Life, "The Desire of Ages"* [Mesías: Una adaptación contemporánea de la obra clásica sobre la vida de Jesús, *El Deseado de todas las gentes*], p. 359).

"Jesús quería compartir su gozo al poder darles el mejor don que ellos podían pedir a su Padre. El poder del mal había crecido cada vez más fuerte a través de los siglos, y los seres humanos eran más fácilmente controlados por él. Solo el poder y la presencia del Espíritu Santo harían posible que la gente volviera a Dios y escapara del pecado. El Espíritu Santo haría que el sacrificio de Jesús alcanzara su propósito. Su poder es la única manera en que los humanos pueden vencer sus tendencias heredadas y cultivadas para hacer el mal" (*ibíd.*, p. 360). Un claro reflejo de la perfección de Dios puede mostrarse en los seres humanos si confían en el Espíritu Santo.

4

Salvación en tiempo presente

"De cierto, de cierto os digo: El que cree en mí, tiene vida eterna" (Juan 6:47).

Jesús pasó mucho tiempo en Capernaum. Parecía amar a la gente de allí y a ellos les gustaba escucharlo. Cuando Jesús estaba en la ciudad, la gente lo seguía por donde iba. Pareciera ser que moraba en la casa de Pedro cuando estaba en la ciudad, y hacia ese lugar se dirigían todos para verlo.

En esta ocasión, Jesús estaba en la casa de Pedro, enseñando a la gente. Algunas de las personas habían llenado la casa, aunque la mayoría estaba afuera, mirando por las ventanas, y por la puerta, procurando acercarse tanto cuanto podían. Ninguno quería perderse nada de lo que se decía y se hacía.

Como de costumbre, la multitud que seguía a Jesús incluía a algunos que no eran sus amigos. Casi en todo lugar donde iba, los acompañaban espías de sus enemigos. Algunas veces, los espías guardaban silencio, simplemente observando lo que Jesús decía o hacía, y lo informaban a los líderes judíos. Pero, a menudo, los sacerdotes, rabinos o dirigentes estaban allí para discutir lo que Jesús decía, para indicarle a la gente dónde se equivocaba Jesús. Estaban allí para criticar a Jesús e impedir que la gente creyera en él.

Siendo que ellos eran "importantes", estos críticos probablemente se sentaban en la primera fila cuando Jesús hablaba. Por temor o por respeto, la gente les daba lugar para estar al frente en medio de cualquier muchedumbre. En ese día específico, debieron haber estado sentados inmediatamente detrás de los discípulos dentro de la casa de Pedro.

Mientras seguimos esta historia, veremos un ejemplo vívido de lo que Jesús enseñó acerca de la salvación.

Capernaum tenía otros vecindarios además de aquel en el que vivía Pedro. En secciones más oscuras del pueblo, uno podía encontrar excitación y peligro. Se podían encontrar maneras en que la gente destruía su salud, y aún toda su vida. Nuestra historia involucra a un joven que había perdido su relación con Dios y abandonado su fe. Se había vuelto más y más a una vida de perseguir el placer. Finalmente, perdió su salud por vivir una vida desenfrenada. Ahora estaba paralizado.

Se volvió a los sacerdotes y doctores de la ley pidiendo ayuda, pero no tenían nada para ofrecerle. "No hay cura para tu enfermedad", declararon. "Por causa de tus pecados, Dios te ha maldecido".

Oyendo esto, la conciencia del hombre, la que había tratado de ahogar con bebidas y drogas, comenzó a hablarle otra vez a su corazón. Estaba profundamente angustiado por remordimientos, no por causa de su enfermedad, sino porque ahora se daba cuenta de cuán erróneamente había vivido. Muy deprimido, abandonó la esperanza.

Pero no había perdido a sus amigos, por lo menos no a todos. Se quedaron con él, lo animaron aun cuando ahora estaba paralítico. "Ten fe", le dijeron mientras compartían con él las historias de Jesús. Antes de mucho, su fe comenzó a crecer. Anhelaba ir a Jesús, pero estaba más interesado en el perdón que en la curación. ¿Podría amar Dios todavía a uno como él? ¿Podría Dios perdonarlo por las cosas que había hecho?

Finalmente, el hombre paralítico les pidió a cuatro de sus amigos que lo llevaran para ver a Jesús. Fueron buenos amigos, tomaron su catre y caminaron por las calles de Capernaum.

No era difícil encontrar a Jesús, solo era difícil acercarse a él. Los amigos del paralítico trataron de abrirse paso entre la multitud que se apretujaba alrededor de la casa de Pedro.

–Por favor, déjennos pasar –pidieron–. Nuestro amigo está enfermo. Necesita ver a Jesús. Pero ninguno se movía. Ninguno abandonaba su oportunidad de ver a Jesús por sí mismo.

Así que estaban detenidos en la calle. Jesús estaba allí adentro, cerca, pero bien podría haber estado en Jerusalén por lo que a ellos se refería. Justo cuando estaban por abandonar el intento, el paralítico tuvo una idea. Era una idea loca, tan loca que podría resultar.

–Llévenme al techo –sugirió–. Por allí entraremos a la casa para ver a Jesús.

Así que eso hicieron. De alguna manera llevaron a su amigo encima del techo. Y comenzaron a trabajar para bajarlo hasta donde estaba Jesús.

Dentro de la casa, ¿quién creen ustedes que miró hacia arriba primero? ¿Pedro? ¿Su esposa? Primero se oyeron ruidos, luego polvo, más tarde trozos del techo comenzaron a caer al piso. Hasta Jesús debió haber tenido dificultades para mantener la atención de la multitud, cuando el techo comenzó a abrirse y la luz del sol brilló por aquel hueco. Pero cuando el catre apareció en la abertura y un enfermo comenzó a descender, todos sabían lo que ocurría. Una persona más había llegado al extremo para alcanzar a Jesús, esperando y orando por curación.

Jesús debe haber retrocedido y mirado cómo se desarrollaba la escena. Él ya sabía de este hombre. Él conocía la historia: el estilo de vida, los pecados. Y él sabía lo que el hombre realmente quería, en lo profundo de su corazón. Así que sabía exactamente lo que debía decir. Cuando Jesús vio la fe de estas personas, dijo al paralítico:

–Hijo, tus pecados te son perdonados (Mar. 2:5).

El hombre debió haberse relajado en su catre con una sonrisa en su rostro. ¡Perdonado! Lo que había esperado de Jesús se había cumplido.

Pero no todos estaban contentos. Los espías y sacerdotes presentes conocían a este hombre. No le habían dado ninguna esperanza, ni simpatía. Le habían dicho que Dios lo había maldecido. Ahora Jesús los dejaba mal parados ante la gente. Las personas escucharon que Jesús le había dicho que el hombre estaba perdonado después de que los espías y sacerdotes habían declarado que él no podía ser perdonado.

Sin decir una palabra, se miraron entre sí y concordaron. Condenarían a Jesús por pretender perdonar pecados, cuando solo Dios tiene esa autoridad. "¿Quién es éste que habla blasfemias? ¿Quién puede perdonar pecados sino solo Dios?" (Luc. 5:21).

Aun cuando no lo habían dicho en voz alta, Jesús leyó sus pensamientos escritos en sus rostros. Les dijo: "¿Qué caviláis en vuestros corazones? ¿Qué es más fácil, decir: Tus pecados te son perdonados, o decir: Levántate y anda? Pues para que sepáis que el Hijo del Hombre tiene potestad en la tierra para perdonar pecados (dijo al paralítico): A ti te digo: Levántate, toma tu lecho, y vete a tu casa" (vers. 22-24).

El hombre perdonado no dudó de las palabras de Jesús. Se levantó de un salto, tomó su camilla, saludó a sus amigos que rodeaban el agujero en el techo, y atravesó la multitud con dirección a su casa.

Lo que Jesús enseñó sobre la salvación

¿Qué nos enseña este relato acerca de la salvación? Nos da un ejemplo de la real de una vida destruida por el pecado, y rescatada por la salvación. Cada uno de nosotros ha luchado contra el pecado en su vida. Podemos no haber caído tan profundamente como el hombre del relato. Podemos no haber destruido nuestra salud, familia o relaciones todavía. Pero hemos experimentado algo del dolor sufrido a causa de las elecciones equivocadas, de vivir fuera de la voluntad de Dios. Aprendamos lo que Jesús enseñó acerca del perdón –acerca de la salvación– en esta historia.

Nada de lo que podamos hacer nos lleva demasiado lejos para volver a él

En la historia del paralítico, no hay intentos de explicar su conducta. No le echa la culpa de su enfermedad a la mala suerte o a la genética. Él no sugiere que no merecía lo que le había ocurrido. Claramente, él es el culpable de su situación. Hizo elecciones malas, siguió su propio camino, ignoró las cosas que sabía que eran correctas. O sea, había pecado y se había alejado de la gloria de Dios. Como todos nosotros.

Jesús enseña que ninguno de nosotros está demasiado lejos como para no poder volver. Como la historia del hijo pródigo, este relato nos enseña que el perdón y la aceptación están allí cuando nos volvemos de nuestros caminos de rebeldía, y pedimos ese perdón y aceptación.

El Espíritu Santo nos está atrayendo continuamente al arrepentimiento

Cuando el joven estuvo en su punto más bajo, cuando estaba listo para abandonar todo, el Espíritu Santo lo estaba trayendo de regreso a Dios. Despertó en él un deseo de ser perdonado, un deseo de saber que Dios podía aceptarlo a pesar de las cosas malas que había hecho.

Hay algo importante que debemos aprender. El Espíritu Santo está hablándonos continuamente, trayéndonos de regreso a Dios. No importa dónde estemos o qué elecciones hayamos hecho en nuestras vidas. Dios no deja de llamarnos de regreso al hogar.

El arrepentimiento incluye un deseo de detener la conducta pecaminosa

En la historia, el joven reconoció que su estilo de vida había causado su enfermedad. No deseaba sanarse para volver a las fiestas. Lamentaba sus elecciones y su estilo de vida. Su deseo era dejar atrás esa vida, regresar a una relación con Dios.

No hay verdadero arrepentimiento sin un deseo de cambiar de conducta. No podemos estar realmente tristes por nuestras decisiones a menos que deseemos dejar de hacerlas. No quiere decir que no caeremos alguna vez en nuestros hábitos antiguos, o repitamos malas conductas, pero el deseo de cambio debe estar en nuestro corazón. El Espíritu Santo nos habla y nos conduce, pero nosotros debemos elegir hacer el cambio, dejar nuestras antiguas vidas para recibir vidas nuevas.

El perdón está disponible para todos

Cuando pedimos perdón, Dios nos lo da. Esta es una oración que Dios siempre responde con un "Sí". Siendo que él nos da el deseo de buscarlo, él nos da el perdón que le pedimos cuando lo encontramos.

"Cuando pedimos bendiciones terrenales, tal vez la respuesta a nuestra oración sea dilatada, o Dios nos dé algo diferente de lo que pedimos, pero no sucede así cuando pedimos liberación del pecado. Él quiere limpiarnos del pecado, hacernos hijos suyos y habilitarnos para vivir una vida santa. Cristo 'se dio a sí mismo por nuestros pecados para librarnos de este presente siglo malo, conforme a la voluntad de Dios y Padre nuestro' (Gál. 1:4). Y 'ésta es la confianza que tenemos en él, que si demandáremos alguna cosa conforme a su voluntad, él nos oye. Y si sabemos que él nos oye en cualquiera cosa que demandáremos, sabemos que tenemos las peticiones que le hubiéremos demandado' (1 Juan 5:14, 15). 'Si confesamos nuestros pecados, él es fiel y justo para que nos perdone nuestros pecados, y nos limpie de toda maldad' (1 Juan 1:9)" (*El Deseado de todas las gentes*, pp. 231, 232).

La salvación viene por medio de Jesús

El hombre de la historia quería volver a Dios por el perdón, y reconoció a Dios en Jesús cuando escuchó su voz. Nunca cuestionó que Jesús pudiera perdonarlo, o que sus pecados fueran perdonados cuando Jesús habló.

Nosotros podemos tener la misma certeza. La salvación viene a nosotros por medio de Jesús. Él vino a la Tierra para "buscar y salvar lo que se había perdido" y, por medio de su muerte, la salvación está disponible para todo el que cree. "Y en ningún otro hay salvación; porque no hay otro nombre bajo el cielo, dado a los hombres, en que podamos ser salvos" (Hech. 4:12).

Los líderes judíos que estaban allí en la casa de Pedro ese día querían acusar a Jesús de blasfemia, de pretender ser Dios. No podían aceptar que él era Dios, que estaba haciendo la voluntad de su Padre. Para Jesús, el poder de sanar no era diferente del poder de perdonar.

Como el perdón, la salvación es algo que se nos da hoy, no un día en el futuro

El paralítico no recibió la promesa de que sería sanado. Jesús lo sanó y él se levantó y salió caminando. El don de la sanidad fue instantáneo. Debemos creer que el don del perdón también fue instantáneo. Cuando Jesús dijo: "Tus pecados te son perdonados", la culpa del hombre desapareció y él descansó en la aceptación de Dios en ese momento.

Así como fue perdonado, fue salvado. En ese momento, la salvación también fue suya. No quedó grabada en piedra, pues continuó siendo un hombre con libertad de elección. Podía apartarse de la voluntad de Dios otra vez, y hacer elecciones malas. Pero como lo hizo con Zaqueo, la salvación le llegó ese día. "Entonces Zaqueo, puesto en pie, dijo al Señor: He aquí, Señor, la mitad de mis bienes doy a los pobres; y si en algo he defraudado a alguno, se lo devuelvo cuadruplicado. Jesús le dijo: Hoy ha venido la salvación a esta casa; por cuanto él también es hijo de Abraham. Porque el Hijo del Hombre vino a buscar y a salvar lo que se había perdido" (Luc. 19:8-10).

Tendemos a considerar la salvación como un evento futuro, un premio para ser otorgado al final de la vida, o en la Segunda Venida. Pero la salvación es un don que se da hoy. Cuando creemos y aceptamos a Jesús como nuestro Salvador, la salvación en ese momento es nuestra.

El camino a la salvación se transita mejor en grupos

En los tres evangelios donde se cuenta esta historia, Jesús reconoció más que solo la del paralítico. "Al ver Jesús la fe de ellos, dijo al paralítico: Hijo, tus pecados te son perdonados" (Mar. 2:5).

Jesús vio que la fe de los amigos del hombre tuvo un impacto en la curación del hombre. Él sabía cuánto estos hombres lo habían animado a creer, cuántas historias le habrían contado y cuánto se interesaban en él. Jesús reconoció la fortaleza del grupo y la diferencia que hacía.

¿Qué dice esto acerca del valor de la familia y los amigos? ¿Acerca del valor de la familia de nuestra iglesia? Tal vez ninguno de nosotros puede ser tan fuerte en la fe como todos nosotros juntos podemos serlo.

Podemos crecer en la fe al compartir unos con otros las historias personales de nuestro caminar cotidiano con Dios. Nuestros testimonios –nuestras historias de alabanza y esperanza– pueden ser la herramienta espiritual de edificación más poderosa de la iglesia.

La salvación en tiempo presente

Cuando Jesús habló acerca de la salvación, acerca de la "vida eterna", habló en tiempo presente. "El que cree en el Hijo tiene vida eterna" (Juan 3:36). Cuando creemos en Jesús, tenemos "vida eterna" ahora. Si creer en Jesús nos cambia por dentro, esto hace que nuestras vidas sean mejores desde el primer momento. La vida eterna comienza cuando comenzamos a creer.

Jesús dijo: "Yo he venido para que tengan vida, y para que la tengan en abundancia" (Juan 10:10). Con fe en Jesús tenemos una vida más significativa, una vida gozosa. El gozo que tenemos en la familia y con los amigos se fortalece. La satisfacción que encontramos en un trabajo valioso, en ayudar a otros, adquiere una importancia más profunda.

Cuando creemos, ¡el cielo comienza hoy! El pecado y el sufrimiento no desaparecen, pero con nuestra captación limitada del amor de Dios y de su plan para nosotros, podemos ver la eternidad que Dios está preparando. Más aun, podemos descansar en el conocimiento de que nuestras vidas se viven a la luz del amor de Dios. Sin importar qué ocurra, tenemos a un Padre que se interesa por nosotros.

5

Cinco pasos hacia la salvación

"Entró el rey para ver a los convidados, y vio allí a un hombre que no estaba vestido de boda. Y le dijo: Amigo, ¿cómo entraste aquí, sin estar vestido de boda? Mas él enmudeció. Entonces el rey dijo a los que servían: Atadle de pies y manos, y echadlo en las tinieblas de afuera; allí será el lloro y el crujir de dientes" (Mateo 22:11-13).

Todos conocemos la historia de Jesús cuando asistió a la boda en Caná. Sin duda, habrá asistido también a otras. Presenció la expectación del día, las emociones de los novios, el fuerte sentido de familia que debe haber formado la base de todo el evento. Los casamientos de aquella época no se parecían tanto a las ceremonias que se celebran en la actualidad: a menudo estas celebraciones se extendían por varios días, y tendían a ser más un evento de la comunidad.

Es interesante cuán a menudo Jesús usó la metáfora de una boda para describir la relación de Dios con los seres humanos. La parábola de los invitados a la boda, las diez vírgenes y el novio que se demoró, el buen siervo que esperó a que regresara su amo de la boda: cada una de esas historias se basó en eventos con los cuales los oyentes podían identificarse.

Y cada vez que asistían a una boda, desde ese día en adelante, recordaban lo que Jesús había dicho.

Este día, Jesús estaba tratando de ayudar a la gente a comprender el reino de los cielos y cómo podían llegar a ser parte de él. Al comienzo de su ministerio, declaró: "El reino de los cielos está cercano". Una y otra vez, invitó a la gente a ser parte del reino. Este día, les contó una historia.

El reino de los cielos es como un rey que arregló un casamiento para su hijo. Largos meses y mucho dinero fueron necesarios para la planificación de la fiesta. Se enviaron invitaciones a los ricos, a los poderosos y a la gente importante en todas las ciudades y pueblos circundantes. Cuando todo el salón estuvo decorado y la comida preparada, cuando los familiares se habían reunido y el clima era perfecto, el rey llamó a los siervos:

–Salgan y llamen a los invitados. Díganles que es tiempo para la boda.

Así que los siervos salieron a los hogares de todos los invitados:

–El momento para la boda del hijo del rey ha llegado. La fiesta está preparada y el rey está esperando.

Pero cada uno de los siervos volvió al rey con el mismo informe:

–No van a venir. Están muy ocupados con otras cosas.

El rey se sentó de nuevo en su trono y declaró:

–¿Cómo puede ser esto? Tiene que haber algún malentendido.

Llamó a sus siervos de más confianza y les dijo:

–No sé qué pasó. Tal vez, los siervos que envié primero no dieron un mensaje claro. Tal vez dijeron algo que ofendió a los invitados. Quiero que ustedes vayan a ver a los convidados otra vez, y se aseguren de que ellos entiendan que el momento de nuestra celebración ha llegado.

Esta vez, los siervos llevaron invitaciones para la fiesta de boda grabadas. Hablaron con mucho cuidado las palabras que habían practicado, con claridad y bondad.

–El momento ha llegado para la boda del hijo del rey. Su majestad los está llamando para que se unan con él. Los bueyes y el ganado engordado ya se han preparado para la fiesta. Todas las cosas están listas... ¡Solo falta usted!

Pero no importó.

–Estoy ocupado este fin de semana –dijo uno de los invitados–. Tengo que trabajar en mi chacra. No puedo ir.

–Mis negocios han aumentado y no puedo dejarlos en este momento. Estoy muy atareado –dijo otro.

–Váyanse de mi casa –respondió otro invitado, brutalmente, arrojándoles piedras–. Dejen de molestarme con este tonto casamiento del rey.

En algunos lugares, los siervos fueron golpeados por perturbar a los huéspedes invitados. Algunos de los siervos fueron asesinados.

Cuando el rey oyó lo que había sucedido, rasgó su ropa.

–No pueden tratar así a mis siervos, ni tampoco tratarme a mí de ese modo. ¡Llamen a mis soldados!

El rey envió a sus soldados a las casas donde habían matado a sus siervos. Antes de que dejaran esos lugares, la gente había sido muerta y las casas, quemadas.

Cuando pasó el tiempo y las cosas se calmaron, el rey dijo:

–Mi hijo todavía no se ha casado. Tenemos que celebrar la boda.

Les dijo a los siervos:

–Los invitados anteriores no son dignos de venir a mi fiesta. Vayan a los caminos, e inviten a todo el que pasa por allí, no importa quiénes sean.

Y eso es lo que hicieron los siervos.

–Perdóneme, señor –le dijeron a un transeúnte–. ¿Quisiera usted venir a la boda del hijo del rey? Estamos invitando a todos a venir.

Invitaron a agricultores y mercaderes, a personas sin casa y trabajadores. Ricos y pobres, jóvenes y ancianos, hombres y mujeres: todos vinieron a la fiesta.

Cuando llegaron, el rey los esperaba en la puerta para saludar a cada huésped.

–¡Bienvenido! –les decía, y un siervo le entregaba un hermoso manto. El rey, personalmente, se lo ponía en los hombros a cada huésped, y los guiaba hasta el salón. Finalmente el salón de fiestas estuvo lleno, y la fiesta pudo llevarse a cabo.

Mientras el rey recorría el salón, vio a un hombre que no llevaba puesto el manto.

–Perdóneme, mi amigo –le dijo al hombre–, ¿cómo es que estás en esta fiesta? No veo que tengas puesto el manto especial de boda.

Cuando el hombre vio que el rey le hablaba, se quedó con la boca abierta. No tenía explicación. Estaba sin palabras.

El rey sacudió la cabeza, con pesar.

–Átenlo, y sáquenlo de aquí –dijo con tristeza el rey–. Échenlo. Dejen que afuera llore y cruja los dientes, solo, en la oscuridad.

Entonces, el rey mirando la sala llena de huéspedes que gozaban de la fiesta, sonrió y dijo con tristeza:

–Muchos son los llamados, y pocos escogidos. (Ver Mat. 22:1-14.)

Invitados para unirse al reino de los cielos

En su historia acerca de los invitados a las bodas, Jesús pintó un cuadro de un rey que quería que los invitados vinieran a su boda. Los invitó, los volvió a invitar, y luego se tomó el trabajo de invitar a todo el que quisiera ir. Los invitados no tuvieron que rogar para entrar. No tuvieron que cumplir requisitos específicos. No tuvieron que traer regalos ni pagar nada. Solo tenían que responder a la invitación.

La historia de Jesús se concentra en los esfuerzos del rey para invitar a la gente a la fiesta de boda, y en la manera en que respondió la gente. Pero hay que notar otro elemento crítico. Cuando comenzó la fiesta, ¿qué calificaba a los huéspedes para estar allí? Solo una cosa: el manto que el rey le dio a cada invitado. Si no tenías el manto de boda, no debías estar allí. No podías vestir tu propio manto, o comprar uno nuevo para la ocasión. Tenías que vestir el manto del rey.

¿Por qué crees que eso era así? El huésped ¿fue expulsado porque no vestía un manto? Realmente, no. El hecho de que no estaba vistiendo el manto mostraba que no pertenecía al lugar. Fue echado fuera porque no pertenecía al grupo.

Si la invitación a la fiesta de boda del rey es una ilustración de la invitación de Dios para unirse a su reino, ¿qué nos dice acerca de cómo ser invitado para la fiesta eterna; acerca de cómo ser salvo? ¿Qué podemos aprender?

Cinco pasos. Reconoce tu necesidad

Los seres humanos no cambian a menos que sientan una necesidad: algo que les falta o algo que les causa dolor. Es la obra del Espíritu Santo en nuestros corazones la que nos hace sentir esa necesidad. Esto es lo que Jesús describe en la parábola de los dos hombres que fueron al templo a orar.

Dos hombres fueron al templo a orar. Uno era un fariseo, un líder político y religioso en el país. El otro era un recolector de impuestos: judío, pero traidor, que trabajaba para los odiados romanos cobrando dinero de sus conciudadanos.

El fariseo estaba en pie donde todos lo podían ver y oír. "Dios", oraba levantando los ojos al cielo, "te doy gracias que no soy como los otros hombres: ladrones, adúlteros, tramposos, o siquiera como este recolector de impuestos que está allí. Ayuno dos veces a la semana, y doy un diezmo fiel de todo lo que poseo".

El cobrador de impuestos estaba parado bien atrás, lejos de los demás. Mantenía los ojos hacia abajo, y hablaba en voz baja. Pero su dolor era evidente. Se golpeaba el pecho, diciendo: "Dios, ten misericordia de mí, pues soy pecador".

Entonces Jesús dijo: "Este cobrador de impuestos fue a su casa en armonía con Dios, no el fariseo. Todo el que cree altamente de sí mismo, será humillado. El que tiene humildad, será levantado" (ver Luc. 18:9-14).

El recolector de impuestos reconoció su necesidad. Vio que su vida estaba encaminada en la dirección equivocada. Quería un cambio. Ese es el primer paso hacia la salvación: reconocer que necesitamos un Salvador.

Arrepiéntete

No podemos ir a Dios sin arrepentirnos de las cosas malas que hicimos. Arrepentirse es reconocer que hemos hecho mal, y hacer planes para cambiar y no vivir más de esa manera.

Otra historia con un publicano nos ayuda a ver cómo es el arrepentimiento. Esta vez, Jesús había ido caminando a la ciudad de Jericó. Al entrar a la ciudad, se comenzó a formar una multitud alrededor de él, como siempre.

El jefe de los cobradores de impuestos en Jericó era un hombre llamado Zaqueo. Se había enriquecido a lo largo de los años mientras recogía los impuestos para los romanos y se guardaba un poco extra para sí mismo, y a veces algo más que un poco. Pero, en los últimos días, había llegado a estar insatisfecho con su vida y con su riqueza. Cuanto más historias oía de Jesús y acerca de cómo trataba a todos, tanto más veía Zaqueo lo que estaba faltando en su propia vida. El Espíritu Santo estaba trabajando en su corazón. Cuando Zaqueo supo que Jesús realmente estaba en su ciudad, casi no podía contener su entusiasmo. ¡Qué bendición sería sencillamente ver el rostro de Jesús! No tenía la intención de tratar de hablar con Jesús; no tenía razón para ocupar el tiempo de este Hombre importante. Había escuchado historias acerca de cómo trataba a los recaudadores de impuestos: uno de los más íntimos amigos de Jesús había sido un cobrador de impuestos. Pero él sabía que la forma en la que había estafado a otros le resultaría ofensiva a Jesús. No, él solo quería ver su rostro.

Sin embargo, había un problema. Zaqueo era bajito, y de ningún modo podría ver a Jesús en medio de la multitud. A medida que Jesús se acercaba, Zaqueo se desesperaba más.

Finalmente, se le ocurrió una idea. Subió a una higuera junto a la calle, como si volviera a tener diez años. De allí podría ver a Jesús cuando pasara.

Lo que no se esperaba era que Jesús mirara hacia arriba. "Cuando Jesús llegó a aquel lugar, mirando hacia arriba, le vio, y le dijo: Zaqueo, date prisa, desciende, porque hoy es necesario que pose yo en tu casa. Entonces él descendió aprisa, y le recibió gozoso" (Luc. 19:5, 6).

Pero a otros en la muchedumbre no les gustó eso. Tal vez fueron algunos a quienes Zaqueo había estafado. Ellos sabían la clase de hombre que siempre había sido. Dijeron:

–¿Cómo puede Jesús ir a la casa de un hombre así, un pecador?

Aquí es donde Zaqueo muestra que ya no es el hombre que habían conocido. Aquí muestra su arrepentimiento. "Entonces Zaqueo, puesto en pie, dijo al Señor: He aquí, Señor, la mitad de mis bienes doy a los pobres; y si en algo he defraudado a alguno, se lo devuelvo cuadruplicado" (vers. 8).

Zaqueo no solo vio su necesidad; sino que vio también la necesidad de generar cambios en su vida, y decidió hacer ese cambio. Jesús dijo: "Hoy ha venido la salvación a esta casa" (vers. 9).

Es necesario recordar que el arrepentimiento no es una negociación con Dios, sino que es una respuesta a su amor. "No nos arrepentimos para que Dios nos ame, sino que él nos revela su amor para que nos arrepintamos" (*Palabras de vida del gran Maestro*, p. 148).

Cree en Jesús

La fe es el siguiente paso para ser salvos. Tenemos que creer en Jesús, en quién es, y en lo que ha hecho por nosotros. Tenemos que confiar en su amor por nosotros.

En una ocasión, un fariseo llamado Simón, invitó a Jesús a cenar. Parece que Jesús había sanado a Simón de lepra, y esta era la manera que tenía Simón de agradecerle públicamente. Mientras comían, María Magdalena entró furtivamente con un frasco de perfume y comenzó a lavar los pies de Jesús.

Simón no pudo menos que sacudir la cabeza. Si Jesús realmente era un profeta, pensó, sabría que esta mujer era una prostituta y no le permitiría acercarse a él de ese modo.

Por supuesto, Jesús conocía la historia de María... y el papel de Simón en su vida pecaminosa. Entonces, le dijo:

–Simón, ¿puedo pedirte algo?

–Sí, Maestro, pídeme –dijo abriendo sus brazos.

–Cierto hombre –dijo Jesús– había prestado dinero a dos personas. Uno le debía quinientos denarios. El otro le debía cincuenta denarios. Pero como ninguno de los dos tenía modo de devolver el préstamo, libremente les perdonó la deuda a ambos. Ahora, Simón, ¿cuál de los dos deudores lo amará más?

–Supongo –dijo Simón encogiéndose de hombros–, que el que fue perdonado más.

–Es correcto –dijo Jesús, asintiendo. Entonces, dándose vuelta hizo un gesto señalando a María.

–¿Ves a esta mujer? Vine a tu casa como convidado, pero no me ofreciste agua para que pudiera lavarme los pies. Ella me los lavó con sus lágrimas. Tú no me recibiste con un beso, pero esta mujer no ha cesado de besar mis pies desde que entró. Ella ha ungido mis pies con aceite fragante.

Entonces, Jesús se inclinó hacia Simón y lo miró a los ojos.

–A ella se le perdonaron sus muchos pecados, por eso ama muchísimo. Los que han sido perdonados muy poco, aman muy poco.

Se volvió hacia María y le dijo: "Tu fe te ha salvado. Ve en paz" (Luc. 7:50).

¿Cómo somos salvados por la fe? Somos salvados por creer en Aquel que perdona. Somos salvados por creer en Aquel que murió por nosotros. Somos salvados por creer en Jesús, así como lo hizo María.

Acepta la justicia de Jesús

En la parábola de los invitados a la boda, el rey le dio a cada huésped un manto. Al vestir ese manto, ellos aceptaban que estaban allí por invitación del rey: su manto indicaba que les correspondía estar allí.

¿Qué sucedió cuando el rey vio a uno de los invitados sin el manto? Ese hombre fue arrojado fuera, porque le faltaba la única cosa que lo hubiera calificado para estar allí: el manto del rey.

En la historia, el manto que el rey ofrece a cada invitado representa la justicia de Jesús. No somos dignos de ser incluidos en el reino de Dios. No hemos hecho nada que nos ganara un lugar allí. Las cosas que hicimos nos descalifican: hemos pecado, y no alcanzamos los planes de Dios para nosotros.

Solo una cosa nos califica para estar allí: el manto de la justicia de Cristo. La vida santa que vivió nos cubre. Todo lo que tenemos que hacer es aceptar ese regalo, y no olvidar nunca que solo eso es lo que necesitamos. Ninguno que no haya aceptado este don por la fe estará en el cielo.

Síguelo

El quinto paso sigue naturalmente a los cuatro primeros. Si hemos reconocido nuestra necesidad y nos arrepentimos, si elegimos creer en Jesús y reclamar el don de su justicia, entonces desearemos seguirlo. Desearemos ser como él.

Seguir a Jesús es la manera de escapar de una vida de pecado y encontrar una vida de paz y gozo. Algunas veces pensamos que ser cristianos es elegir una vida con muchas reglas para seguir. Pero ser un seguidor de Jesús es encontrar el camino a la verdadera libertad. Jesús dijo: "Si vosotros permaneciereis en mi palabra, seréis verdaderamente mis discípulos; y conoceréis la verdad, la verdad os hará libres" (Juan 8:31, 32).

Jesús describió el hecho de vivir con pecado en nuestras vidas como ser "esclavos del pecado". Lo que nos ofrece es una manera de escapar de esa servidumbre: un camino para ser libres. La vida que encontramos cuando lo seguimos es más vida, una vida mejor. Él dijo: "He venido para que tengan vida, y para que la tengan en abundancia" (Juan 10:10).

La salvación que Jesús ofrece comienza hoy: comienza cuando aceptamos la vida "abundante" que viene al seguirlo.

6

Crecer en Cristo

"Yo soy la vid verdadera, y mi Padre es el labrador. Todo pámpano que en mí no lleva fruto, lo quitará; y todo aquel que lleva fruto, lo limpiará, para que lleve más fruto" (Juan 15:1, 2).

¿Has cultivado alguna vez una planta? Sea una lenteja en un vasito plástico o un jardín lleno de flores pequeñas, tuviste el gozo de plantar, regar, esperar y vigilar. Y si lo hiciste, debiste haber estado muy confuso –como yo lo estuve– la primera vez que oíste la parábola del sembrador.

Jesús enseñaba junto al Mar de Galilea, como lo hacía a menudo. Al principio, estuvo parado en la orilla, hablando a los que se habían reunido en la ladera frente a él. Pero la multitud aumentó, y cuando la ladera estuvo llena, lo apretaba y lo empujaba a la orilla del agua. Jesús sin duda fue retrocediendo, hasta que sus talones se mojaron.

Saltó a uno de los botes, y se sentó allí, pudiendo todavía ver cada rostro en la multitud, y todos podían oírlo todavía. Entonces contó la parábola del sembrador.

Un agricultor se fue a sembrar. Y mientras caminaba por su propiedad, esparció semillas en todas direcciones. Algunas semillas cayeron bien a la vista, y las aves pronto llegaron y las comieron.

Otras semillas cayeron en terreno rocoso, donde no había mucha tierra. Esas semillas germinaron rápidamente, y crecieron altas. Pero las rocas les impidieron echar buenas raíces. El calor del sol pronto quemó las hojas tiernas, se marchitaron y cayeron.

Algunas de las semillas cayeron entre los pastizales. Las semillas germinaron y crecieron, pero los arbustos espinosos las ahogaron. Sin embargo, algunas de las semillas cayeron en buen suelo, germinaron, se hicieron fuertes y altas, y dieron una cosecha abundante (ver Mar. 4:4-8).

Si usted es como yo, la primera pregunta que se haría es: "¿Por qué el agricultor no plantó todas las semillas en el suelo fértil?" Enseguida, la siguiente pregunta sería: "¿Qué estaría pensando que sucedería si recorría el campo, arrojando semillas en todas direcciones? ¿Qué clase de labrador era este?

Bueno, la verdad es que esa era la forma en que se cultivaba el suelo en ese tiempo. Los campos no eran cuidadosamente arados, con suelo cálido y húmedo que esperaba recibir cada semilla. Las semillas usadas en la parábola probablemente eran de trigo, y los campos de trigo eran sembrados sin mayor orden. Así como la parábola lo describe, el sembrador caminaba por el campo, esparciendo las semillas de la cosecha del año anterior.

Después de que las semillas llegaban al suelo, quedaban allí solas. No se hacía ningún esfuerzo por cubrirlas con tierra o regarlas. Crecían si caían en tierra buena. Los campos que producían las mejores cosechas eran los que tenían un suelo más accesible. Pero cuanto mejor era el suelo, también era más probable que las espinas crecieran y prosperaran allí.

De algún modo, ese enfoque de las plantaciones hace que el significado de la parábola sea más precioso también. La semilla era la "Palabra": el mensaje del evangelio del amor de Dios, que debía ser impartido en todas direcciones por los discípulos. Y ellos podrían ver que no todos sus esfuerzos producirían una buena cosecha: no todos los que los oyeran llegarían a ser creyentes de inmediato.

Pero algo que la parábola no menciona es que el campo que es sembrado de manera "aleatoria", siempre producía una cosecha por sí misma en la siguiente temporada. Las semillas de trigo caerían al suelo durante la cosecha y los segadores no las verían. Pero algunas de esas semillas –no plantadas– germinarían y crecerían en la siguiente temporada.

Cada año, parte de la cosecha provenía de la semilla que originalmente había sido plantada años anteriores, semillas que el agricultor no había sembrado. Del mismo modo, cuando el mensaje del evangelio se imparte, no siempre da frutos de inmediato. En ocasiones, pasan algunos años antes de que la semilla de la verdad penetra en el corazón de una persona. Como "agricultores" humanos, nunca podemos considerar que una semilla se ha "perdido" para siempre: nunca sabemos cuándo podrá germinar y crecer.

"Mi Padre es el labrador"

Cada uno de nosotros, en cierto momento, oímos el mensaje del evangelio y se plantó una semilla en nuestros corazones. Cuando elegimos aceptar y creer, creció. Llegamos a ser seguidores de Jesús. Pero ¿cómo "crecemos" en él? ¿Cómo nos desarrollamos o maduramos en nuestro caminar con Dios?

En su última noche con sus discípulos, Jesús habló acerca de este proceso de crecer en él. Sabía los momentos difíciles que estaban por delante para los discípulos, y quería prepararlos para ellos. Quería asegurarles que podían confiar en él.

Jesús volvió a la metáfora de una planta en crecimiento. Pero esta vez, no habló acerca de una semilla arrojada al viento, sino que habló de una vid.

Imagine a este pequeño grupo de hombres que camina por las calles de Jerusalén. Han participado de la experiencia en el aposento alto: Jesús compartió con ellos su cuerpo y su sangre en la forma de pan y vino, y él había lavado los pies de cada uno de ellos. Caminaban lentamente, con una sensación de paz y camaradería que el grupo nunca antes había sentido.

Jesús los conduce saliendo por la puerta y subiendo al Monte de los Olivos. Caminando por el sendero a la luz de la luna, hablando sigilosamente entre ellos, pasaron junto a un viñedo. Jesús detiene al grupo, y se extiende hacia una vid cercana.

–Yo soy la vid verdadera –les dijo–, y mi Padre es el labrador.

Es una elección muy interesante de una planta. Podría haberse comparado con algo fuerte: un roble, o una palmera. Podría haber sugerido algo que pareciera vivir para siempre, como un cedro. En cambio, eligió una planta pequeña, débil, flexible, una planta que necesita apoyarse en algo para aún dejar el suelo.

Pero Jesús eligió una vid para explicarse a sí mismo. Como la vid que no se sostiene en pie por sí misma, Jesús dependía del poder del Padre. "Todo pámpano que en mí no lleva fruto, lo quitará; y todo aquel que lleva fruto, lo limpiará, para que lleve más fruto. Ya vosotros estáis limpios por la palabra que os he hablado. Permaneced en mí, y yo en vosotros. Como el pámpano no puede llevar fruto por sí mismo, si no permanece en la vid, así tampoco vosotros, si no permanecéis en mí" (Juan 15:2-4).

–Yo soy la vid –les dijo a sus discípulos–, y ustedes son las ramas.

Como las ramas injertadas en la vid, necesitaban aprender a depender de él, a crecer más como él. Cada buena vid produce uvas. Del mismo modo, las ramas, los pámpanos, injertados en la Vid Verdadera necesitan producir frutos. El "fruto" de sus vidas había de ser el "fruto del espíritu": amor, gozo, paz, paciencia, benignidad, bondad, fe, mansedumbre, templanza. Veían esos frutos en la vida de Jesús. Sus vidas debían comenzar a mostrarlos también.

El Labrador Maestro cuidaba y se encargaba de ellos. Las ramas que comenzaban a dar frutos serían podadas: modeladas y fortalecidas por los eventos en sus vidas. Las ramas que no daban frutos serían eliminadas.

Corta una rama de una vid, y morirá. En un primer momento, puede no parecer muerta, pero se marchitará y morirá. Así como una rama no puede crecer –no puede dar fruto– si está separada de la vid, así un creyente no puede fortalecer su carácter ni crecer para ser más amante o más fiel, si está separado de Jesús.

Así como Jesús dependía de su Padre, sus seguidores deben depender de él. Como creyentes, recibimos vida por medio de nuestra conexión con Jesús. Nuestras debilidades se unen a su fortaleza. Con esta conexión, podemos pensar y actuar como lo hizo Jesús. "Yo soy la vid, vosotros los pámpanos; el que permanece en mí, y yo en él, éste lleva mucho fruto; porque separados de mí nada podéis hacer. El que en mí no permanece, será echado fuera como pámpano, y se secará; y los recogen, y los echan en el fuego, y arden" (vers. 5, 6).

Pero esta conexión con Jesús ha de ser constante para mantenerse fuertes. No podemos resistir las tentaciones de este mundo o actuar con su amor, sin su fuerza.

Así podemos distinguir a los verdaderos seguidores de Jesús: no por lo que enseñan, o por qué versículos bíblicos pueden citar. No es por las profecías que interpretan o por qué día asisten a la iglesia. Es por el fruto en sus vidas –por la manera en que reflejan el amor de Jesús– podemos identificar a aquellos que tienen una conexión viviente con él. "En esto es glorificado mi Padre, en que llevéis mucho fruto, y seáis así mis discípulos" (vers. 8).

Damos gloria a Dios en el cielo cuando mostramos su santidad, su bondad, y su amor a quienes nos rodean. Pero Jesús no les enseñó que debían trabajar mucho para dar fruto. Les dijo que se mantuvieran conectados con él.

¿Qué "hacemos" realmente nosotros?

Algunas veces es fácil desparramar términos espirituales como "nacer de nuevo" o "permanecer en Jesús". Pero puede ser mucho más difícil descubrir lo que realmente significa en la vida real. Es más fácil decir: "Tú necesitas tener una relación viviente con Cristo" que explicar cómo es permanecer en Jesús cuando las cañerías se tapan o el dinero se termina antes de fin de mes.

¿Cómo podemos hacer que estas cosas resulten prácticas? ¿Qué podemos realmente "hacer" cada día mientras luchamos con la vida?

Elige cada mañana, en forma consciente, que seguirás a Jesús ese día

Marca la diferencia comenzar cada día con una oración personal, pasar un tiempo a solas con Dios. Allí decidimos otra vez qué cosas de este mundo no son las que más queremos. Allí es cuando decidimos que nos preguntaremos en cada punto crítico del día, "¿Qué haría Jesús?"

Para la mayoría de nosotros, el poder de esta decisión consciente, es fortalecido cuando tomamos tiempo para orar en voz alta. Cuando escuchamos nuestro compromiso con nuestros propios oídos, se registra muy profundamente en nuestros cerebros y afecta en la manera en que reaccionamos durante todo el día.

Toma tiempo cada día para "crecer"

Tú no puedes aprender un segundo idioma memorizando una lista de palabras una vez, sin usarlas nunca más. Si quieres mantenerte fluido en el idioma, debes usarlas regularmente. Lo mismo ocurre con las cosas espirituales. Uno no puede quedarse con la conversión o el bautismo durante años. No se puede crecer con tan solo escuchar un sermón de 45 minutos una vez por semana. Necesitas invertir tiempo en su relación con Jesús estudiando su Palabra, la Biblia.

Siempre vale la pena pasar tiempo leyendo las palabras de Jesús, o las historias acerca de él.

Toma tiempo cada día para sentarse a los pies de Jesús, junto con sus discípulos.

Ora en cualquier momento y todo el tiempo

Es demasiado fácil para nosotros hacer de la oración una actividad "formal" que solo sucede en ocasiones adecuadas. Oramos antes de comer, y tal vez antes de ir a dormir. Oramos para comenzar la escuela sabática, o cuando se recoge la ofrenda en la iglesia. Tal vez oramos en algunas ocasiones especiales, o cuando afrontamos una crisis.

Pero la oración es demasiado preciosa para usarla de ese modo. Jesús nos invita a hablar con "nuestro Padre y su Padre", el Creador del universo. ¡Qué privilegio maravilloso! Y podemos hacerlo en cualquier momento del día. Un momento sentados ante una luz roja en la calle, una pausa entre tareas en el trabajo, una conversación constante con ambos ojos abiertos y mirando a los hijos: cualquiera de ellas puede ser una oportunidad para hablar con Dios.

Cuando hablamos con Dios como si estuviéramos hablando con un amigo, estamos creando una relación real como las que tenemos con nuestros amigos. Dios puede no hablarnos en voz alta, pero siempre habla a nuestros corazones.

La oración no tiene que ver con convencer a Dios de que nos conceda sus bendiciones o protección. Tiene que ver con cambiar nuestros corazones de modo que estén abiertos a su voz y a su conducción. "Pedid, y se os dará; buscad, y hallaréis; llamad, y se os abrirá" (Mat. 7:7).

Entrégate de nuevo cada día

No está en el corazón humano entregarse total y permanentemente. Damos nuestro corazón a Jesús, pero nuestros hábitos pecaminosos antiguos se entrometen de nuevo en la vida. Dejamos de seguir nuestros propios caminos al relacionarnos con el mundo, pero demasiado a menudo encontramos que nos hemos resbalado del sendero y vuelto al egoísmo.

"Pero ningún hombre puede despojarse del yo por sí mismo. Solo podemos consentir que Cristo haga esta obra. Entonces el lenguaje del alma será: 'Señor, toma mi corazón; porque yo no puedo dártelo. Es tuyo, mantenlo puro, porque yo no puedo. Sálvame a pesar de mí mismo, a pesar del hecho de que soy débil y egoísta. Modélame, fórmame y mantenme en la presencia de tu santo amor.

"Y esto no es un discurso dado una sola vez. Esta entrega debe ocurrir otra vez, cada día y en cada paso de nuestro viaje al cielo... Solo podemos caminar con seguridad en ese viaje al entregar completamente nuestras vidas y aprender a depender de Jesús en cada momento" (adaptado de *Palabras de vida del gran Maestro*, pp. 123, 124).

La semilla de mostaza

Una de las expresiones favoritas en el Nuevo Testamento es otra ocasión cuando Jesús habló de semillas. "De cierto, de cierto os digo, que si tuviereis fe como un grano de mostaza, diréis a este monte: Pásate de aquí allá, y se pasará; y nada os será imposible" (Mat. 17:20).

La semilla de mostaza es pequeñita, pero crece hasta ser una planta enorme. Aun si nuestra fe es pequeña, podemos hacer cualquier cosa si ponemos esa fe en Jesús. Podemos "crecer" en Cristo manteniéndonos conectados a él cada día, permitiendo que nuestros corazones sean cubiertos con su amor hasta que solo sintamos su amor por el mundo que nos rodea.

7

Vivir como una oveja

"En esto conocerán todos que sois mis discípulos,
si tuviereis amor los unos con los otros"
(Juan 13:35).

Cuando Jesús vino a esta tierra, vino al pueblo al que se le había dado la visión más clara de Dios. "El pueblo de Dios" debía ser una "luz sobre un monte", mostrando a todos los seres humanos cómo era Dios. Y aunque habían escuchado su voz mediante los profetas y, aun a veces, seguido sus caminos, ahora estaban lejos de sus planes.

Elena de White describió cuán malos habían llegado a ser. Pero ella también explicó lo que Dios haría para traerlos de regreso a su luz.

"La tierra quedó oscura porque se comprendió mal a Dios. A fin de que pudiesen iluminarse las lóbregas sombras, a fin de que el mundo pudiera ser traído de nuevo a Dios, había que quebrantar el engañoso poder de Satanás. Esto no podía hacerse por la fuerza. El ejercicio de la fuerza es contrario a los principios del gobierno de Dios; él desea tan solo el servicio de amor; y el amor no puede ser exigido; no puede ser obtenido por la fuerza o la autoridad. El amor se despierta únicamente por el amor. El conocer a Dios es amarle; su carácter debe ser manifestado en contraste con el carácter de Satanás. En todo el universo había un solo Ser que podía realizar esta obra. Únicamente Aquel que conocía la altura y la profundidad del amor de Dios, podía darlo a conocer. Sobre la oscura noche del mundo, debía nacer el Sol de justicia, 'trayendo salud eterna en sus alas' (Mal. 4:2)" (*El Deseado de todas las gentes*, p. 13).

Jesús vino a la Tierra para mostrar a los seres humanos cómo realmente es Dios. Trajo luz a nuestra oscuridad. Al mostrarnos cómo es el verdadero amor, nos mostró cómo vivir. Pero ¿qué significa amar como Jesús amó?

¿Cuál actuó como un prójimo?

Un día una multitud estaba escuchando cómo enseñaba Jesús, y entre ellos había un grupo de líderes religiosos que no estaban seguros de que Jesús dijera lo que estaba diciendo. No estaban seguros de que su enseñanza era correcta, y estaban preocupados de que sus conclusiones alejaran a la gente de la iglesia. Definitivamente, no estaban contentos con que el pueblo estuviera más interesado en escucharlo a él en lugar de escucharlos a ellos.

Uno de los líderes era un experto en su religión y estaba acostumbrado a ser el que enseñaba. A menudo demostraba su conocimiento de la Biblia a las masas ignorantes, con unas rápidas citas bíblicas. Se puso de pie para dejar en claro quién conocía realmente su Biblia y quién podía interpretar correctamente lo que significaba.

–Perdóneme, maestro– dijo con una sonrisa de superioridad hacia la multitud. Su voz educada sonaba fuerte y clara, y todos en la multitud giraron sus cabezas y lo miraron mientras hablaba–. ¿Qué debería hacer una persona para asegurarse la vida eterna en el cielo?

Con los demás fariseos, esperó con calma; estaban seguros de que cualquiera fuera la respuesta de Jesús, sería desmenuzada con sus agudas preguntas siguientes. Pronto la multitud vería quién realmente comprendía la verdad bíblica, y dejarían de seguir a este agitador.

Las cabezas de la multitud se volvieron a Jesús para escuchar su respuesta. Pero Jesús no le dio una respuesta, sino le hizo una pregunta: "¿Qué dice la Biblia?"

Los ojos de la muchedumbre se volvieron hacia él otra vez, y la sonrisa del líder se había congelado en su lugar. Ninguna de sus practicadas repuestas eran adecuadas para esta situación. Pero rápidamente la reconoció como una oportunidad. En lugar de explicar la expiación del pecado, la entrega de la voluntad, y obedecer perfectamente la ley, la mantendría sencilla. Inhalando profundamente, se estiró todo cuanto pudo y respondió:

–La Biblia dice: "Amarás a Dios con todo tu corazón y alma, con toda tu mente, y con todas tus fuerzas." –Y como no le pareció una respuesta completa, añadió– "Y amarás a tu prójimo como a ti mismo".

La multitud se dio vuelta y miró fijamente a Jesús. ¿Cómo podría redefinir y elaborar sobre esta fórmula bien conocida? Pero Jesús los sorprendió a ellos y a su líder. Les dijo:

–Tu respuesta es correcta. Haz estas cosas y tendrás vida eterna.

El líder se desinfló como un globo pinchado. ¿Cómo había sucedido esto? Ahora parecía como si él y Jesús estuvieran completamente de acuerdo. De algún modo, él validó las enseñanzas de Jesús ante toda la muchedumbre. Él luchó por algunos momentos procurando encontrar cómo salvar la situación. ¿Cómo podría forzar a Jesús a dar una respuesta que él pudiera disecar con hábiles argumentos?

–Espera, espera un poco –exclamó repentinamente, seguro de una pregunta que demandaría que Jesús tomara una posición impopular e indefendible–. ¿Quién es mi prójimo?

Con una sonrisa maliciosa, miraba los rostros de la multitud. Si Jesús respondía: "Aquellos que creen y viven como nosotros, son nuestros prójimos", le preguntaría cómo podemos limitar el amor de Dios. Si respondía: "Todos son nuestros prójimos", le preguntaría cómo eso podía incluir aun a quienes vivían claramente desafiando la ley de Dios. De todos modos, Jesús pronto se estaría sintiendo mal ante la gente.

Pero, en lugar de responder, Jesús contó una historia.

Un hombre estaba conduciendo su asno bajando por el camino a Jericó cuando la carga que había atado en su lomo comenzó a moverse mucho. Se detuvo para atarla mejor, y mientras lo hacía, otros dos viajeros lo alcanzaron por detrás.

–¿Problemas con el asno? –preguntó uno con voz amable.

–El atado de mi cosecha de aceitunas se estaba aflojando –respondió mientras se agachaba para ajustar la soga.

En ese momento, le golpeó la cabeza con una piedra.

[Cuando Jesús contaba esto, la multitud contuvo el aliento. "El camino a Jericó es muy peligroso", se dijeron unos a otros en voz baja.]

Mientras uno de los ladrones llevaba el asno lejos del camino, el otro recorría la ropa del viajero quitándole todo el dinero. En unos instantes, no quedaba nada sino el viajero inconsciente que yacía al costado del camino, sangrando, y quieto como un difunto.

Antes de mucho, un sacerdote vino por el camino. Vio al cuerpo del hombre que yacía en el polvo. Frunciendo el entrecejo, pensó para sí: "No me meteré en esto". Cruzó al otro lado del camino y continuó con su viaje.

["Ooooohh", gimió la multitud.]

El siguiente viajero que pasó por ese lugar era un levita, un trabajador del templo. Cuando vio el cuerpo, se acercó lentamente, lo miró en su charco de sangre. "Me gustaría ayudarlo", pensó dentro de sí, "pero ¿cómo sé si ese hombre es siquiera un judío? ¿Cómo sé si merece ayuda?" Entonces se alejó y siguió caminando.

[La multitud silbó. Pero algunos asintieron: "¿Cómo podría saberlo?"]

Entonces apareció otro viajero por el camino, conduciendo su asno. Era un samaritano.

["Buuuuuu", protestó la multitud.]

Cuando vio al hombre tirado en el suelo, el samaritano corrió a ayudarlo. "Señor, ¿está usted bien?", le preguntó, controlando si todavía vivía. Al no obtener respuesta, cortó tiras de su ropa para hacer vendas, lavó las heridas del hombre con aceite de oliva y jugo de uvas, que extrajo del equipaje que tenía sobre el asno. Levantó al hombre, lo puso sobre su asno, y lo condujo hacia Jericó. Llevó al hombre a la posada.

–¿Quién es este hombre? –Preguntó el mesonero–. ¿Qué le sucedió? –Y añadió rápidamente– ¿Usted le hizo eso?

El samaritano ni siquiera se preocupó por responder a la segunda pregunta.

–Yo no sé quién es –le dijo–. Claramente, lo asaltaron, y le robaron todo su dinero.

Pasó la noche junto al herido, y lo cuidó. Vino a la mañana, y el hombre no había recuperado la conciencia.

El samaritano le dijo al mesonero:

–Aquí tiene algo de dinero. Cuídelo. Si gasta más de lo que le doy, yo le pagaré cuando regrese –. Y se fue, dejando al mesonero atónito.

[La multitud estaba ahora en silencio también, mirando a Jesús al terminar la historia.]

Jesús entonces se dirigió al líder.

–¿Cuál de esas personas actuó como prójimo del hombre que fue asaltado?

El líder casi dijo: "¡El samaritano!" Pero de su boca no debían salir esas palabras, de modo que dijo:

–El hombre que le ayudó.

Entonces Jesús le dijo:

–Para tener la vida eterna, sé un prójimo como fue ese samaritano.

El amor en acción

Es realmente difícil para nosotros captar cuán chocante le resultó esta historia a esa gente. Los judíos y los samaritanos eran enemigos. Normalmente había violencia entre ellos. Los judíos menospreciaban a los samaritanos, y los consideraban maldecidos por Dios. Sugerir que un samaritano mostrara el amor de Dios mientras que los judíos –judíos religiosos que eran líderes en la iglesia– se rehusaran hacerlo, ¡era demasiado! Cada persona presente ese día debió haber contado y vuelto a contar la historia a todos los que se cruzaban con ellos. "¿Puede un samaritano tener realmente el amor de Dios hacia otros? ¿Puede ser eso lo que Dios realmente quiere que vivamos y como nos tratemos unos a otros?"

Jesús volvió a este principio vez tras vez. La verdadera evidencia de lo que creemos se muestra en la forma en que tratamos a las otras personas. ¿Amamos realmente al Señor con todo nuestro corazón? Eso se verá en la forma en que tratamos a nuestros prójimos.

Esto se ve claramente en el giro positivo que le dio Jesús a la regla de oro. La forma en que tratamos a quienes nos maltratan revela quiénes somos mucho más claramente que lo que decimos que creemos. "Pero a vosotros los que oís, os digo: Amad a vuestros enemigos, haced bien a los que os aborrecen; bendecid a los que os maldicen, y orad por los que os calumnian. Al que te hiera en una mejilla, preséntale también la otra; y al que te quite la capa, ni aun la túnica le niegues. A cualquiera que te pida, dale; y al que tome lo que es tuyo, no pidas que te lo devuelva. Y como queréis que os hagan los hombres con vosotros, así también haced vosotros con ellos" (Luc. 6:27-31).

No importa cómo te traten los demás, trátalos con amor. Si quieres ser tratado con bondad, trata a otros bondadosamente. Si quieres que los otros sean pacientes contigo, muestra paciencia.

Pablo lo dice de una manera diferente a los Gálatas: "No os engañéis; Dios no puede ser burlado; pues todo lo que el hombre sembrare, eso también segará" (Gál. 6:7).

La forma en que tratamos a otros volverá sobre nosotros. De hecho, Jesús describe la ocasión en que eso sucederá.

Las ovejas y los cabritos

Muchos encuentran que Mateo 24 es la enseñanza más apremiante de Jesús. Su descripción de los eventos del fin del tiempo y de la destrucción del mundo nos da un sentido del mundo en que vivimos y cómo llegará a ser antes del fin.

Pero mi capítulo favorito del "tiempo del fin" siempre fue Mateo 25. Primero, encontramos la parábola de las diez vírgenes. El novio se demora y los acompañantes a la fiesta no saben cuándo aparecerá. En esta parábola aprendemos a "estar preparados, velar, y estar listos". Aprendemos que la falta no está en que estamos "durmiendo" cuando el novio se demora. Cuando nos despertamos, entonces percibimos que no estamos preparados para darle la bienvenida.

Luego, leemos la parábola de los talentos. Otra vez, un hombre viaja a un país lejano y aunque sus siervos saben que regresará, no saben cuándo sucederá. Deben usar los "talentos" que el amo les dejó para que lo beneficiaran a él, sin saber por cuánto tiempo tienen que hacer planes de usarlos.

Pero la mejor parte es la parábola de las ovejas y los cabritos. Por mucho que hablamos de lo que Dios espera de los que son sus seguidores, la Biblia no es muy específica acerca de cómo hará el juicio. Mayormente, escuchamos que debemos "creer" y "tener fe" y "aceptar su justicia". Pero no oímos nada de lo que esas palabras realmente significan en acciones prácticas de todos los días.

Para compararlo con una escuela, sabemos qué materia estamos estudiando, tenemos el libro de texto, pero no sabemos mucho acerca de lo que realmente se pedirá en el examen.

Pero la parábola de las ovejas y los cabritos es exactamente eso. Llegamos a mirar las notas del maestro y vemos las preguntas que estarán en el examen final. "Cuando el Hijo del Hombre venga en su gloria, y todos los santos ángeles con él, entonces se sentará en su trono de gloria, y serán reunidas delante de él todas las naciones; y apartará los unos de los otros, como aparta el pastor las ovejas de los cabritos. Y pondrá las ovejas a su derecha, y los cabritos a su izquierda" (vers. 31-33).

Jesús ha regresado en toda su gloria, y todos están reunidos para ser juzgados. Y así como un pastor ve fácilmente la diferencia entre sus ovejas y sus cabras, Jesús señala la línea entre los que realmente vivieron como él enseñó, y los que vivieron siguiendo sus propias reglas.

Y ¿sobre qué basa su juicio? ¿Cuáles son las preguntas en el examen?

¿Pide que recitemos de memoria pasajes de la Escritura? No.

¿Pregunta acerca de la fiel observancia del sábado? No.

¿Investiga la dieta, o la música, o el estilo de adoración? No.

El Rey traza la línea basado en los principios precisos que Jesús repitió una y otra vez durante su estadía sobre la Tierra. "Entonces el Rey dirá a los de su derecha: Venid, benditos de mi Padre, heredad el reino preparado para vosotros desde la fundación del mundo. Porque tuve hambre, y me disteis de comer; tuve sed, y me disteis de beber; fui forastero, y me recogisteis; estuve desnudo, y me cubristeis; enfermo, y me visitasteis, en la cárcel, y vinisteis a mí" (vers. 34-36).

Los que están a su derecha –juzgados dignos de unirse al reino– son los que trataron a otros como desearían ser tratados. Amaron a sus prójimos como a sí mismos. En la parábola, están confusos, porque nunca vieron al Rey mientras ayudaban a otros. "¿Cuándo te alimentamos, o te dimos ropa o abrigo, o te visitamos cuando estabas enfermo o en la cárcel?"

"Y respondiendo el Rey, les dirá: De cierto os digo que en cuanto lo hicisteis a uno de estos mis hermanos más pequeños, a mí lo hicisteis" (vers. 40).

La única descripción real del juicio que encontramos en la Escritura está concentrada completamente en cuán bien aprendimos a vivir como enseñó Jesús, y como él vivió.

La señal de Jesús

En su última noche con sus discípulos, Jesús les dio una nueva regla para vivir. Esta regla está directamente en armonía con lo que enseñó acerca de amar a otros, pero había de ser una señal especial de que verdaderamente son miembros de su reino. "En esto conocerán todos que sois mis discípulos, si tuviereis amor los unos con los otros" (Juan 13:35).

Así como en el escenario del juicio en Mateo 25, la señal de Jesús no es una declaración de creencias o un día especial de adoración. Es la señal del amor, el amor de los unos por los otros.

Cuando la iglesia esté llena de personas que se tratan mutuamente con bondad interminable; cuando la iglesia sea el retiro más seguro y pacífico de un mundo estresante, entonces atraerá a la gente de todos los niveles de vida, personas que están buscando esa clase de vida, y esa clase de amor.

8

¿Qué hay en una iglesia?

"Viniendo Jesús a la región de Cesarea de Filipo, preguntó a sus discípulos, diciendo: ¿Quién dicen los hombres que es el Hijo del Hombre?" (Mateo 16:13).

Cuando decimos "iglesia", ¿qué queremos decir? Para muchos de nosotros, iglesia es el edificio donde vamos a adorar cada semana. Para otros, cuando decimos "mi iglesia" queremos decir la familia de gente con quienes adoramos.

Pero "iglesia" también significa la confesión mundial de la que somos parte: la Iglesia Adventista del Séptimo Día. Y la iglesia de Dios también incluye a los verdaderos creyentes de todas las épocas, sin importar a qué iglesia asistan.

En el capítulo 16 de Mateo, Jesús habla acerca de su iglesia. ¿Qué quiere decir él cuando dice "iglesia"?

Jesús y sus discípulos caminaban hacia la región cercana a la ciudad de Cesarea de Filipo. Mientras avanzaban por el camino polvoriento en medio del calor, les preguntó:

–¿Qué cree la gente con la que hablan acerca de mí, el Hijo del Hombre? ¿Quién cree la gente que yo soy?

–Algunos dicen que debes ser Juan el Bautista, resucitado de entre los muertos –contestó uno de ellos.

–Algunos otros piensan que debes ser Elías o Jeremías –respondió otro.

–O alguno de los profetas –añadió otro.

Todos afirmaron con la cabeza. Habían oído todas estas explicaciones de las cosas que Jesús hacía y decía.

Pero Jesús se detuvo y se dio vuelta para mirarlos de frente. Miró más allá del polvo que se asentaba en las barbas y las cejas de ellos, y los miró directamente a los ojos.

–Pero ¿quién dicen ustedes que yo soy?

Unos pocos del grupo cambiaron sus pies de posición en el polvo, o miraron hacia la lejanía. Algunos habrán tragado saliva o parpadeado rápidamente. Pero uno se adelantó con una respuesta:

–Tú eres el Mesías, el Hijo del Dios viviente –dijo Simón Pedro.

Jesús debe haber sonreído y, tal vez, habrá puesto la mano sobre su hombro.

–Bendito eres, Simón, hijo de Jonás. No lo aprendiste de una persona de carne y sangre, sino de mi Padre que está en los cielos.

Levantó la mano y le dio una cariñosa palmadita en la mejilla polvorienta de Pedro.

–Tú eres Pedro, mi piedrita, y sobre esta gran Roca –al decir esto, Jesús se tocó el pecho, y luego extendió los brazos para incluir a todo el grupo– edificaré mi iglesia. Y todas las fuerzas del infierno no la destruirán.

Otra vez Jesús miró fijamente los ojos de sus seguidores.

–A ustedes les daré las llaves del reino de los cielos. Ustedes serán responsables de invitar a cada persona a unirse a nosotros allí. Todo lo que ustedes acepten en la Tierra, será aceptado en los cielos. Y todo lo que no acepten en la Tierra, no será aceptado en los cielos.

Entonces Jesús giró la cabeza y siguió su marcha. Por sobre su hombro dijo:

–No le cuenten a nadie lo que dijimos aquí. (Ver Mat. 16:13-20.)

Hay mucho para explorar en los versículos de esta historia. "¿Quién dicen ustedes que yo soy?" es una pregunta que todos deben afrontar y responder. ¿Qué significa tener "las llaves del reino"? ¿Podemos nosotros decidir qué se permite y que se prohíbe en el cielo? Pero, estamos analizando lo que Jesús enseñó acerca de su iglesia.

Cuando Jesús le dijo a Pedro: "Sobre esta Roca edificaré mi iglesia", estaba usando un juego de palabras. Sin duda recuerdan que mientras el Nuevo Testamento fue escrito en griego, el idioma que más hablaba el pueblo en Israel era el arameo. Jesús probablemente aprendió a leer y hablar el hebreo de modo que pudiera leer las Escrituras: los rollos de la Ley y los Profetas, o el Antiguo Testamento, en su lengua original. Pudo también haber aprendido a leer y hablar griego, siendo que las Escrituras ya habían sido traducidas al griego.

Pero es más probable que Jesús y sus discípulos hablaran arameo cada día, mientras viajaban. Al hablar arameo, Jesús podía hablar a las multitudes de agricultores y mercaderes, abogados y sacerdotes, porque todos habrían entendido ese lenguaje.

La palabra Pedro en griego significa "piedra" o "roca". El nombre de Pedro en arameo era Cefas, porque es la palabra aramea para "roca" o "piedra". Así que Pedro y Cefas son el mismo nombre, y ambos son la palabra para "roca" o "piedra".

Jesús estaba diciendo: "Tu nombre significa 'roca' y yo edificaré mi iglesia sobre la Roca. En todo lo que Jesús dijo e hizo, ciertamente resultaba claro que estaba edificando su iglesia sobre sí mismo. Ninguno de sus discípulos, ni siquiera los discípulos como grupo, eran el fundamento de las enseñanzas y la misión de Jesús: solo él lo era.

Tal vez estaba diciendo: "Yo edificaré mi iglesia sobre la fe que mostró Pedro, la 'roca' en la 'Roca', el Mesías, el Hijo del Dios viviente".

Pero ¿qué quería Jesús decir cuando hablaba de "iglesia"?

El origen de la iglesia

La religión de los hebreos en el Antiguo Testamento no incluía la iglesia como nosotros la conocemos. Los hebreos adoraban en su santuario, en el desierto. Era el lugar de los sacrificios diarios y los festivales anuales. Este era el centro de su religión. Aunque el sábado era celebrado y guardado santo, no involucraba un culto en una iglesia como lo tenemos hoy.

Más tarde, cuando se construyó el templo, los cultos de adoración se realizaban allí. Allí la gente iba a orar y ofrecer sacrificios. Pero todavía no había cultos semanales como los que tenemos hoy.

Cuando el pueblo hebreo fue llevado al cautiverio por Babilonia, y se destruyó el templo, terminó su adoración tradicional. Durante el cautiverio se desarrollaron las sinagogas. "Sinagoga" era la traducción griega de las palabras hebreas para "casa de reunión", o "casa de oración". No reemplazaban al templo, pero era un lugar donde se podía leer en voz alta las Escrituras, y la gente podía orar en conjunto. La sinagoga llegó a ser el centro de su religión.

En los días de Jesús, el templo había sido reconstruido y se ofrecían sacrificios y cultos regulares allí. Pero la sinagoga continuó también como un lugar en cada comunidad, para estudiar, orar y adorar.

La palabra griega traducida como "iglesia", en Mateo 16:18, es ekklesía. Puede traducirse como "asamblea" o "congregación", de modo que Jesús ciertamente se refería a la gente, no a los edificios o a la organización.

Así que cuando Jesús dijo: "Sobre esta Roca edificaré mi iglesia", estaba diciendo: "Sobre esta Verdad" –tanto Jesús mismo como sus enseñanzas–, "se reunirá mi pueblo. Allí comienza el reino de los cielos". Por esto les dijo a sus discípulos: "Les daré las llaves del cielo". Estaría en sus manos el privilegio de invitar a otros –y llevar el evangelio a todo el mundo– para que también llegaran a ser parte del reino de Dios. Ellos tendrían bien abiertas las puertas de la salvación.

La "iglesia" a la que se refería Jesús no es una determinada confesión religiosa o una organización. No es un templo o una catedral. El pueblo de Dios, –el pueblo que sigue las leyes de Dios y muestra su amor– es el que constituye su iglesia.

Esta iglesia no comenzó en los días de Jesús. Comenzó en la Creación cuando Dios puso a sus hijos en el Jardín. El pacto de Abrahán con Dios era una parte de la iglesia. Isaac continuó la iglesia que su padre había fundado con Dios, y Jacob lo siguió. Moisés sacó a la iglesia de Dios de Egipto. Josué introdujo la iglesia en la Tierra Prometida.

La iglesia de Dios nunca fue perfecta. Su pueblo se apartó y perdió de vista su camino. David y Salomón condujeron la iglesia de maneras imperfectas y, finalmente, la iglesia de Dios fue al cautiverio en Babilonia. Se confundió, y algunas de sus enseñanzas se distorsionaron. Por eso vino Jesús, para restablecerlas.

Jesús reedificó la iglesia de su Padre con sus enseñanzas y su vida. Y sobre esa vida, sus discípulos edificaron una nueva religión que señalaban la vida de Jesús y su muerte como la única esperanza para la salvación humana. Como creyentes, somos parte de la iglesia que ellos edificaron. Y tenemos una responsabilidad de seguir edificándola al compartir sus enseñanzas con otros.

La iglesia de Dios hoy no es más perfecta de lo que fue en el pasado. Pero todavía es su iglesia, llena con su pueblo, que avanza hacia su reino.

Jesús ora por su iglesia

Todo el capítulo 17 de Juan es una oración, en la que Jesús ruega por su iglesia. En esa última velada con sus discípulos, mientras se preparaba para su lucha en el Getsemaní, su arresto, sus juicios y su muerte, su gran preocupación eran sus discípulos y su iglesia. "Yo ruego por ellos; no ruego por el mundo, sino por los que me diste; porque tuyos son, y todo lo mío es tuyo, y lo tuyo mío; y he sido glorificado en ellos. Y ya no estoy en el mundo; mas éstos están en el mundo, y yo voy a ti. Padre santo, a los que me has dado, guárdalos en tu nombre, para que sean uno, así como nosotros. Cuando estaba con ellos en el mundo, yo los guardaba en tu nombre" (vers. 9-12).

Jesús le pide a su Padre que los guarde

Jesús le pidió al Padre que los guarde cerca de él. Él sabía de las pruebas que tendrían que afrontar esa misma noche y durante el resto de sus vidas en la Tierra. Sin la presencia del Espíritu de Dios recordándoles las palabras de Jesús y atrayendo sus corazones, se alejarían de él. Pero esos once discípulos restantes se mantuvieron cerca de Dios. Hasta donde sabemos, todos permanecieron fieles durante toda su vida mientras llevaban a cabo la misión que Jesús les había confiado.

Y ese mismo Espíritu actúa en nuestros corazones, acercándonos a Dios. Sin su voz constante en nuestras mentes, pronto cederíamos a la ira, los celos y el odio. Dios nos mantiene cerca de él cada día. "Pero ahora voy a ti; y hablo esto en el mundo, para que tengan mi gozo cumplido en sí mismos. Yo les he dado tu palabra; y el mundo los aborreció, porque no son del mundo, como tampoco yo soy del mundo. No ruego que los quites del mundo, sino que los guardes del mal. No son del mundo, como tampoco yo soy del mundo. Santifícalos en tu verdad; tu palabra es verdad. Como tú me enviaste al mundo, así yo los he enviado al mundo" (vers. 13-18).

Jesús ruega que tengan su gozo

Jesús dijo que él vino para que ellos pudieran tener vida más abundante que nunca, para que podamos tener más gozo que nunca. Sus discípulos estaban en camino a algunas horas trágicas, y tendrían muchas pruebas por delante. Pero Jesús quería que tuvieran vidas de alegría, vidas entregadas para cambiar al mundo alrededor de ellos con palabras de esperanza y amor.

Oró para que nosotros también tengamos gozo. Seguir a Jesús hace que cada aspecto de nuestra vida sea más importante y más alegre. La vida abundante que se nos promete llega a amar a la familia y a los amigos, a trabajar en algo significativo y a tener paz en el corazón, sin importar qué pruebas nos sobrevengan.

Jesús oró para que no sean sacados del mundo

No pidió que a los discípulos se les dieran lugares seguros para ocultarse. No oró para que puedan establecer con éxito retiros o monasterios lejos del resto de la gente, de modo que pudieran llevar vidas tranquilas y santas. Pidió que pudieran ser parte de su mundo, mezclándose con los demás seres humanos.

No cumplimos la misión de Dios separándonos del mundo. Jesús nos llamó la "sal de la tierra" (Mat. 5:13), y la sal debe mezclarse con lo que la rodea para transformarlo. Debemos ser parte de nuestro mundo si hemos de hacer una diferencia en él.

Jesús ya los vio como diferentes

Aun cuando los discípulos lo abandonarían y lo negarían unas pocas horas más adelante, Jesús ya consideraba que "no son del mundo, como tampoco yo soy del mundo". No eran perfectos, pero ya eran diferentes. Ya eran miembros del reino de Dios.

Puede animarnos el hecho de que aunque todavía pecamos y cometemos errores, también nosotros somos parte del reino de Dios, y ya "no somos de este mundo". Cuando creemos, comenzamos a cambiar.

Jesús oró para que fueran santificados

Santificar significa poner algo aparte, reservarlo para una tarea o propósito especial. Jesús oró para que sus discípulos fueran santificados por su exposición a la verdad de Dios, la Palabra de Dios. Como la Escritura cambió sus corazones, sus vidas tendrían un nuevo foco y propósito. Con la presencia del Espíritu Santo, la verdad los transformaría.

Lo mismo sucede con nosotros. No son las horas en la iglesia las que nos cambian, o las palabras emotivas del predicador. Cuando exponemos nuestros corazones y mentes a las verdades de las Escrituras, cambiamos. Nuestros corazones humanos egoístas son quitados y se nos da un corazón de amor.

Jesús ora por nosotros

En esas últimas horas de su noche final con ellos, Jesús no oró solo por aquellos discípulos que se arrodillaban con él. Él también oró por nosotros, específicamente por ustedes y yo. "Mas no ruego solamente por éstos, sino también por los que han de creer en mí por la palabra de ellos, para que todos sean uno; como tú, oh Padre, en mí, y yo en ti, que también ellos sean uno en nosotros; para que el mundo crea que tú me enviaste. La gloria que me diste, yo les he dado, para que sean uno, así como nosotros somos uno. Yo en ellos, y tú en mí, para que sean perfectos en unidad, para que el mundo conozca que tú me enviaste, y que los has amado a ellos como también a mí me has amado" (Juan 17:20-23).

Nuestra herencia espiritual

Así como cada uno de nosotros podría rastrear su linaje si tiene acceso a los registros necesarios, podemos trazar nuestra herencia espiritual. Quienquiera haya sido el que te dio el mensaje del evangelio –padres, pastor, evangelista, amigo, conocido– a su vez recibió el evangelio de alguien. Con información suficiente, podríamos rastrear nuestra conexión hasta los discípulos originales.

Nosotros somos los que creímos "en mí [Cristo] por la palabra de ellos". Por nosotros Jesús oró esa noche.

Necesitamos la unidad

Jesús oró por la unidad. Oró para "que todos sean uno". Todos sus discípulos esa noche compartían las mismas herencias étnicas y tradiciones religiosas. Pero Jesús veía más adelante, al día cuando los creyentes vendrían de trasfondos muy diferentes, de todas las regiones del mundo, de toda tribu y cultura. Con todas nuestras diferencias, necesitaríamos la presencia unificadora del Espíritu Santo.

Necesitamos la unidad "para que el mundo crea que tú [Dios] me enviaste". Se afirma que Mahatma Ghandi, el gran líder de la India, dijo: "Me gusta el Cristo de ustedes, pero no me gustan ustedes, los cristianos". Los cristianos son tan poco semejantes a Cristo". No fue lo que Ghandi vio en la Escritura lo que lo apartó del cristianismo. Fue lo que vio en los cristianos.

En una iglesia donde los cristianos se vuelven contra los cristianos, no podemos esperar que el mundo crea. Podremos no estar de acuerdo en cada punto de doctrina o cada norma de conducta, pero todos podemos mostrar el amor y la paciencia del Maestro que decimos seguir.

La gran oración de Jesús termina con el secreto de esta unidad. "Y les he dado a conocer tu nombre, y lo daré a conocer aún, para que el amor con que me has amado, esté en ellos, y yo en ellos" (vers. 26).

El amor de Jesús dentro de cada creyente es lo que hace atractiva la iglesia al mundo. Cuando ese amor resplandece a través de nosotros, la iglesia crece.

9

La Luz del mundo

"Andando Jesús junto al mar de Galilea, vio a dos hermanos, Simón, llamado Pedro, y Andrés su hermano, que echaban la red en el mar; porque eran pescadores. Y les dijo: Venid en pos de mí, y os haré pescadores de hombres. Ellos entonces, dejando al instante las redes, le siguieron" (Mateo 4:18-20).

Desde el mismo principio de su ministerio, Jesús se concentró en su misión de alcanzar al mundo con su mensaje del amor y la salvación de Dios. Él sabía que su tiempo era corto, y tenía que pasar su misión a otros que estarían igualmente comprometidos.

Esa mañana Jesús caminaba solo junto al Mar de Galilea cerca de Capernaum. A la vista había muchos botes de pescadores, algunos a la orilla, otros a corta distancia, y algunos bastante más lejos en el agua centellante.

Pasó silenciosamente junto a varios botes antes de llegar al sitio que estaba buscando. No lejos de la orilla estaban dos hombres –dos hermanos– que trabajaban juntos para echar la red al agua.

–Simón, Andrés –los llamó Jesús por sobre el agua.

Ambos hombres se dieron vuelta y miraron para ver quién los llamaba por sus nombres.

–Síganme –les dijo Jesús–, y les enseñaré a pescar hombres.

Simón y Andrés miraron a Jesús, y luego se miraron entre sí. Sin una palabra, dejaron caer las redes y se dirigieron hacia la orilla. Desde ese momento, siguieron a Jesús.

Y tuvieron que caminar con rapidez, porque Jesús no se había detenido para esperarlos. Había pasado junto a otros botes hasta que llegó a uno que estaba muy cerca de la orilla. A bordo había tres hombres, dos hermanos y el padre de ellos, remendando sus redes.

–Santiago, Juan –llamó Jesús a los hermanos–. Síganme, y les enseñaré a pescar hombres.

Santiago y Juan miraron a Jesús, y se miraron el uno al otro. Luego, dejaron sus redes, se pusieron de pie en el bote, y se acercaron al borde.

–Padre –dijeron–, tenemos que ir.

Mientras su padre los miraba fijamente con la boca abierta, saltaron al agua, y fueron hasta la orilla. Al llegar a Jesús, Simón y Andrés los alcanzaron.

Jesús les sonrió a cada uno, y se dio vuelta para seguir su camino. Los cuatro lo siguieron de cerca. (Ver Mat. 4:18-22.)

Desde ese momento, Jesús adiestró a los discípulos para llevar adelante su misión. Por medio de su ejemplo y sus palabras, infundió en ellos un deseo de compartir lo que habían aprendido acerca de Dios. Entre las palabras finales que Jesús les habló a estos mismos discípulos y a los muchos otros que habían elegido seguirlo, estaban las instrucciones para llevar a cabo la obra que él había comenzado. "Por tanto, id, y haced discípulos a todas las naciones, bautizándolos en el nombre del Padre, y del Hijo, y del Espíritu Santo; enseñándoles que guarden todas las cosas que os he mandado; y he aquí yo estoy con vosotros todos los días, hasta el fin del mundo" (Mat. 28:19, 20).

Pero ¿cómo hemos de hacer esto? ¿Cómo hemos de testificar por Jesús, y de Jesús, al mundo que nos rodea? ¿Cómo cumpliremos la misión que nos dejó como individuos, y como iglesia?

¿Qué significa ser "luz"?

La luz misma es un componente curioso en el universo. Aunque la vista humana necesita luz para ver, no somos capaces de ver la "luz" misma. Vemos objetos cuando la luz se refleja en ellos, pero a la luz misma no la vemos. En un rayo de sol, vemos la luz que se refleja en las pequeñísimas partículas de polvo en el aire. En un arco iris, vemos la luz del sol refractada por las gotitas de agua en las nubes.

El elemento que ilumina al mundo que nos rodea es invisible para nosotros. No obstante, por causa de esa luz, vivimos y nos movemos en un mundo de colores exquisitos y formas asombrosas. La luz nos da la capacidad de reconocer los rostros de nuestros amados y la oportunidad de movernos, de explorar, y de descubrir que otras cosas existen en nuestro mundo y más allá de él.

Aquellos que no tienen el sentido de la vista, desarrollan otros sentidos para experimentar las mismas maravillas, pero en este estudio, nos concentramos en la luz porque esa es la ilustración que usó Jesús para describir nuestra misión al mundo. En toda la Biblia, se usa la luz para ilustrar la diferencia que puede hacer la verdad y el amor en el mundo.

Una de las enseñanzas más familiares y amadas de Jesús, a menudo, se la llama el Sermón del monte, o el Sermón junto al mar. La versión más completa de este sermón se encuentra en el Evangelio de Mateo, e incluye los capítulos 5, 6 y 7. En el capítulo 5 encontramos las palabras de Jesús: "Vosotros sois la luz del mundo".

El Sermón del Monte

Imagina estar allí ese día que Jesús habló a la multitud junto al mar de Galilea. Aquí Jesús describe más claramente lo que significa ser su seguidor en el mundo real. Aquí es donde aprendemos cómo "vivir" la misión que él nos dio. Aquí es donde los principios del reino de Dios brillan para iluminar al mundo oscuro.

En uno de mis libros favoritos, Elena de White describe este sermón, en *El discurso Maestro de Jesucristo.* La cita que sigue proviene de mi adaptación contemporánea de ese libro, llamado sencillamente, *Blessings* [Bendiciones, o Bienaventuranzas].

Todavía era temprano en la mañana cuando la gente se reunió junto al mar para escuchar a Jesús. Como siempre, mantenía su atención al usar ejemplos interesantes de la naturaleza y las cosas que podían ver alrededor de ellos. Este día en especial, el glorioso sol estaba subiendo cada vez más alto en el cielo azul, desterrando las sombras que acechaban en los valles y en los angostos pasos montañosos. La luz del sol inundaba la tierra con su esplendor, la superficie calma del lago reflejaba la dorada luz y las rosadas nubes matutinas. Cada flor y cada hoja brillaban con el rocío, y las aves cantaban dulcemente entre los árboles. La naturaleza sonreía al comenzar un nuevo día.

Jesús miró hacia la multitud que estaba delante de él, y luego al sol naciente. Les dijo a los discípulos: "Ustedes son la luz del mundo" (Mat. 5:14, NVI). Así como el sol sale cada día para desterrar las sombras y despertar al mundo a la vida, los cristianos han de compartir la luz del cielo con los que están en la oscuridad del error y el pecado.

En la brillante luz de la mañana, los pueblos y aldeas en las colinas circundantes se destacaban claramente. Señalándolos, Jesús dijo: "Una ciudad en lo alto de una colina no puede esconderse. Ni se enciende una lámpara para cubrirla con un cajón. Por el contrario, se pone en la repisa para que alumbre a todos los que están en la casa" (vers. 14, 15, NVI).

La mayoría de los que escuchaban a Jesús esa mañana eran campesinos y pescadores cuyas casitas tenían solo una habitación. Una sola lámpara en una repisa iluminaba toda la casa. Pero Jesús los animó a brillar para otros. "Hagan brillar su luz delante de todos, para que ellos puedan ver las buenas obras de ustedes y alaben al Padre que está en el cielo" (vers. 16, NVI).

La única luz verdadera que alguna vez brilló o brillará sobre los seres humanos es la luz que se irradia de Jesús. Él es la única Luz que puede iluminar la oscuridad de un mundo pecaminoso. Acerca de Jesús, la Biblia dice: "En él estaba la vida, y la vida era la luz de los hombres" (Juan 1:4). Al recibir su vida, los discípulos de Jesús llegaron también a ser portaluces.

Con el ejemplo de la vida de Jesús en sus corazones, y con el amor demostrado en sus caracteres, llegaron a ser la luz del mundo.

No tenemos luz en nosotros mismos. Separados de Cristo, somos como una vela sin encender, como la luna a la sombra de la tierra. No tenemos un solo rayo de luz para que brille en nuestro mundo oscuro. Pero cuando nos volvemos a Jesús, el Sol de Justicia, cuando llegamos a estar en contacto con él, nuestras almas se encienden con su brillo.

Los seguidores de Jesús deben ser más que una luz para la gente que los rodea. Son la luz del mundo. Jesús dice a cada uno que cree en él, "Te has entregado a mí, y yo te envío al mundo como mi representante". Así como Jesús fue enviado por el Padre, así somos enviados para representar a Jesús. Nuestro Salvador es la Fuente de la luz, pero no olvidemos que él brilla en el mundo mediante seres humanos. Las bendiciones de Dios vienen de manos humanas. Jesús mismo vino a nuestro mundo como el Hijo del hombre. La iglesia, compuesta por cada discípulo individual, es el canal que el cielo usa para revelar a Dios a la humanidad. Los ángeles están esperando para esparcir la luz y el poder del cielo por medio de nosotros a aquellos que están en peligro de perderse. ¿Y si dejamos de realizar la tarea que nos fue asignada? Entonces, el mundo perderá esa influencia transformadora de vidas, el poder del Espíritu Santo que podría haber tenido.

Jesús no les dijo a los discípulos: "Traten de hacer brillar su luz". Les dijo: "Déjenla brillar". Cuando Jesús vive en el corazón de una persona, la luz es imposible de ocultar. La luz de su amor refulgirá. Cuando los que se dicen cristianos no brillan con la luz del amor de Dios, puede ser solo porque han perdido su conexión con la Fuente de esa luz.

A lo largo de toda la historia, el Espíritu de Cristo ha hecho que los verdaderos seguidores de la luz, sean el pueblo en esos días. José fue un portaluz en Egipto. Con pureza, bondad y amor fraternal, representó a Cristo en medio de una cultura que adoraba a muchos dioses. Cuando los israelitas viajaron de Egipto hacia Canaán, los fieles entre ellos brillaron como luces, revelando a Dios a las naciones que los rodeaban.

De Daniel y sus amigos en Babilonia, así como de Mardoqueo en Persia, brillantes rayos salieron, combatiendo la oscuridad en las cortes de los reyes.

Del mismo modo, los discípulos actuales de Cristo deben ser portaluces. Por medio de nosotros, la misericordia y la bondad del Padre se muestran a un mundo oscurecido por una mala comprensión de Dios. Al ver nuestros actos de bondad, otros son llevados a Dios. Nuestras vidas dejarán en claro que hay un Dios digno de alabanza sobre el trono del universo, que puede ser nuestro modelo para vivir. El brillo del amor divino en nuestros corazones y la paz y armonía de Jesús en nuestras vidas, son vislumbres del cielo para quienes nos rodean. De esta manera la gente es conducida a creer que Dios los ama. De este modo sus corazones pecaminosos se purificarán y transformarán.

Con las palabras, "Ustedes son la luz del mundo", Jesús encomendó a sus seguidores para realizar una misión mundial. En los días de Jesús, el egoísmo, el orgullo y el prejuicio habían construido un muro entre los judíos –los guardianes de la verdad de Dios– y el resto del mundo. Pero Jesús vino para cambiar eso. Las palabras que la gente oía de sus labios no eran como algo que una vez hubieran oído de los sacerdotes y rabinos. Jesús echó abajo ese muro de prejuicio egoísta y enseñó que debemos amar a todos, en todas partes. Su amor eleva al pueblo de sus pequeños círculos egoístas, y elimina las distinciones nacionales y sociales. Jesús no ve diferencia entre los prójimos y los extranjeros, o los amigos o enemigos. Nos enseña a ver a cada persona con necesidades, como un prójimo, y a ver el mundo como nuestro vecindario.

Así como los rayos del sol alcanzan los rincones más alejados del mundo, Dios quiere que la luz del evangelio alcance a cada persona del mundo. Si la iglesia cristiana viviera a la altura de este plan, la luz habría llegado a cada persona que está en la oscuridad. En lugar de reunirnos cada semana con comodidad y olvido de la misión, los feligreses se esparcirían entre las naciones, permitiendo que su luz alumbre llevando el evangelio a todo el mundo.

Esta es la forma en que el plan de Dios de reunir a sus seguidores siempre se ha cumplido: desde Abrahán en las llanuras de Mesopotamia, hasta nuestros días. Dios dice: "Te bendeciré... y serás bendición" (Gén. 12:2). Si la gloria de Dios ha tocado tu corazón, si has visto la belleza de su amor, entonces Jesús te habla a ti. ¿Has sentido el poder transformador de vida que Dios da? Entonces muchos otros que son adictos al pecado y están llenos de tristeza están esperando oír tus palabras de fe.

No podemos estar satisfechos solo con conocer acerca del amor y el poder de Dios. Debemos compartir lo que sabemos con otros. El profeta Isaías y el rey David, ambos vieron el glorioso amor de Dios y luego compartieron su respuesta en poesía y canto. ¿Quién puede ver la gloria de Jesús y de su plan para salvar a los hombres, y no compartirla con otros? ¿Quién puede emocionarse con el amor incomprensible que Jesús demostró en la cruz para salvarnos, y no alabar a Dios ante todo aquel que esté dispuesto a escuchar?

El autor de los Salmos alabó a Dios con cantos, diciendo: "Cada generación celebrará tus obras y proclamará tus proezas. Se hablará del esplendor de tu gloria y majestad, y yo meditaré en tus obras maravillosas. Se hablará del poder de tus portentos, y yo anunciaré la grandeza de tus obras" (Sal. 145:4-6, NVI).

Siempre que se cuenta la historia de la Cruz, la mente de la gente queda cautivada y retiene sus pensamientos. Luego sus sentidos espirituales son cargados con poder divino y su energía puede concentrarse en la obra de Dios. Estos obreros iluminarán la Tierra como rayos de luz.

Jesús alegremente acepta los esfuerzos de cada persona que lo sigue. Por medio de él, la humanidad se combina con la divinidad, y los misterios del don del amor de Dios se explican. Podemos hablar acerca de ese amor, orar acerca de él, cantar acerca de él y esparcirlo por toda la Tierra.

La luz del amor de Dios brilla grandemente en contraste con el corazón oscuro y egoísta. La luz brilla cuando manejamos las dificultades con paciencia, cuando recibimos con gratitud las bendiciones, cuando resistimos la tentación, cuando mostramos humildad, bondad, misericordia y amor cada día en todo lo que hacemos (cap. 2, pp. 41-46).

Brilla donde estés

No todos nacimos para predicar frente a grandes multitudes, o siquiera, a congregaciones menores. No todos tenemos la habilidad de dirigir con éxito grupos de estudio de la Biblia o de responder preguntas difíciles acerca de las doctrinas.

Pero todos hemos sido llamados para compartir nuestra fe, para hacer brillar nuestra luz en el mundo en el que vivimos. Esta es la misión que Jesús nos dejó, a sus discípulos de hoy. Como personas y como iglesia, debemos difundir fielmente el mensaje que nos fue dado.

El testimonio más sencillo y efectivo que tenemos es nuestra vida. No importa quiénes seamos, podemos decirle a cualquiera: "Esto es lo que yo creo, y esta es la diferencia que produce en mi vida".

Quiera Dios que todos seamos sus fieles testigos cada día.

10

La Ley de Dios

"De cierto os digo, que el que no reciba el reino de Dios como un niño, no entrará en él. Y tomándolos en los brazos, poniendo las manos sobre ellos, los bendecía" (Marcos 10:15, 16).

Jesús no era un creyente judío tradicional y conservador. Al estudiar las Escrituras, los rabíes judíos habían desarrollado sus propias leyes para acompañar las leyes de Dios. Seguían estas leyes en forma más estricta de lo que seguían las leyes de Dios, e imponían estas tradiciones sobre el pueblo judío en nombre de la santidad.

Pero desde sus primeros días, Jesús rehusó seguir sus enseñanzas. No seguía las prácticas religiosas normales de sus días solo porque otros le dijeran que debía hacerlo. No aceptaba automáticamente lo que hasta los maestros religiosos proclamaban que era la verdad. Él estudiaba la Escritura por sí mismo, y si no encontraba apoyo para sus tradiciones en las Escrituras, no sentía obligación de seguirlas.

Por estas razones, a Jesús lo llamaron a menudo "quebrantador de la ley". Y los líderes judíos lo acusaron también de no enseñar a sus discípulos a guardar la ley.

Algunos fariseos y escribas viajaron desde Jerusalén para observar a Jesús. Vieron a sus discípulos que comían pan.

–Esperen– dijo uno de ellos–, no se lavaron debidamente las manos antes de comer.

Una de las tradiciones religiosas de los fariseos era que todos los judíos debían lavarse las manos de una manera específica. Siempre que compraban comida en el mercado, nunca la comían hasta haberse lavado las manos en la forma tradicional. También tenían otras formas tradicionales de lavar los vasos, las jarras, y otros utensilios de cocina.

Los fariseos y escribas confrontaron a Jesús.

–¿Por qué tus discípulos no guardan las tradiciones de nuestra religión? ¿Por qué no se lavan las manos apropiadamente antes de comer?

Jesús sacudió la cabeza.

–El profeta Isaías estaba en lo cierto acerca de ustedes, hipócritas. Él dijo: "Este pueblo dice que me honra, pero eso no está en sus corazones. Su adoración no tiene valor, enseñan reglas humanas en lugar de doctrina" (ver Isa. 29:13).

Jesús añadió:

–Ustedes dejaron de seguir los mandamientos de Dios. Ahora solo siguen enseñanzas humanas.

Luego siguió diciendo:

–Hábilmente ignoran los mandamientos de Dios y guardan sus propias tradiciones. Moisés dijo: "Honra a tu padre y a tu madre" (ver Éxo. 20:12), y "El que maldijere a su padre o a su madre, morirá" (ver Éxo. 21:27). Pero ustedes dicen: "Si alguno le dice a sus padres que el dinero que debería haberlos sostenido ha sido dado a Dios, entonces es aceptable abandonar a sus padres". Por sus propias reglas –que ustedes enseñan a todos– están rechazando las enseñanzas de Dios. Y tienen muchas reglas semejantes a ésta.

Entonces Jesús pidió a la multitud que se acercara.

–Escúchenme todos, y traten de entender. Nada que la gente ponga en sus cuerpos los hace impuros. Son las cosas que vienen de adentro las que los vuelven inmundos. Ustedes tienen oídos para oír, ¡úsenlos y entiendan!

Más tarde, Jesús entró a una casa para escapar de la multitud. Sus discípulos lo siguieron y le preguntaron:

–¿Qué quieres decir?

–¿Tampoco ustedes entienden? –dijo Jesús sacudiendo la cabeza–. Todo lo que el hombre pone dentro de su cuerpo no puede volverlo inmundo porque va a su estómago, no a su corazón –Jesús los miró–. Es lo que sale del corazón del hombre lo que lo hace inmundo: el odio, el orgullo, la lujuria y todas las otras cosas malas (ver Mar. 7:1-23).

El hecho de que Jesús no seguía las leyes tradicionales de los judíos no significaba que él menospreciaba la Ley de Dios. Es claro que lo que hace que una persona no sea limpia es quebrantar la ley de Dios, en lugar de quebrantar las leyes de la tradición.

Llegar al cielo

En el tiempo de Jesús, el tema de la ley de Dios surgía a menudo cuando la gente hacía preguntas acerca del cielo y la vida eterna. Y vemos que es así todavía hoy. Típicamente, hablamos de la ley de Dios en términos de que si guardamos adecuadamente la ley, estamos yendo camino al cielo.

Rara vez hablamos acerca de si vivir según la ley de Dios mejora nuestra calidad de vida hoy.

En una ocasión similar ocurrió cuando Jesús contó la historia del joven rico. Jesús estaba hablando a una multitud, enseñándoles acerca del reino de Dios. Y ese día se le presentó una nueva manera de ilustrar esos principios.

Ese día, la muchedumbre debió haber incluido muchas clases de personas: agricultores, pescadores, comerciantes, pastores y, aparentemente, madres con sus niños pequeños. En esa cultura, los niños a menudo eran presentados a los rabíes y sacerdotes para que los bendijeran. Se entendía que eso simbolizaba una bendición de parte de Dios.

Ese día, algunas de las madres trataron de acercarse a Jesús cuando él dejó de hablar. Querían llevar a sus hijos para que él los bendijera. Los discípulos, que sin duda pasaban parte de su tiempo tratando de mantener a la gente un poco apartada para que Jesús pudiera hablar, detuvieron a las madres.

–No molesten al Maestro con los niños –debieron de haber dicho–. Él está hablando de cosas importantes.

Pero antes de que las madres pudieran desandar sus pasos, chasqueadas, Jesús habló. En realidad, Marcos 10 dice que Jesús "se indignó" al oír a sus discípulos. Me imagino a Jesús diciendo:

–No, no. No se metan en el camino de esos niños. Tráiganlos aquí, a mí.

Y luego tomó a uno tras otro en sus brazos para darles un abrazo, y los bendijo. Y luego, aprovechando el momento, miró a la multitud y dijo:

–El reino de Dios es para personas que tienen fe como estos niños.

Debe haber mirado fija e intensamente a muchos, cuando añadió:

–Escúchenme cuando digo esto: ustedes deben abrir su corazón y aceptar el amor de Dios de la manera que lo hacen estos niños, o nunca entrarán en el reino.

Ahora el joven rico estaba parado allí, observando y escuchando. Claramente, el Espíritu Santo estaba obrando en su corazón. A pesar de sus riquezas, a pesar de su posición estimada en la comunidad y del respeto que le tenían, se daba cuenta de que le faltaba algo. Al escuchar a Jesús, se había dado cuenta de que Jesús tenía lo que a él le faltaba. "Al salir él para seguir su camino, vino uno corriendo, e hincando la rodilla delante de él, le preguntó: "Maestro bueno, ¿qué haré para heredar la vida eterna?" (Mar. 10:17).

Hay que darle al joven rico algo de crédito. Estaba en el concilio gobernante. Sin duda, era un fariseo y bien respetado. Pero estaba dispuesto a ir a Jesús públicamente con una pregunta espiritual sincera. Nicodemo no haría eso: él solamente se animó a consultar al Maestro al anochecer.

Pero algo de lo que Jesús decía, o en la manera en que respondió a los niños, tocó su corazón de hombre. "Tienen que tener fe como un niño si quieren estar en el reino de Dios", oyó el eco en su cabeza, hasta que tuvo que hacer su pregunta.

Ahora bien, los fariseos y otros "dirigentes" de los judíos se ocupaban de criticar a Jesús y llamarlo un maestro falso, un hereje, alguien que hacía milagros por el poder de Satanás. Así que Jesús le hizo otra pregunta. "Él le dijo: '¿Por qué me llamas bueno? Ninguno hay bueno sino uno: Dios. Mas si quieres entrar en la vida, guarda los mandamientos' " (Mat. 19:17).

Y ahora llegamos otra vez a lo que Jesús enseñaba acerca de la ley de Dios. Pero con todas las leyes tradicionales de los fariseos, el joven rico debe haber estado confundido. Así que preguntó:

–¿Cuáles?

Esto suena un tanto similar a lo que decimos hoy. Cuando se nos dice que para alcanzar el cielo, tenemos que vivir como Jesús vivió, nuestra primera reacción es preguntar: ¿Cuán semejante a Jesús? ¿Quiere decir esto que debemos amar a todos? ¿Deberíamos pasar todo el día ayudando a otros? ¿Nunca deberíamos casarnos o tener una familia para que nada interfiera con nuestra obra?

La respuesta de Jesús al joven rico fue una clara referencia a la ley de Dios, los Diez Mandamientos. "Jesús dijo: 'No matarás.

No adulterarás. No dirás falso testimonio. Honra a tu padre y a tu madre; y Amarás a tu prójimo como a ti mismo' " (vers. 18, 19).

No podemos menos que quedar impresionados con las respuestas del joven.

–Todo esto lo he guardado desde mi juventud. ¿Qué más me falta?

La historia no dice que el hombre mentía. Jesús no sugiere que él guardaba los mandamientos incorrecta o incompletamente. Aparentemente, estaba pretendiendo vivir: guardando la letra de la ley de Dios.

Pero –y es importante recordar este punto al estudiar lo que Jesús enseñó acerca de la ley de Dios– obedecer la ley de Dios no era suficiente. Actuar en buena forma –guardar la ley– no significa que Dios nos debe la vida eterna.

No podemos sencillamente actuar bien: tenemos que ser realmente buenos.

Me gusta cómo Marcos relata esta historia, porque añade algo aquí que no se encuentra en los otros evangelios. "Entonces Jesús, mirándole, le amó, y le dijo: 'Una cosa te falta; anda, vende todo lo que tienes, y dalo a los pobres, y tendrás tesoro en el cielo; y ven, sígueme, tomando tu cruz' " (Mar. 10:21).

Jesús vio su corazón; vio lo que le faltaba a este joven, ¡y lo amó! Cuánto nos anima a todos.

No importa si pensamos que últimamente estamos haciendo una buena tarea con guardar la ley, o si podemos decir que hemos guardado todos los mandamientos desde el almuerzo, Jesús nos ama. Él conoce nuestras debilidades y nuestras fallas, y nos ama.

Pero veamos lo que Jesús le pidió a este hombre.

–Vende todo lo que tienes y regala tu dinero. Luego ven, y sígueme.

Jesús no les pidió a Pedro y a Andrés que vendieran sus botes de pesca. Ellos volvieron a sus botes por lo menos dos veces, una vez después de la resurrección de Jesús. ¿Por qué le diría a este joven que tenía que vender todo si quería la vida eterna?

Parece claro. Vender todo, era lo que necesitaba para cambiar el corazón de este hombre. Guardar la ley de Dios no tenía sentido si no había aceptado un corazón nuevo. Si fuera posible ganar el camino al cielo guardando los mandamientos, este hombre habría estado bien. Pero no es así.

No podemos solo hacer lo bueno, tenemos que ser realmente buenos. Y solo podemos ser buenos si tenemos el corazón de Jesús, el corazón convertido, cambiado, el nuevo corazón prometido a todos los que entregan sus propios corazones.

Jesús enseñó que la ley de Dios debe guardarse, pero que guardarla no califica a una persona para el cielo.

"Oísteis que fue dicho"

En su gran sermón junto al mar, Jesús enseñó a la gente la importancia de la ley de Dios. Siendo que habían sido confundidos y desanimados por las muchas leyes tradicionales de los fariseos, él quería señalarles de nuevo el propósito de la ley: hacer que nuestras vidas fueran más alegres y saludables, y preparar ciudadanos del reino de Dios.

Siendo que Jesús tenía que enseñarles acerca de la ley, había también mucho que él debía "des-enseñarles". Tenía que cambiar lo que les había sido enseñado, de modo que el plan de Dios para ellos llegara a ser claro.

Jesús explicó que guardar la ley no es un asunto de seguir cada palabra exactamente: no es un asunto de "actuar el bien".

La conducta comienza en el corazón: solo podemos guardar la ley cuando realmente somos buenos, por causa del nuevo corazón que Jesús nos dio.

Aquí es donde él les ayuda desaprender lo que habían aprendido. "Oísteis que fue dicho", les dice, "pero yo os digo algo diferente".

El homicidio comienza en el corazón

"Oísteis que fue dicho a los antiguos: 'No matarás; y cualquiera que matare será culpable de juicio'. Pero yo os digo que cualquiera que se enoje contra su hermano, será culpable de juicio" (Mat. 5:21, 22).

La forma en que se les había enseñado –seguir la letra de la ley– implicaba que mientras no se haya matado a alguien, se ha guardado la ley. Pero Jesús enseña que guardar la ley comienza en el corazón. Si odiamos, despreciamos o detestamos a algún otro hijo de Dios, entonces hemos quebrantado la ley.

El daño a la otra persona no es tan grande, tal vez ni siquiera sepan de nuestro odio, pero el daño a nosotros mismos es igual de malo.

Adulterio y obediencia

"Oísteis que fue dicho: 'No cometerás adulterio'. Pero yo os digo que cualquiera que mira a una mujer para codiciarla, ya adulteró con ella en su corazón" (vers. 27, 28).

Jesús presenta el mismo punto otra vez: la obediencia es una función del corazón. Una buena conducta –evitar el acto físico del adulterio– no es verdadera obediencia si no proviene de un corazón comprometido con Dios. Realmente debemos no querer cometer adulterio a fin de guardar la ley de Dios.

Divorcio y casamiento

"También fue dicho: 'Cualquiera que repudie a su mujer, dele carta de divorcio'. Pero yo os digo que el que repudia a su mujer, a no ser por causa de fornicación, hace que ella adultere; y el que se casa con la repudiada, comete adulterio" (vers. 31, 32).

Era demasiado fácil para los hombres judíos obedecer la letra de la ley del divorcio y todavía destruir vidas sin otra razón que su propio egoísmo. Nada acerca de la ley que permitía el divorcio tenía la intención de dejar abandonada e indefensa a la mujer. Solo la perversión de la obediencia lo transformó así.

Jurar sin razón

"Además habéis oído que fue dicho a los antiguos: 'No perjurarás, sino cumplirás al Señor tus juramentos'. Pero yo os digo: No juréis en ninguna manera; no por el cielo, porque es el trono de Dios; ni por la tierra, porque es el estrado de sus pies; ni por Jerusalén, porque es la ciudad del gran Rey. Ni por tu cabeza jurarás, porque no puedes hacer blanco o negro un solo cabello. Pero sea vuestro hablar: Sí, sí; no, no; porque lo que es más de esto, de mal procede" (vers. 33-37).

Esta clase de juramento no equivalía al uso corriente de palabras rudas o maldiciones. Pero sí comprendía promesas por algún poder "superior", o algún símbolo importante, de que se mantendría la palabra y que, por lo tanto, era posible confiar en quien enunciara la promesa. Jesús les enseñó a evitar tales promesas, a guardar su palabra en forma sencilla y a hacer fielmente lo que decían que harían.

Ir la segunda milla

"Oísteis que fue dicho: 'Ojo por ojo, y diente por diente'. Pero yo os digo: No resistáis al que es malo; antes, a cualquiera que te hiera en la mejilla derecha, vuélvele también la otra; y al que quiera ponerte a pleito y quitarte la túnica, déjale también la capa; y a cualquiera que te obligue a llevar carga por una milla, ve con él dos" (vers. 38-41).

Jesús presenta la idea de devolver bien por mal. "Ojo por ojo" puede ser equitativo y justo, pero un corazón lleno con el amor de Dios puede poner a un lado una ofensa y procurar lo que creará un cambio en la otra persona.

Esta no es razón para aceptar el atropello o sufrir en silencio el abuso. Hay ocasiones cuando es correcto defendernos de otros. El bien puede enfrentarse con razón al mal, aun si ese mal es hecho contra uno mismo.

Amar a los enemigos

"Oísteis que fue dicho: 'Amarás a tu prójimo, y aborrecerás a tu enemigo'. Pero yo os digo: Amad a vuestros enemigos, bendecid a los que os maldicen, haced bien a los que os aborrecen, y orad por los que os ultrajan y os persiguen; para que seáis hijos de vuestro Padre que está en los cielos, que hace salir su sol sobre malos y buenos, y que hace llover sobre justos e injustos" (vers. 43-45).

Cuando respondemos al odio con amor, estamos mostrando la influencia del cielo. Esa es la evidencia de un corazón como el de Dios, y evidencia de que somos ciudadanos del reino de Dios. Un amor como ese puede cambiar al que odia... puede cambiar al mundo.

Cuando somos capaces de amar de esta manera, estamos reflejando el amor perfecto de Dios en el cielo, quien envió a su Hijo para salvarnos. Tanto la ley de Dios como el amor de Dios condujeron a Jesús a esta tierra y a la cruz.

11

El Señor del sábado

"Otra vez entró Jesús en la sinagoga; y había allí un hombre que tenía seca una mano. Y le acechaban para ver si en el día de reposo le sanaría, a fin de poder acusarle" (Marcos 3:1, 2).

Jesús nació en una cultura de observadores del sábado. Desde Belén a Nazaret desde Capernaum a Jerusalén, adoró a Dios cada séptimo día con la gente que lo rodeaba. Pero no era un observador del sábado tradicional. Los rabíes habían desarrollado largas listas de leyes sobre el sábado, y se esperaba que cada una de ellas fuera estrictamente observada. Se podía caminar solo cierta distancia, que se llamaba "jornada del sábado", y nada más que eso. Tradicionalmente medía unos ochocientos metros. No se podía encender un fuego o cocinar sobre él, pero se podía usar un fuego para mantener caliente la comida, si ya estaba encendido antes de que comenzara el sábado.

Había muchas, muchas leyes más acerca de la observancia del sábado que eran parte de la vida de un judío en los días de Jesús.

Según esas reglas y normas, Jesús no era un buen observador del sábado. Siendo que él no respetaba las tradiciones y leyes humanas, se volvía a las Escrituras para que gobernaran su observancia del sábado. Y eso lo puso, regularmente, en conflicto con los líderes judíos.

Un sábado, Jesús estaba en una sinagoga. Como de costumbre, los fariseos espías estaban cerca. Seguían a Jesús casi por todas partes, tratando de desacreditarlo, de entramparlo, de demostrar que quebrantaba la ley. Este sábado, un hombre con una mano inválida entró a la sinagoga. Sabiendo que en todas partes le pedían a Jesús que sanara a la gente, los espías vieron su oportunidad.

–¿Es lícito sanar a alguien en sábado? –le preguntaron.

La multitud que ese sábado había venido para escuchar a Jesús se volvieron para ver cómo contestaba esa pregunta. Estaban en tensión, entre las tradiciones que se les habían enseñado como ley durante toda su vida, y su amor por este maravilloso Sanador.

Jesús sabía lo que los espías estaban tratando de hacer. Llamó al hombre:

–Ven acá, cerca de mí –y mientras el hombre se acercaba, Jesús les preguntó a los espías:

–En el día sábado, ¿es legal hacer el bien o hacer el mal? ¿Salvar la vida, o quitarla?

La gente se volvió ahora para mirar fijamente a los espías fariseos. La respuesta parecía muy sencilla. Todos sabían que dejar de hacer el bien cuando había oportunidad de hacerlo, era lo mismo que hacer el mal. Y dejar de salvar la vida de alguien era lo mismo que matar a esa persona.

Los espías sabían la respuesta sencilla. Pero no dijeron nada.

Así que la multitud se volvió para mirar a Jesús. Él hizo otra pregunta:

–Si uno de ustedes tiene una oveja, y ocurre que cae en un pozo en sábado, ¿no irían ustedes a sacarla del pozo?

Todos los presentes sabían que era aceptable rescatar un animal en sábado si su vida estaba en peligro. La gente observaba, pero otra vez los fariseos no contestaron.

Jesús miró fijamente a cada uno de los espías.

–¿No es una persona mucho más valiosa que una oveja? Siempre es legal hacer el bien a alguien en sábado.

Finalmente, debe de haber suspirado y vuelto a mirar al hombre, con indignación y tristeza por la testarudez de los espías.

Luego le habló al hombre que estaba parado tranquilamente junto a él y le dijo:

–Extiende tu mano.

Y cuando el hombre la extendió, su mano estaba sana. (Ver Mar. 3:3-6; Mat. 12:9-13.)

Jesús no podía usar las reglas sin sentido que los judíos habían inventado. Cuando sanó la mano al minusválido, honró el sábado.

Lo que Jesús enseñó acerca del sábado

Jesús no predicó ningún sermón acerca de la importancia de observar el sábado. No comunicó ninguna instrucción específica acerca de cómo guardar el sábado como santo. Pero sí nos enseñó mucho acerca del sábado por medio de las cosas que hizo en ese día, y por sus objeciones a las leyes de la observancia del sábado que tenían los judíos.

Jesús fue a la iglesia en sábado

Si Jesús hubiera querido anunciar un cambio en los Diez Mandamientos de Dios, podría haberlo hecho. Si quería enseñar que la observancia del sábado no era importante, solo tenía que evitar las prácticas de la gente que lo rodeaba. Jesús no vaciló en hablar contra las leyes y tradiciones sobre el sábado que tenían los judíos, que él encontraba sin lógica y abrumadoras.

Pero, en cambio, encontramos que él observó fielmente el sábado. "Vino a Nazaret, donde se había criado; y en el día de reposo ['sábado', NVI, BJ] entró en la sinagoga, conforme a su costumbre, y se levantó a leer" (Luc. 4:16).

Tenía el hábito de observar el sábado, y participar en la adoración y la lectura de la Escritura en la sinagoga, con otros creyentes. Su ejemplo debe dejarnos en claro cuán valiosa es la experiencia del sábado para el cristiano. Jesús necesitaba un descanso refrescante, y adorar. ¿Cuánto más lo necesitamos nosotros?

Jesús es el Señor del sábado

El Evangelio de Juan comienza con un lenguaje muy hermoso en la Biblia. Presenta a Jesús como el "Verbo", la "Palabra", quien habló y trajo a la existencia el universo. "En el principio era el Verbo, y el verbo era con Dios, y el Verbo era Dios. Este era en el principio con Dios. Todas las cosas por él fueron hechas, y sin él nada de lo que ha sido hecho, fue hecho. En él estaba la vida, y la vida era la luz de los hombres. La luz en las tinieblas resplandece, y las tinieblas no prevalecieron contra ella" (Juan 1:1-5).

El mismo Jesús quien caminó por los polvorientos caminos de Galilea salpicó con estrellas las galaxias. Como el Señor de la Creación, Jesús estableció el descanso del sábado al final de la semana de la Creación. ¡Cuán extraño es que los seres creados trataran de aplicar sus tradiciones de la observancia del sábado sobre Aquel que creó el sábado... y los creó también a ellos!

Un sábado, Jesús y sus discípulos pasaban por un campo de trigo en camino al siguiente pueblo. Aparentemente, la multitud lo seguía, incluyendo algunos de los espías fariseos. Mientras caminaban, algunos de los discípulos tomaron un manojo de espigas, les quitaron las cáscaras, y llevaron los granos a la boca para comer.

–¡Mira, mira! –le dijeron los fariseos a Jesús– ¡Tus discípulos están quebrantando la ley! Están cosechando y trillando trigo en sábado.

Jesús ni siquiera se detuvo para responder.

–¿No habéis leído lo que hizo David, cuando él y los que con él estaban tuvieron hambre; cómo entró en la casa de Dios, y comió los panes de la proposición, que no les era lícito comer ni a él ni a los que con él estaban, sino solamente a los sacerdotes?

"Pues os digo que uno mayor que el templo está aquí. Y si supieseis qué significa: Misericordia quiero, y no sacrificio, no condenaríais a los inocentes; porque el Hijo del Hombre es Señor del día de reposo [sábado, NVI, BJ]" (Mat. 12:6-8; corchetes añadidos).

Al destacar esos dos ejemplos de cuando las leyes ceremoniales fueron quebrantadas sin culpa, Jesús no solo excusaba las acciones de sus discípulos, sino que también declaraba que él tenía autoridad sobre las reglas del sábado. Por esto afirmó ser el "Señor del sábado".

El sábado fue hecho para los hombres

En la misma historia de Jesús y sus discípulos en el campo de trigo, el Evangelio de Marcos incluye otra declaración de Jesús. "También les dijo: 'El día de reposo [sábado] fue hecho por causa del hombre, y no el hombre por causa del día de reposo. Por tanto, el Hijo del Hombre es Señor aun del día de reposo' [sábado]" (Mar. 2:27, 28).

Como Creador del sábado, Jesús podía afirmar que la gente era lo primero. El sábado fue creado para beneficiar a la humanidad. Como un monumento a la Creación, el sábado servía para señalar a los humanos hacia su Creador. No existe para su propio beneficio.

Los fariseos habían elevado la observancia del sábado hasta un punto tal que el sábado era casi un fin en sí mismo. El sábado era observado cuidadosamente por causa de su propia importancia, en vez de ser observado porque señalaba al Dios de la Creación. Jesús quería que la gente volviera a centrarse en el Señor del sábado y no en las leyes de la observancia del sábado.

Nosotros afrontamos un problema similar cuando nos concentramos en la observancia del sábado de un modo que ahuyenta a otros de Dios. Es demasiado fácil suponer que todos deberían observar el sábado de la manera en que lo hacemos nosotros, o que si no lo hacen, no son tan consagrados o "santos" como nosotros.

Si el sábado ha sido "adecuadamente observado", pero todos en la familia están frustrados y/o enojados, entonces la bendición que Dios quería darles no fue recibida. Cuando el guardar las reglas de la observancia del sábado llega a ser más importante que nuestra relación con Dios, entonces hemos caído en la misma trampa que cayeron los fariseos.

Del mismo modo, la adoración en sábado no es una señal de que somos más consagrados, más religiosos, o más santos que otros. La adoración en sábado es una señal de nuestro compromiso con Dios y con su ley. Si esa adoración no nos hace más semejantes al Señor del sábado –más amantes, más pacientes, más honrados–, entonces la observancia del séptimo día no nos sirvió de nada.

Siempre es lícito hacer el bien en sábado

En la historia en la que Jesús sanó al hombre de la mano seca, también preguntó si era correcto rescatar una oveja en sábado. Luego respondió a su propia pregunta: "Él les dijo: ¿Qué hombre habrá de vosotros, que tenga una oveja, y si ésta cayere en un hoyo en día de reposo [sábado] le eche mano, y la levante? Pues ¿cuánto más vale un hombre que una oveja? Por consiguiente, es lícito hacer el bien en los días de reposo [sábados]" (Mat. 12:11, 12).

¿Qué quiere decir cuando afirma "hacer el bien"? Jesús usó esta frase en el contexto de ayudar a alguien en necesidad. Una y otra vez, sanó a la gente en sábado porque fueron a él ese día. Él no dijo: "Váyanse y sufran unas pocas horas más. Esperen hasta que el sol se ponga". No, los sanó allí mismo, enseguida.

Por esa razón, no sugerimos que el personal médico está quebrantando el sábado cuando trabajan durante las horas del sábado. Son una parte de un proceso de ayuda y de curación para la gente. Los enfermos y heridos tienen necesidad, y siempre es lícito ayudarles.

¿Significa eso que debemos hacer libremente cualquier cosa que definamos como "de ayuda" en las horas del sábado? No, eso no es lo que quiso decir Jesús. Nota que en la pregunta de Jesús, no está hablando de esquilar la oveja, o de llevarla a otro campo de pastoreo. Una oveja en un pozo o un buey en una zanja están ambos en necesidad de un rescate inmediato.

Si pasamos frente a un accidente automovilístico camino a la iglesia, ¿está bien detenerse y ayudar a empujar el auto hacia el costado del camino? Por supuesto. Si alguien tiene un neumático pinchado frente a tu casa el sábado de tarde, ¿está bien ayudarle a poner la rueda de auxilio? Por supuesto. ¿Debemos ayudar a un amigo cuya llave de agua de la cocina se rompió el viernes de noche, y el agua está salpicando toda la cocina? Por supuesto.

Tal vez debemos decir: "Cuando surge una necesidad inmediata, siempre es correcto ayudar a otros en sábado". Esto nos lleva de nuevo a la verdad anterior: la gente es más importante que el sábado.

Dios siempre trabaja en sábado

El Dios Creador mantiene girando las galaxias y las estrellas ardiendo. La luz de su sol mantiene vivo nuestro planeta. Las obras del Creador nunca descansan y su ojo está siempre sobre su creación. "¿No se venden dos pajarillos por un cuarto? Con todo, ni uno de ellos cae a tierra sin vuestro Padre. Pues aun vuestros cabellos están todos contados. Así que, no temáis; más valéis vosotros que muchos pajarillos" (Mat. 10:29-31).

Nada sobre nuestra tierra escapa de la vista de nuestro Padre. El sábado no tiene el mismo propósito para Dios que para nosotros.

Un sábado cuando Jesús estaba en Jerusalén, pasó junto al Estanque de Betesda. Este estanque de agua, cerca de la Puerta de las Ovejas, tenía cinco pórticos donde, en una época, la gente podía descansar y relajarse. Pero ahora estos pórticos estaban llenos de personas con necesidad: enfermos, ciegos y heridos. Venían porque todos repetían la historia de que en cierto momento, un ángel agitaba el agua y, cuando esto sucedía, la primera persona que entraba al estanque se sanaba.

Un hombre que yacía allí ese sábado había estado enfermo durante treinta y ocho años. Jesús lo vio, y supo que había estado muy enfermo durante mucho tiempo. Jesús le dijo:

–¿Quieres ser sano?

El hombre miró los ojos bondadosos de Jesús.

–Sí, señor, quiero. Pero no tengo a nadie que me ayude a entrar al estanque cuando el agua se agita. Siempre hay otro que llega antes.

Jesús debe de haber sonreído.

–Levántate, toma tu lecho, y vete.

Ante las palabras de Jesús, el hombre no se detuvo a pensar. Simplemente se paró y, de inmediato, se encontró sano. Levantó su estera y se encaminó hacia su casa.

Pero no había ido muy lejos antes de que uno de los fariseos le dijo:

–¡Eh, oye! No puedes llevar tu estera por allí hoy. Estamos en sábado.

El hombre no podía dejar de sonreír.

–Claro, pero el Hombre que me sanó me dijo que tomara mi estera y me fuera. ¡Así que lo hice!

El fariseo arrugó la cara.

–¿Quién te dijo que levantaras tu estera y te fueras?

–No sé –dijo el hombre sanado. Se volvió para mirar el estanque, pero Jesús se había perdido entre la multitud.

Más tarde, el hombre fue al templo para agradecer a Dios por su curación. Jesús lo encontró y le dijo:

–Mira, estás sano. Deja de pecar para que no te venga algo peor.

Cuando el hombre vio otra vez a los fariseos, pudo decirles quién lo había sanado:

–¡Fue Jesús! (Ver Juan 5:2-15.)

"Y por esta causa los judíos perseguían a Jesús, y procuraban matarle, porque hacía estas cosas en el día de reposo [sábado]. Y Jesús les respondió: Mi Padre hasta ahora trabaja, y yo trabajo" (Juan 5:16, 17).

Jesús estaba diciendo: "Mi Padre hace su trabajo en sábado, y yo hago el mío". Aquí otra vez, Jesús anuncia que él es el Señor del sábado y el Hijo de Dios.

12

El poder y la promesa

"Oyéndolo Jesús, le respondió: No temas; cree solamente, y será salva" (Lucas 8:50).

La muerte es algo que todos los humanos debemos enfrentar. Es la marcha inevitable hacia el fin de nuestras vidas que lleva a muchos a buscar algo más grande que ellos mismos, algo con significado más allá de los pocos años que tenemos sobre esta tierra. Sea que la enfrentemos nosotros mismos en una enfermedad seria, o mediante alguien a quien amamos, nos encontramos impotentes ante la muerte: a menos que nos volvamos a Jesús.

Jesús nos trajo esperanza. Así como él conquistó el pecado, conquistó la muerte. Ofreció un camino más allá de la muerte a una vida sin fin. Lo que Jesús enseñó acerca de la muerte y la resurrección es que la muerte puede ser temporaria, y que hay vida eterna para quienes entren en su reino.

"No temas; cree solamente"

Jesús había enfrentado una tormenta en el Mar de Galilea y asombró a sus discípulos con el poder de calmarla. Había afrontado a un hombre poseído por demonios del otro lado del lago y había mostrado su poder para expulsar a los demonios.

Ahora regresó a Galilea donde mostraría el mayor poder de todos.

Las historias acerca de Jesús y las cosas maravillosas que hacía eran repetidas por todas partes y, cuando regresó a Galilea, una enorme multitud lo esperaba para darle la bienvenida.

Jairo, el líder de la sinagoga local, también lo esperaba. Pero su corazón no estaba lleno del entusiasmo que sentían los otros. Su corazón estaba apesadumbrado. Su hija, de tan solo doce años, estaba enferma. Realmente, estaba muriendo.

Tan pronto como Jesús entró en la ciudad, Jairo cayó a sus pies.

–Rabí, por favor ven a mi casa. Mi hija está enferma, y tú puedes sanarla.

–Iré –dijo Jesús–. Indícame el camino.

Así que comenzaron a caminar hacia la casa. Pero por más que Jairo trataba, no podía ir más rápidamente. La multitud lo apretaba de todos lados, y parecía que cada persona estaba queriendo llamar la atención de Jesús.

–Por favor, Jesús –pedía Jairo a gritos, por sobre el ruido de la muchedumbre–, tenemos que apurarnos. ¡Mi hija está muriendo!

En la multitud, una mujer seguía detrás de Jesús, tan cerca de él como podía. Había tenido hemorragias durante doce años, y había gastado todo el dinero que tenía en médicos. Pero ninguno de ellos pudo sanarla. Ahora solo le quedaba una esperanza.

Ella había oído las muchas historias de cómo Jesús sanaba, y ella creía en él.

–Si tan solo pudiera alcanzar a Jesús, yo sé que él puede sanarme –se decía a sí misma–. Si tan solo pudiera tocar su manto, yo sé que me curaría.

Entonces la persona que estaba delante de ella se movió hacia la derecha, y ella se lanzó hacia adelante. Apenas con la punta de sus dedos, tocó el borde del manto de Jesús. Instantáneamente, su hemorragia se detuvo. ¡Estaba curada!

La muchedumbre seguía avanzando, pero ella cayó al suelo alabando a Dios. Entonces ella oyó una voz.

–¿Quién me tocó?

Era Jesús. La multitud se detuvo cuando él habló. Jairo casi bailaba de nervios mientras esperaba, impaciente. Pedro dijo:

–Maestro, la multitud te aprieta y oprime, y dices: ¿Quién es el que me ha tocado? ¡Muchas personas te han tocado!

Jesús sacudió la cabeza.

–Alguien me tocó, pues sentí que salió poder de mí.

Lentamente, la mujer se puso de pie y avanzó hacia Jesús...

–Fui yo, Señor –dijo con voz temblorosa–. Toqué tu manto, y me sané.

Jesús extendió su mano y la tocó.

–Querida mujer, te sanaste porque creíste. Ve en paz.

Mientras Jesús hablaba con la mujer, alguien se acercó a él, de la casa de Jairo.

–Jairo, no molestes más al Maestro. Tu hija falleció.

Los hombros de Jairo cayeron, y sus ojos se llenaron de lágrimas. Ciegamente, comenzó a apartarse de Jesús con dirección a su casa. Pero Jesús había oído lo que le dijeron, y tomó a Jairo por el brazo.

–No temas –le dijo–. Solo cree, y ella estará bien.

Y se apresuró para ir a la casa de Jairo.

Cuando llegaron, Jesús no permitió que nadie entrara a la casa excepto Pedro, Santiago y Juan, y los padres de la niña. Todos en la casa lloraban, sabiendo lo que había ocurrido. Pero Jesús dijo:

–No lloren. Ella no está muerta, sino que está dormida.

La gente lo miró y sacudió la cabeza. Sabían que la niña había muerto.

Jesús fue a la habitación de la niña y se sentó junto a ella en su cama. Luego la tomó por la mano, y la llamó:

–Niñita, ¡despierta!

En ese momento la vida regresó, ¡y ella se sentó! Por un momento, sus padres estaban tan asombrados que no se movieron, pero pronto reaccionaron, y fueron corriendo a su lado y la abrazaron.

Jesús sencillamente se reía.

–Denle algo de comer –dijo–, y no le digan a nadie lo que sucedió hoy. (Ver Luc. 8:40-53.)

En esta historia, aprendemos que Jesús tiene poder sobre la muerte. Siendo que él es el Creador y "en él estaba la vida" (Juan 1:4), él tenía el poder para restaurar la vida a la niña.

También aprendemos algo acerca de cómo actúa la resurrección. "Mas él, tomándola de la mano, clamó diciendo: Muchacha, levántate. Entonces su espíritu volvió, e inmediatamente se levantó" (Luc. 8:54, 55).

Cuando alguien muere, su "espíritu", o "aliento", o "alma", deja el cuerpo y vuelve a Dios. Sea lo que fuere que da vida a un cuerpo, lo abandona. Cuando Jesús sanó la enfermedad en el cuerpo de la niña y llamó al espíritu a que volviera, ella volvió a la vida. El mismo "aliento de vida" que Jesús infundió en Adán, ahora llenaba de nuevo a la niñita. La resurrección ocurre cuando el "aliento de vida" que había dejado el cuerpo, vuelve a él.

Un cuadro del infierno

Una de las historias o parábolas que Jesús contó hablaba acerca de lo que sucede cuando una persona muere. Algunos maestros de esos días sugerían que podría haber alguna especie de segunda oportunidad de arrepentirse después de la muerte, y poder hacer decisiones mejores. La historia de Jesús sugiere que esa idea no es correcta.

Había un hombre rico que vivía en el lujo, vistiendo las ropas más finas y comiendo los mejores alimentos cada día. Pero fuera de la puerta de su mansión, un hombre sentado pedía limosnas cada día. Este hombre –Lázaro– estaba enfermo y sus únicos compañeros eran perros que venían para lamer sus heridas. Todo lo que podía esperar cada día eran unas pocas migas que quedaban después de las comidas del hombre rico que fueran arrojadas donde él pudiera encontrarlas.

Antes de mucho, Lázaro murió, y fue llevado a los brazos de Abrahán, el padre de todos los judíos. Finalmente, el hombre rico murió también y fue enterrado. Encontrándose atormentado en el infierno, el rico miraba hacia arriba y veía a Abrahán a la distancia. Podía ver, también, que Lázaro descansaba cómodamente con Abrahán.

El hombre rico exclamó:

–¡Padre Abrahán, ten misericordia de mí! Envía a Lázaro para que moje la punta de su dedo en agua y venga a mí. Esa sola gota enfriaría mi lengua, porque estoy torturado en este fuego.

Pero Abrahán dijo:

–Hijo, recuerda que gozabas de una buena vida con un lujo cómodo. Lázaro sufrió una vida dura de enfermedad, frío y hambre. Ahora está gozando una vida cómoda y abundante, y tú estás siendo atormentado. Además, ninguno puede cruzar la gran división entre nosotros: ni de aquí para allá, ni de allá para acá.

El anterior hombre rico vio justicia en esto, pero pidió otro favor.

–Por favor, Abrahán, te ruego. Envía a Lázaro a mi familia. Tengo cinco hermanos y si él les cuenta acerca de esto, cambiarán su manera de vivir y no vendrán a este lugar de tortura.

–Tus hermanos tienen los escritos de Moisés y los profetas –le dijo Abrahán–, y pueden saber esas cosas si las estudian.

–Es cierto, padre Abrahán –respondió él–. Si alguien vuelve de los muertos para contarles, prestarán atención y se arrepentirán.

Pero Abrahán no estuvo de acuerdo.

–Si no aprenden de Moisés y los profetas, no aprenderán de ningún otro modo, ni siquiera de alguien que vuelva de los muertos (Luc. 16:19-31).

La historia nos enseña algunas cosas importantes, pero lo que sucede después de que morimos no es una de ellas. Es una parábola, un relato ficticio que no tiene la intención de ser entendido literalmente. Lo que la historia nos enseña es:

Es importante cuidar de los menos afortunados entre nosotros. No es pecado tener riqueza ni lujo. Es un pecado tener esas cosas e ignorar las necesidades de otros.

No hay una segunda oportunidad después de la muerte para cambiar las decisiones egoístas que hacemos en la vida. Serás juzgado por las elecciones que haces cada día mientras vives. Ahora es el tiempo de desarrollar un carácter semejante al de Cristo, de bondad y generosidad.

Todo lo que necesitamos saber acerca de la vida justa sobre esta tierra se encuentra en las Escrituras. Nada cambiará nuestros corazones si no lo hace ella.

Pero tal vez, es igualmente importante recordar lo que la historia no nos enseña:

No enseña que el cielo y el infierno están a una distancia que les permita hablarse mutuamente. La historia, obviamente, tiene un punto que quiere enseñar, no es una lección de geografía sobre la vida después de la muerte. ¿Cómo podría el cielo ser un lugar de gozo y paz si pudieras ver y escuchar a las personas que diariamente son torturadas?

La historia no enseña que el cielo consiste en estar sentado cerca de Abrahán. Aunque la Escritura enseña que Moisés y Elías están en el cielo hoy (como también Enoc), no sugiere que Abrahán esté allí. Abrahán, como "padre" de los judíos, interactúa con el hombre rico muerto, como un símbolo de las enseñanzas y tradiciones de los judíos.

No enseña que Dios ha torturado ni torturará a la gente en el infierno. Los judíos de esos días pensaban que las personas ricas eran favorecidas por Dios, y que los pobres eran maldecidos. Esta historia usa la idea de la tortura para ilustrar que exactamente lo opuesto es verdad: las personas pobres, pero buenas, serán recompensadas con el cielo, pero los ricos y malos, sufrirán después de la muerte.

No enseña que la gente va directamente al cielo o al infierno al morir. Los elementos claramente exagerados de la historia muestran que no tenía la intención de ser tomada como factual. La gente no van al cielo o al infierno directamente al morir, como tampoco pueden conversar entre los dos lugares después de que llegan allá.

Jesús usó esta parábola exagerada acerca de la importancia de cuidar de los pobres y menos afortunados, y para indicar cuán claramente la Escritura enseña este principio.

"Yo soy la resurrección y la vida"

Además de su propia muerte en la cruz y la resurrección del domingo de mañana, la enseñanza más poderosa de Jesús acerca de la muerte y la resurrección viene de la historia de su amigo

Lázaro. María, Marta y Lázaro eran muy buenos amigos de Jesús, tanto que él se quedaba en casa de ellos en Betania siempre que estaba en la vecindad de Jerusalén.

Cuando Lázaro enfermó, las hermanas le enviaron un mensaje a Jesús: "Señor, tu amigo está enfermo".

Jesús sanaba gente todos los días. Ellas estaban seguras de que Jesús se apresuraría a ir a sanar a su amigo. Pero Jesús no lo hizo. Se quedó en donde estaba dos días más. "Dicho esto, les dijo después: Nuestro amigo Lázaro duerme; mas voy a despertarle. Dijeron entonces sus discípulos: Señor, si duerme, sanará. Pero Jesús decía esto de la muerte de Lázaro; y ellos pensaron que hablaba del reposar del sueño. Entonces Jesús les dijo claramente: Lázaro ha muerto; y me alegro por vosotros, de no haber estado allí, para que creáis; mas vamos a él" (Juan 15:11-15).

Cuando Jesús llegó a Betania, Lázaro había estado muerto y sepultado por cuatro días. La escena que transcurre luego entre Jesús y las hermanas de Lázaro contiene algunas de las verdades más preciosas acerca de Jesús. La selección que sigue es de mi libro, *Conversations With Jesus* [Conversaciones con Jesús], donde imagino cómo pudo ser la conversación entre ellos.

Me imagino que están sentados junto al camino, bajo un árbol. Jesús extiende su mano y la pone sobre el hombro de Marta. Le dice:

–Tu hermano resucitará, y vivirá otra vez.

Marta asiente con un esfuerzo.

–Yo sé que lo hará, en la resurrección en el día final.

Luego escuchamos esas palabras tan citadas en los funerales, tan repetidas en sermones. Pero este no es un sermón de Jesús, predicado desde un púlpito o en la ladera de una colina. Este no es un discurso ante miles, o siquiera una conferencia con sus discípulos. Esta es una respuesta personal a una sola persona quien, a pesar de su fe, está luchando para comprender cómo pudo Jesús dejar que su hermano muriera.

Jesús le toma las manos a Marta, las aprieta suavemente, y la mira profundamente a los ojos.

–Yo soy la resurrección y la vida; el que cree en mí, aunque esté muerto, vivirá. Y todo aquel que vive y cree en mí, no morirá eternamente. ¿Crees esto?" (Juan 11:25, 26).

Jesús lo dejó claro. La resurrección no es un evento misterioso en un futuro distante. No es un lugar donde las oraciones de los familiares que sufren se responderán finalmente. La resurrección es una Persona. Jesús estaba delante de ella, el poder y la promesa de la resurrección envueltas en carne humana (cap. 2, p. 29).

Después de hablar también con María, Jesús pidió que lo llevaran a la tumba de Lázaro, la cueva con una gran piedra delante. Allí, con las hermanas de su amigo, Jesús lloró. Otros que observaban dijeron: "Si amaba tanto a su amigo, ¿por qué no vino a sanarlo?

Pero Jesús no lloraba de tristeza por Lázaro. ¿Por qué lo haría? Estaba a punto de volverlo a la vida. Lloró porque sentía el dolor que todos los humanos sienten frente a la muerte. Sintió el dolor que causó el pecado. Y él sabía lo que le costaría poner fin al pecado para siempre.

Entonces Jesús dijo:

–Moved la piedra.

Marta presentó una objeción:

–Señor, ya tiene mal olor. Ha estado muerto ya cuatro días.

Jesús la miró.

–¿No te dije que si creyeres, verías la gloria de Dios?

Así que apartaron la roca. Jesús se adelantó y levantó su mirada al cielo:

–Padre, te agradezco porque me oyes.

"Y habiendo dicho esto, clamó a gran voz: ¡Lázaro, ven fuera! Y el que había muerto salió, atadas las manos y los pies con vendas, y el rostro envuelto en un sudario. Jesús les dijo: Desatadle y dejadle ir" (vers. 43, 44).

¿Qué nos enseña la resurrección de Lázaro acerca de la muerte y la resurrección?

La muerte no ocurre en la presencia de Jesús. Él tenía que estar fuera de Betania, o Lázaro no habría muerto.

La muerte es como un sueño. Jesús dijo: "Lázaro está durmiendo". Lázaro no supo nada de lo que sucedió mientras estuvo muerto.

Lázaro no se fue directamente al cielo o al infierno cuando murió. Estaba "durmiendo" en la tumba hasta que Jesús lo llamó.

La resurrección es más que una promesa. Es una Persona. Jesús es la Resurrección, y él tiene el poder de dar la vida.

Jesús siente nuestro dolor cuando luchamos con la muerte y la pérdida. Aun cuando él conoce sus planes para concluir con el pecado y el sufrimiento para siempre, llora con nosotros hoy.

13

"Vendré otra vez"

"De la higuera aprended la parábola: Cuando ya su rama está tierna, y brotan las hojas, sabéis que el verano está cerca. Así también vosotros, cuando veáis todas estas cosas, conoced que está cerca, a las puertas" (Mateo 24:32, 33).

Al salir del templo ese día, los discípulos estaban angustiados. Cuando las multitudes habían saludado a Jesús como el Mesías cuando entró montado en el asno a la ciudad, parecía que sus sueños finalmente se cumplían. Después de que Jesús limpió el templo de mercaderes otra vez, estaban seguros de que nadie podía pararlo.

Pero Jesús no tomó el trono sacándoselo a los romanos, ni siquiera echó a los líderes religiosos. Simplemente salió del templo y dejó la ciudad. Al día siguiente, sus esperanzas se levantaron otra vez cuando Jesús fue confrontado por los fariseos en el templo. ¡Tal vez ahora Jesús anunciaría su reino!

Pero no lo hizo. Jesús pasó el día discutiendo con los líderes judíos. Los fariseos trataron de entramparlo con una pregunta acerca de pagar impuestos al César. Los saduceos trataron de hacerlo aparecer ridículo con una pregunta sin sentido acerca del matrimonio. Jesús respondió hábilmente cada una y dejó avergonzados a los dos grupos ante la gente.

Entonces los fariseos probaron otra vez hacerle decir algo para que ellos pudieran criticarlo.

–¿Cuál de los mandamientos es el más importante?

"Jesús le dijo: Amarás al Señor tu Dios con todo tu corazón, y con toda tu alma, y con toda tu mente. Este es el primero y grande mandamiento. Y el segundo es semejante: Amarás a tu prójimo como a ti mismo. De estos dos mandamientos depende toda la ley y los profetas" (Mat. 22:37-40).

Luego Jesús le preguntó a la muchedumbre:

–¿Por qué dicen ustedes que el Mesías debe ser hijo de David, cuando David lo llama "Señor"? –Y citó un versículo del Salmo 110 para probar su afirmación.

Luego Jesús concentró su más severa crítica sobre los fariseos y otros líderes judíos.

–"Mas ¡ay de vosotros, escribas y fariseos, hipócritas! Porque cerráis el reino de los cielos delante de los hombres; pues ni entráis vosotros, ni dejáis entrar a los que están entrando. ¡Ay de vosotros, escribas y fariseos, hipócritas! Porque devoráis las casas de las viudas, y como pretexto hacéis largas oraciones; por esto, recibiréis mayor condenación" (Mat. 23:13, 14).

Durante tres años, Jesús había viajado por el país, sanando y enseñando. Con los fariseos que lo molestaban espiando cada paso, él había refutado sus preguntas, y cuestionado sus tradiciones. Ahora trajo la pelea a la misma puerta de ellos. Aquí en el templo, la base de su poder, Jesús los expuso por lo hipócritas y engañadores que eran. "¡Ay de vosotros, escribas y fariseos, hipócritas! porque sois semejantes a sepulcros blanqueados, que por fuera, a la verdad, se muestran hermosos, mas por dentro están llenos de huesos de muertos y de toda inmundicia. Así también vosotros por fuera a la verdad, os mostráis justos a los hombres, pero por dentro estáis llenos de hipocresía e iniquidad" (vers. 27, 28).

Jesús se había enardecido por lo que habían hecho los fariseos, pero terminó con lágrimas que corrían por su rostro. "¡Jerusalén, Jerusalén, que matas a los profetas, y apedreas a los que te son enviados! ¡Cuántas veces quise juntar a tus hijos, como la gallina junta sus polluelos debajo de las alas, y no quisiste! He aquí vuestra casa os es dejada desierta. Porque os digo que desde ahora no me veréis, hasta que digáis: Bendito el que viene en el nombre del Señor" (vers. 37-39).

Al salir del templo, los discípulos podían ver el odio en el rostro de los fariseos. "Si no fuera por el pueblo, nos habrían arrestado allí mismo", se puede oír a uno de ellos. "¡Pero la gente está de nuestro lado! ¡Nada puede impedir que Jesús sea el Rey de Jerusalén ahora!"

Pero algunos de ellos estaban profundamente turbados por las palabras de Jesús. ¿Qué quiso decir con que el templo quedaría desolado? ¿Sería posible que el magnífico tesoro de su nación pronto fuera nada más que un montón de ruinas?

Mientras salían del complejo del templo, la necesidad de seguridad llevó a que uno hablara.

–¡Maestro, mira esas murallas! ¿No son gloriosas? Ve cuán perfectamente blancas son las piedras de mármol que están allí juntas. Casi parece como que hubieran labrado todas ellas como si fueran un solo bloque compacto.

Jesús levantó la vista, y vio la belleza y majestad del templo, pero a través del velo de su tristeza. Les dijo:

–Las veo. Realmente son maravillosas. Ustedes las ven como si fueran indestructibles, pero oigan mis palabras: Vendrá el día cuando serán destruidas. Esos muros serán derribados de modo que no quede piedra sobre piedra.

Chasqueados y desanimados, siguieron a Jesús a través del valle al Monte de los Olivos. Sus elevadas esperanzas estaban ahora aplastadas otra vez. ¿Cómo podría Jesús hacerse rey de una ciudad que pronto sería destruida?

Después de que el grupo se sentó para descansar, Pedro, Santiago, Juan y Andrés se acercaron a Jesús, que estaba a corta distancia de los demás. Sus mentes estaban asimilando lo que Jesús había dicho. Suponían que Jesús estaba hablando acerca del fin del mundo, porque ¿qué otra cosa podría destruir su templo?

–Dinos, Maestro, ¿cuándo ocurrirán estas cosas? ¿Qué señales nos advertirán que el fin del mundo está cercano?

Jesús debe de haber respirado hondo y mirado a través del valle donde los brillantes muros del templo se veían muy sólidos. No podían soportar escuchar acerca del futuro que Jesús conocía. Así que él mezcló la descripción de la destrucción de Jerusalén y el día de su segunda venida, dejando que ellos estudiaran el significado por sí mismos. "Mirad que nadie os engañe. Porque vendrán muchos en mi nombre, diciendo: Yo soy el Cristo; y a muchos engañarán. Y oiréis de guerras y rumores de guerras; mirad que no os turbéis, porque es necesario que todo esto acontezca; pero aún no es el fin. Porque se levantará nación contra nación, y reino contra reino; y habrá pestes, y hambres, y terremotos en diferentes lugares. Y todo esto será principio de dolores" (Mat. 24:4-8).

Jesús les advirtió que sus seguidores serían odiados, traicionados y muertos. "Y por haberse multiplicado la maldad, el amor de muchos se enfriará. Mas el que persevere hasta el fin, éste será salvo. Y será predicado este evangelio del reino en todo el mundo, para testimonio a todas las naciones; y entonces vendrá el fin" (vers. 12-14).

Después de palabras de advertencia que prepararía a sus seguidores para huir de Jerusalén antes de que fuera destruida, al cabo de unos pocos y breves años, Jesús pasó rápidamente a los eventos que ocurrirán justo antes de su regreso. Los largos siglos de tinieblas y persecución que estaban por delante fueron apenas mencionados. "Porque habrá entonces gran tribulación, cual no la ha habido desde el principio del mundo hasta ahora, ni la habrá" (vers. 21).

La lección de la higuera

Entonces Jesús habló específicamente acerca de señales inconfundibles mostrando que su retorno estaba cerca. "E inmediatamente después de la tribulación de aquellos días, el sol se oscurecerá, y la luna no dará su resplandor, y las estrellas caerán del cielo, y las potencias de los cielos serán conmovidas. Entonces aparecerá la señal del Hijo del Hombre en el cielo; y entonces lamentarán todas las tribus de la tierra, y verán al Hijo del Hombre viniendo sobre las nubes del cielo, con poder y gran gloria. Y enviará sus ángeles con gran voz de trompeta, y juntarán a sus escogidos, de los cuatro vientos, desde un extremo del cielo hasta el otro" (vers. 29-31).

Jesús sabía que estaba hablando a hombres que caminaban por el país, hombres que habían aprendido a observar la naturaleza que los rodeaba. "Aprendan de la higuera", les dijo. "Cuando ven que las ramas están generando hojas, ustedes saben que el verano viene pronto. Cuando vean todas estas señales, sepan que el fin viene pronto, ¡muy pronto!"

Jesús también se refirió a observar la naturaleza cuando los fariseos le pidieron una señal. Qué triste sería, si como los fariseos, pudiéramos predecir el tiempo y el clima, pero no seamos capaces de leer las señales de los tiempos. "Mas él respondiendo, les dijo: Cuando anochece, decís: Buen tiempo; porque el cielo tiene arreboles. Y por la mañana: Hoy habrá tempestad; porque tiene arreboles el cielo nublado. ¡Hipócritas! que sabéis distinguir el aspecto del cielo, ¡mas las señales de los tiempos no podéis!" (Mat. 16:2, 3).

Velad y esperad

Solo podemos imaginarnos cuán angustiados estaban Pedro, Santiago, Juan y Andrés después de su conversación con Jesús. ¿Cómo podrían entender lo que dijo acerca del futuro cuando estaban tan confundidos con lo que sucedía en el presente? Jesús pronto sería arrestado y crucificado, y ellos se verían forzados a decidir si habían estado equivocados al creer en él. Pero, al recordar sus palabras y sus promesas, se aferraron a su fe.

Sin duda las palabras de Jesús ese día sobre el Monte de los Olivos volvieron a ellos más tarde.

Siempre que temían esos eventos venideros, recordaban la crisis de la muerte de Jesús, y cómo Jesús había regresado a ellos así como lo había prometido.

Sabían que podían creer lo que él había prometido: que volvería otra vez.

Y ¿qué sucede con nosotros? ¿Podemos también permanecer fieles mientras esperamos y velamos?

No podemos saber el tiempo exacto del regreso de Jesús, de modo que tenemos que velar y esperar. Pero hay mucho que debe hacerse mientras esperamos. Podemos purificar nuestras almas obedeciendo las enseñanzas de Jesús. Podemos cooperar con los ángeles en alcanzar a otros con las buenas noticias acerca de Jesús. Como Enoc, Noé, Abrahán y Moisés en sus tiempos, tenemos una advertencia especial para nuestra generación.

Jesús les contó a sus discípulos una historia de un siervo malo que se dijo a sí mismo: "Mi señor se tarda en volver". Este siervo entonces comenzó a golpear a sus consiervos y a embriagarse. Cuando el señor regresó inesperadamente, el siervo fue arrojado afuera con los hipócritas.

El siervo malo representa a los creyentes supuestamente fieles que afirman que el retorno de Jesús se ha demorado, que no vuelve muy pronto. Influyen sobre otros para que no se concentren en Dios y en las cosas eternas, y para que piensen sencillamente en los placeres de la vida diaria. Producen dolor a los demás creyentes, acusándolos de ser infieles.

El regreso de Jesús sorprenderá a muchos creyentes infieles y falsos. Muchos persiguen solo el placer y la riqueza, ansiosamente procurando saber más acerca de todo, menos de las verdades que se encuentran en la Biblia.

Para estas personas, Jesús regresará como un ladrón en la noche, en forma totalmente inesperada.

Las señales del fin que nos rodean son alarmantes. Mientras el Espíritu de Dios se retira del mundo, tragedia tras tragedia ocurre en cada país. Terremotos, incendios, inundaciones, crímenes y asesinatos afectan a cada familia. ¿Quién puede sentirse seguro acerca del futuro?

La crisis del tiempo del fin está acercándose a nosotros gradualmente. El sol sale y brilla cada día, la gente edifica casas, y come y bebe. Los comerciantes compran y venden mientras la gente lucha para obtener más dinero y más poder. Las personas buscan los placeres y las diversiones en los teatros, estadios deportivos, y casinos. Pero en medio de toda esta excitación, el fin del tiempo de prueba se acerca rápidamente. El destino eterno de cada persona pronto se decidirá. Satanás está trabajando hasta fuera de horario para mantenernos engañados, divertidos y ocupados hasta que la puerta del cielo se cierre para siempre.

"Velad, pues, en todo tiempo orando que seáis tenidos por dignos de escapar de todas estas cosas que vendrán, y de estar en pie delante del Hijo del Hombre" (Luc. 21:36). (*Messiah*, cap. 69, pp. 340, 341.)

"Yo soy el camino"

En su última noche con los discípulos, Jesús no les advirtió acerca de los eventos del tiempo del fin o les describió el difícil camino que tenían por delante. En cambio, hizo que la promesa les quedara más clara que nunca. "No se turbe vuestro corazón; creéis en Dios, creed también en mí. En la casa de mi Padre muchas moradas hay; si así no fuera, yo os lo hubiera dicho: voy, pues, a preparar lugar para vosotros. Y si me fuere y os preparare lugar, vendré otra vez, y os tomaré a mí mismo, para que donde yo estoy, vosotros también estéis. Y sabéis a dónde voy, y sabéis el camino" (Juan 14:1-4).

Tomás, que siempre tenía preguntas, no estaba seguro.

–Señor, no sabemos a dónde vas; ¿cómo, pues, podemos saber el camino?

Entonces vinieron aquellas preciosas palabras a las que todos nos aferramos cuando dudamos si estamos en el sendero correcto. "Jesús le dijo: Yo soy el camino, y la verdad, y la vida; nadie viene al Padre, sino por mí" (vers. 6).

Cuando conocemos a Jesús, conocemos el camino.

Cuando conocemos a Jesús, podemos esperar y velar en paz.

Cuando conocemos a Jesús, estamos comprometidos a presentar a Jesús a otros.

Cuando conocemos a Jesús, tenemos fe en su promesa de salvarnos.

Cuando conocemos a Jesús, tenemos fe en su promesa de cambiarnos a su semejanza.

Cuando conocemos a Jesús, podemos descansar en su promesa de que regresará.